JN411412

불평등 사회의 인간 존중

RESPECT IN A WORLD OF INEQUALITY
Copyright © 2003 by Richard Sennett
All rights reserved including the rights of reproduction in whole or in part in any form.

Copyright © 2004, 2021 by Moonye Publishing Co.
This Korean edition published by arrangement with Janklow & Nesbit Associates
through Imprima Korea Agency.

이 책의 한국어판 저작권은 Imprima Korea Agency를 통해
Janklow & Nesbit Associates와 독점 계약한 (주)문예출판사에 있습니다. 저작권법에 의해
한국 내에서 보호를 받는 저작물이므로 무단 전재와 무단 복제를 금합니다.

리처드 세넷
유강은 옮김

불평등 사회의 인간 존중

Respect in a World of Inequality

문예출판사

빅토리아와 케빈, 니얼에게

차례

(…) 세계가 점점 좋아지는 건 어느 정도는
역사에 자취를 남기지 못한 행동들 때문이며,
당신이나 내가 예전처럼 큰 탈 없이 지낼 수 있는 것도 얼마간은,
감춰진 삶을 충실하게 살았고
지금은 아무도 찾지 않는 무덤 속에 잠들어 있는
많은 사람 덕분이다.

—조지 엘리엇,《미들마치》중에서

일러두기

본문의 각주는 옮긴이 주, 미주는 원주다.
본문에 인용된 도서 중 한국어 번역본이 있는 경우 원서명을 병기하지 않고 한국어 제목만 표기했다.

감사의 말

《너그러운 나눔*Largesse*》을 비롯한 여러 저작으로 글쓰기의 모범을 보여준 장 스타로뱅스키에게 감사의 말을 하고 싶다. 자전적인 내용을 활용하면 어떻겠냐고 말해준 빅토리아 글렌디닝과 사회학의 문제들을 함께 토론해준 에릭 클리넨버그와 스티븐 루크스, 크레이그 캘훈, 사스키아 사센 등에게 감사한다. 니얼 홉하우스는 처음부터 끝까지 함께 논의해주었다. 머레이 페라이어는 내 기억을 바로잡아주었다. 프린스턴대학교의 알렉산더 나하마와 옥스퍼드대학교의 앨런 라이언은 이 책의 일부를 발표할 기회를 마련해주었다. 두 대학에서 열린 토론회에서 논평을 해준 동료들에게 감사를 표하고 싶다. 마이클 래스커위와 크리사 카넬렉-라이머는 내 연구를 도와주었다. 또 참을성 있게 내 작업을 도와준 펭귄 출판사의 스튜어트 프로피트와 노튼 출판사의 얼레인 메이슨에게 감사한다.

서문

몇 년 전에 나는《신자유주의와 인간성 파괴》라는 노동을 다룬 책을 한 권 쓴 바 있는데, 이 책은 복지에 관한 일종의 자매서로 생각하고 쓴 것이다. 복지 수혜자들은 종종 전혀 존중받지 못한다고 불평한다. 그러나 그 사람들이 존중받지 못하는 것은 단지 그들이 가난하거나 늙거나 병들었기 때문만은 아니다. 현대 사회에는 다른 사람을 존중하고 인정해주는 적극적인 표현이 결여되어 있다.

분명 이 사회에는 사회를 지배하는 관념이 존재한다. 상대방을 동등한 존재로 대우하여 서로에 대한 존중을 확인한다는 관념 말이다. 그러나 우리는 우리와 동등한 힘을 가진 사람들만을 존중할 수 있는 것일까? 어떤 불평등은 멋대로 붙여진 것이지만 고치기 어려운 불평등도 있다. 재능의 차이 같은 경우가 그러하다. 현대 사회를 살아가는 사람들은 대부분 이러한 경계선을 넘어서 서로에 대한 존중과 인정을 전달하지 못한다.

복지 체계에 의존해 살아가는 사람들의 경우, 다른 사람들의 관심과 배려를 촉구하는 자신들의 주장이 오로지 그들 자신의 문제에, 그들의 궁핍한 현실에 달려 있다고 느낄 때, 다다르기 어려운 평등에 관한 조언이 절실하게 떠오른다. 존중받기 위해서는 허약한 존재여서는 안 되며 궁핍한 존재여서도 안 된다.

복지 수혜자들에게 자기 존중을 '획득'하라고 촉구하는 경우에, 이는 보통 물질적인 자급자족을 뜻한다. 그러나 사회 전체의 시각에서 볼 때, 자기 존중은 경제적인 지위만이 아니라 그 사람이 무슨 일을 하는가, 또 그것을 어떻게 성취하는가에 달려 있다. 사람들이 돈을 벌듯이 자기 존중을 '벌' 수는 없다. 게다가 또다시 불평등이 끼어든다. 사회 질서의 밑바닥에 있는 사람이라도 자기 존중을 가질 수는 있지만 그러한 자기 존중을 뒷받침하는 기반은 약하기 그지없다.

이와 같은 존중과 불평등의 관계가 이 책의 주제다. 생각을 글로 풀어나가면서 나는 이 둘 사이의 관계가 나 자신의 삶을 형성하는 데 얼마나 큰 영향을 미쳤는지를 깨달았다. 나는 복지 체계에 의존해 성장했고, 내가 가진 재능 덕분에 거기서 빠져나올 수 있었다. 나는 뒤에 남겨두고 온 사람들에 대한 존중을 잃지는 않았지만, 내가 느끼는 자긍심 자체가 그들에게서 빠져나왔다는 사실에 토대를 두고 있었다. 그러므로 나는 중립을 지키는 관찰자가 되기 어렵다. 이 주제에 관해 정직한 책을 쓰고자 한다면, 나 자신의 경험에서 글을 시작할 수밖에 없다. 다른 사람들의 회고록을 읽는 건 좋아하지만, 나 자신의 개인적인 고백은 썩 내키지 않는다.

따라서 이 책은 일종의 실험이 되었다. 이 책은 복지 국가를 위한 실제적인 정책에 관한 책이 아니며, 그렇다고 완전한 자서전도 아니다. 단지 내 경험을 출발점으로 삼아 더 큰 사회 문제를 탐구해보고자 한다.

1부

존중의 결여

존중의 결여는 드러내놓고 하는 모욕보다는 덜 공격적이긴 하지만 똑같은 상처를 줄 수 있다. 상대방에게 어떤 모욕도 하지 않지만, 그렇다고 인정하지도 않는 것이다. 상대방은 보이지 않는다. 존재 자체가 의미를 갖는 온전한 인간이 아닌 것이다.

한 사회가 소수만을 선별해 인정하고 다수 대중은 이런 식으로 대우하면, 그 사회에는 마치 존중이라는 이 소중한 물질이 모두에게 고루 돌아가기에는 충분하지 못하다는 듯이 존중의 품귀 현상이 생겨난다. 많은 기근과 마찬가지로 이러한 품귀 현상은 인위적이다. 먹을거리와 달리 존중에는 아무 비용도 들지 않는다. 그렇다면 도대체 왜 존중이 공급 부족에 시달려야 할까?

1장

카브리니의 기억들

공영 주택 단지

19세기 초반 무렵, 미국의 가난한 흑인들이 남부 농촌 지역의 농노 신분에서 벗어나기 위해 북부 도시들로 이주하기 시작했다. 2차 세계대전이 발발하자 이와 같은 이주의 물결은 더욱 높아졌다. 흑인 여성과 남성 모두 전시 물자 생산 공장에서 일자리를 얻었고, 이를 통해 여성들은 가사 노동 말고도 다른 일을 찾을 수 있었다. 내가 태어난 시카고의 백인들 역시 흑인들을 바라보는 시각은 남부 사람들과 별반 다르지 않았다. 이 새로운 산업 노동자층의 등장으로 폴란드계, 그리스계, 이탈리아계 이민자들은, 비록 그들 모두 흑인들과 함께 일해야 하긴 했지만, 흑인들을 피해 앞다퉈 이삿짐을 쌌다. 그러나 도시 계획자들은 시카고 한가운데에 새로운 주택 단지를 건설해 백인 빈민들을 위한 일정한 공간을 할애하여, 흑인들이 정착한 지역에서 백인들이 일제히 떠나는 사태를 막으려 했다. 카브리니 그린은 그와 같이 여러 인종이 뒤섞인 소수계 집단 거주지였고, 바로 이곳에서 나는 어린 시절의 일부분을 보냈다.

훗날 카브리니는 공영 주택 단지의 최악의 현실(곳곳에 널린 마약과 총기, 깨진 유리 조각과 개똥으로 뒤범벅된 잔디밭)을 보여주는 하나의 상징이 되었다. 그러나 1940년대 후반에 외부인의 눈에 비친 이 주택 단지의 모습은 그저 단조롭기만 했을 것이다. 장식물이라곤 하나도 없는 기다랗고 나지막한 상자형 건물만 보였을 테니. 집에 수도가 들어왔고 잔디밭은 푸르렀으며 근처에는 괜찮은 학교도 있었다. 사실, 어떤 외부인이 우리 집 같은 주택 단지를 보고 말한 것처럼, 시카고로 이주해 온 흑인들에게 "미래는 밝은 빛이었다". 남부에서 많은 사람이 살았던 루핑 오두막집에 비하면 콘크리트 블록으로 지은 이 집들은 훌륭해 보였고, 시카고의 주택 단지들은 사회가 마침내 흑인들의 곤궁한 역사를 인정하고 있다는 일종의 신호였다.[1] 당시 이웃집에 살았던 글로리아 헤이스 모건은 이렇게 썼다.

> 그때 프란체스 카브리니 단지*는 깨끗하고 값싼 아파트였고, 많은 가족이 형편이 나아질 때까지는 아무 불만 없이 그곳에서 살았다.[2]

* 미국 최초의 가톨릭 성자 프란체스코 자비에 카브리니의 이름을 딴 카브리니 그린은 세 개의 단지로 구성되었다. 1942년에 처음으로 개발된 프랜시스 카브리니 단지 외에 1958년과 1962년에 카브리니 2단지와 윌리엄 그린 단지가 건설되었다.

그러나 카브리니 그린에 사는 가난한 백인들에게 공영 주택 단지는 다른 의미의 신호였다.

시카고의 역사는 오랜 인종 갈등으로 점철되어 있었다. 2차 세계대전 당시 당국은 이 문제를 해결해야 한다는 점을 깨달았다. 1942년에 카브리니가 처음으로 입주자를 받았을 때, 당국은 가난한 백인들에게 하나의 제안을 했다. 만약 당신들이 흑인들 한가운데서 산다면 우리가 집세를 처리해주겠다고. 전쟁 때문에 시카고에서는 주택, 특히 값싼 주택이 부족한 상태였다. 예나 지금이나 정부 계획자들이 흔히 그러는 것처럼, 카브리니 그린 설계자들은 주택을 인종 차별에 맞서 싸우기 위한 '도구'로 활용하여 실제적인 복지 요구를 충족시킴으로써 커다란 사회적 병폐를 치유하고자 했다. 그러나 그들이 직접 사용한 도구는 아니었다. 내가 아는 한, 카브리니 그린을 만든 사람 가운데 그 누구도 우리와 함께 살지 않았다. 당시 소수였던 시카고의 흑인 부르주아 역시 이곳에 살지 않았다. 우리 이웃들이 다른 백인들보다 인종 차별주의가 더 심했는지 아닌지 나는 알지 못한다. 그러나 그들이 어떤 견해를 갖고 있었든 간에, 이웃 사람들은 우월한 계급이 상상한 것처럼 흑인 끌어안기를 수행하는 충실한 종복이 되었다.

원래 카브리니는 백인 75퍼센트, 흑인 25퍼센트로 이루어질 예정이었다. 입주자를 받기 시작할 즈음 이 비율은 역전되었다.[3] 우리 어머니의 기억에 따르면, 당시 주택난 때문에 많은 중간 계급 백인이 카브리니로 몰려왔지만, 통계적으로 볼 때 중간 계급 주민은 소수였고 그나마도 제일 먼저 카브리니에서 벗어났다고 한다.[4] 그렇게 쉽게 카브리니 그린에서 벗어날 수 없었던 다른 백인 중에는 풀타임으로 일할 수 없는 부상당한 참전 군인들이 있었고, 당국은 또한 병원에 입원할 만큼 상태가 나쁘지는 않지만 혼자 힘으로 살아갈 수는 없는 정신 질환자들에게도 입주권을 주었다. 흑인과 가난한 백인, 상이군인, 정신 질환자들로 이루어진 이 복잡한 공동체야말로 사회가 어려운 사람들을 끌어안는 실험의 주제를 적나라하게 보여주었다.

사회 전체의 미해결된 문제들을 위한 일종의 실험실로써 빈민들에게 주택을 제공하려는 노력에는 미국만의 독특한 특징은 전혀 없었다. 일찍이 19세기 초반에 영국의 제러미 벤담은 새로운 노동자 주거지가 더욱 응집적이고 통합력 있는 사회의 표본으로 기능할 것이라고 상상했다. 1868년의 영국 장인 및 비숙련공 주거법은 도시의 물리적 구조 형성을 통해 어떻게 시장 자본주의를 길들일 수 있는지를 보여주려는 것이었다. 피바디 주택 조합의 첫 번째 주택 단지 건설은 어떻게 '단순한 집이 아니라 생활을 창조해낼 수 있는지'를 보여주는 건축 실험을 수행했다. 영국의 이 모든 노력은 계급에 초점을 맞추었다. 카브리니를 비롯한 20세기 미국의 유사한 주택 개발 사업은 인종과 계급이라는, 사회를 커다랗게 갈라놓은 두 상처를 동시에 치유하려 했다는 점에서 특별했다.[5]

다른 종류의 배경을 지닌 내 어머니가 왜 이 주택 단지에서 살게 되었는지를 설명해야겠다. 뛰어난 두뇌의 소유자이지만 괴짜였던 발명가(외할아버지는 전화 자동 응답기를 만들어냈지만 특허 출원에는 신경을 쓰지 않았다)의 딸로 태어난 어머니는 대공황 당시의 급진 정치와 예술 실험의 소요 속에서 젊은 시절을 보냈다. 어머니는 명확한 정치적 입장을 갖고 있었지만 글을 쓰기를 원했고, 또 정치성 여부와 무관하게 좋은 문장을 쓰고 싶어 했다.

1930년대 중반 무렵에 어머니는 아버지와 만났고, 얼마 안 있어 아버지는 우리 집안에서 가장 정치에 열성을 보이던 당신의 형과 함께 스페인 내전에 참여하기 위해 떠났다. 세계 방방곡곡에서 이상에 불타오르는 병사들이 스페인의 파시즘에 맞선 전쟁에 뛰어들었다. 그러나 그들 대다수는 1939년의 히틀러-스탈린 조약*으로 절정에 달한 공산주의에 대한 환멸로 진저리치며 고국으로 돌아갔다. 아버지도 마찬가지였으니, 그 이후로 아버지의 삶은 뒤엉켰다. 결혼 생활을 유지하기 위해 부모님은 나를 가졌지만, 그런 경우에 흔히 그러하듯이 내가 세상에 나오자마자 두 분의 결혼은 파탄을 맞이했다. 내가 태어난 지 채 몇 달도 되지 않아 아버지는 집을 나갔고(나는 한 번도 그의 얼굴을 본 적이 없다) 어머니는 경제적인 곤경에 빠졌다. 어머니는 젊은 시절부터 몇 편의 희곡과 단편 소설을 썼지만, 이제는 그럴 여유가 없었다. 내가 세 살이 되던 해인 1946년, 우리는 카브리니로 집을 옮겼다.

한 가지만 예외로 하면, 나는 우리가 그곳에서 보낸 시절을 재구성하는 과정에서 부득이하게 다른 사람들의 회고록과 공식 문서, 그리고 부분적으로는 어머니의 글에 의존해야 했다.

가령, 카브리니에 관해 쓴 회고록에서 어머니는 우리가 살던 아파트를 이렇게 회상했다.

* 독소 불가침 조약을 말한다.

방 두 개에 욕실 하나가 있었고 (…) 침실 문간에 석탄 난로가 하나 있었는데, 하루에도 몇 번씩이나 재를 털고 마룻바닥을 쓸어야 했다.[6]

그렇지만 처음에 어머니가 충격을 받은 건 바깥에서 나는 소음이었다. 아파트는 "마치 포위된 배 같았다. 이른 아침부터 밤늦게까지 아파트 주변에서는 온갖 소리가 (…) 비명, 웃음소리, 울부짖는 소리, 고함 등이 끊이지 않았다".[7] 어머니 말에 따르면, 처음에 우리를 카브리니로 태우고 온 택시 운전사는 멀쩡하게 생긴 젊은 여자와 아이가 그런 곳으로 이사 간다는 사실을 도무지 믿으려 하지 않았다.

어머니의 기억에 따르면, 그곳에서 18개월을 보낸 뒤의 나는 "유별나게 덩치가 커서 다섯 살로 보이지 않는 데다가 사려 깊고 진지한 얼굴을 하고 있었다"[8]고 한다. 2년 만에 부쩍 자란 키는 거리에서 나를 지켜주었다. 진지한 태도 역시 나를 지켜주었다. 나는 음악을 듣고 글 읽기를 배우는 것을 좋아했다. 어머니는 일을 시작한 상태였고 나중에는 뛰어난 사회 복지사가 되었다. 두 방을 책과 클래식 음악으로 가득 채우고 있었으니, 새로운 이웃들이 보기에 우리는 아마 이상한 사람들이었을 것이다. 게다가 지금 와서 추측건대, 간혹 돈이 똑 떨어지는 일이 벌어져도, 그런 사태가 백인 이웃들에게 각인시켰을 치욕도 우리에게는 해당되지 않았다.

이 도시의 지리를 살펴보면 그런 치욕을 어림짐작해볼 수 있다. 카브리니 그린은 시카고의 고급 주택가인 골드 코스트에서 서쪽으로 여덟 블록 거리에 불과했다. 지금도 그렇지만, 카브리니 그린은 미

시간호를 따라 늘어서 있는 부유층 고층 아파트 주변을 무질서하게 에워싸고 있었다. 골드 코스트는 사회적 지위에 관한 대다수 사람들의 자기 평가를 고려하기에는 너무 부유한 동네였다.[9] 그러나 공영 주택 단지에서 더 서쪽으로 가면 공간이 더 많은 의미를 함축했다. 카브리니 그린 바로 너머에는 유럽 출신 이민자들이 처음으로 정착한 동네들이 모자이크처럼 펼쳐져 있었는데, 그 동네에서는 여전히 독일어나 폴란드어, 그리스어를 들을 수 있었다. 거기서 더 서쪽은 2차 세계대전이 끝난 뒤 이민자의 후손들이 이주를 시작한 교외 단지가 시작되는 곳이었다. 이 동네에서는 차고에다 개인 소유 잔디밭(하층 중간 계급으로 진입하고 있음을 보여주는 상징)까지 조그맣게 있는 집들을 볼 수 있었다.

우리 공영 주택 단지에 사는 백인들은 서쪽으로 이사할 가망이 거의 없었다. 그들 대부분은 말하자면 1930년대 대공황의 중압감이나 전쟁에서 헤어 나올 힘이 없는 사람들이었다. 주말이면 친척들이 단지를 찾아와서 콘크리트 상자 같은 아파트 앞에 당시의 어마어마한 미국산 자동차를 세워놓곤 했는데, 우리 같은 어린애들은 이 차를 에워싼 채 강아지처럼 쓰다듬었다.

카브리니의 건축 구조 때문에 거기 사는 사람들은 누구나 아파트 건물과 수동적인 관계를 맺을 수밖에 없었다. 주민들 가운데 그 누구도 우리가 사는 곳을 설계하는 데 관여하지 않았다. 건축 계획 자체가 저층 아파트를 융통성 없게 격자형으로 늘어놓은 것이었다. 당국은 주민들이 바깥의 잔디밭과 빈 곳에 나무를 심거나 정원을 꾸미는 것을 허용하지 않았다. 15년 뒤, 카브리니 바로 옆에 로버트 테일러 단지라는 이름의 고층 아파트가 들어섰다. 이 새로운 아파트는 훨씬 더 위압적이어서 엘리베이터에도 경비원이 있었고, 바닥 설계에 따라 침대와 탁자, 소파 등을 배치했다.

훗날 이 단지가 얻은 오명을 감안하면, 나는 이런 통제 장치들에 긍정적인 측면도 있었다고 강조하고 싶다. 1920년대 오스트리아 빈의 노동자 주택 단지에서와 마찬가지로, 시카고의 이와 같은 엄정한 건축 구조는 뭔가 새롭고 깨끗한 것을, 설계자가 치켜든 모더니즘의 깃발을 상징하는 것이었다.

그러나 보다 사회적인 성격의 수동성도 강요되었고, 이는 사람들의 자기 존중을 약화할 가능성이 농후했다. 카브리니 그린과 로버트 테일러 단지의 주민들은 새로운 입주자를 자치적으로 선택할 수 없었다. 그런 결정은 시카고시 주택국이 대신 내려주었으니, 세입자들의 경제 사정뿐만 아니라 그들의 성격 때문에 내려진 판단에 따른 것이었다. 분명 세입자 위원회가 있기는 했지만, 위원회의 권한은 거의 없었다. 이모님이 나중에 내게 말해준 바에 따르면, 아파트 관리에서 중요한 역할을 담당하는 공무원들은 세입자 위원회 회의에 아예 참석도 잘 하지 않았다.

이 시절에 관해 내게 선명한 기억 한 가지는 내가 일곱 살이던 해에 우리가 처음으로 주택 단지에서 벗어나기 직전 벌어진, 나보다 나이가 많은 흑인과 백인 어린이들의 인종 간 폭력 충돌 사건이다.

카브리니 그린을 둘러싼 아파트 몇 채가 아무도 살지 않는 폐허가 되어 빈방마다 깨진 유리창과 건축 폐기물로 가득 차 있었다. 빈 아파트를 마주 보는 이곳에서 백인과 흑인 아이들이 거리 양편으로 나뉘어 몸을 숨긴 채 '유리 전쟁' 놀이를 했다. 이 놀이는 마치 강물에서 물수제비를 뜨듯이 새총을 이용해 거리 맞은편으로 유리 조각을 날리는 것이었다. 맞은편에 있는 한 명을 맞추면 1점을 얻는 놀이였다.

아이들에게는 다른 인종에 대한 증오를 노골적으로 내뱉는 것보다 물리적인 충돌을 통한 기쁨이 더욱 컸다. 글로리아 모건은 당시 단지 내의 인종적 분위기에서 "이따금 마찰을 발생시킬 만큼 충분한 정전기가 대기 중에" 있었다고 썼다.[10] 유리 전쟁에서 보는 피는 전율을 불러일으켰다. 유리 조각이 날아오는지 쉽게 내다볼 수 있었으므로 놀이를 벌이는 아이들이 직접 점수를 얻기란 하늘의 별 따기인 셈이었다. 놀이가 위험해지는 경우는 빗나간 유리 조각이 방 뒤쪽의 벽에 부딪혀 깨질 때였다. 그럴 때면 발목이나 손에 파편이 박히곤 했다.

한번은 어린 흑인 여자애가 전쟁놀이 도중에 목을 베어서 죽을 뻔한 일이 있었다. 같은 편 아이들이 지나가는 버스를 세워 병원으로 데리고 갔다. 병원 측은 아이 부모 대신 경찰에 연락했고, 경찰 역시 부모 대신 학교에 전화를 걸었으며, 학교에서는 사회 복지사들에게 연락해서 사회 복지사들이 떼거리로 몰려왔다. 결국 아이의 부모는 사태가 마무리된 뒤에야, 전문가들이 그럭저럭 처리한 뒤에야 사고 소식을 들을 수 있었다.

훗날 이모님은 이 사고 때문에 어머니가 카브리니를 벗어나려고 필사적으로 애를 썼다고 말씀하셨다. 확실히 백인 이웃들은 당국이 개입한 데 분노했다. 반면에 흑인 부모들은 당국이 주목하게 만들었다고 해서 자기 아이들에게 노여움을 돌렸다. 이런 차이는 이해가 된다. 남부에서 이런 사고가 일어났다면, 흑인 어른들을 상대로 공격이 벌어졌을 것이다. 피해자가 누구든 간에 인종주의라는 악마가 눈을 떴을 것이다. 시카고의 백인들이 보기에 문제는 당국이 부모의 역할을 가로챘다는 것, 다른 어른들이 먼저 조치를 취했다는 것이었다.

내가 대학에 입학하기 위해 시카고로 돌아왔을 때 늙수그레한 한 초등학교 선생이 이 사건을 분명하게 기억하고 있다고 내게 말해주었는데, 그 이유는 선생이 싸움의 전후를 소상히 알고 있으면서 말을 안 해준다고 확신한 백인 부모들이 악담을 퍼부었기 때문이라는 것이었다. 몇 년 뒤 보스턴의 백인 노동 계급 가정들을 인터뷰하면서 나는 그들이 이와 같은 확신을 표명하기 위해 독특한 표현을 구사하는 것을 눈치챘다. 그것은 가난한 흑인들과 교사나 사회 복지사 같은 자유주의적인 중간 계급 전문직들을 똑같이 지칭하는 '그들'이라는 단어였다. 이러한 표현은 '그들'을 단 하나의 위협으로 낙인찍어 인종과 계급을 혼동하게 만든다. 이는 자신들의 취약한 처지에 느끼는 노동 계급의 두려움을 표현하는 것이다. 보스턴의 백인 노동자들은 학교에서 강제로 행해지는 인종 통합*에 맞서 몇십 년 동안 '그들'과 싸웠다. 시카고에서 카브리니 그린의 백인들은 값싸고 인

* 1954년의 브라운 대 토피카 교육 위원회 사건에 대한 판결에서 대법원은 헌법 수정 조항 14조의 '법의 평등한 보호' 조항에 의거하여 공립 학교는 피부색과 상관없이 누구에게든 입학을 허가해야 한다고 명시했다. 이로써 학교의 인종 분리 정책이 근거를 잃었고, 흑인들에게 문을 굳게 닫고 있던 백인 학교들이 흑인 학생을 받아들일 수밖에 없었다.

종이 뒤섞인 주택을 받아들였으며 '우리'와 '그들' 사이에 높은 장벽을 쌓을 수 없었다.

50년이 흐른 지금, 기억은 왜곡되고 지나고 나서 보니 그런 것일 수도 있지만, 카브리니는 그곳 주민들의 자긍심에 이의를 제기할 수 있는 두 가지 문제를 제기한 듯하다. 하나는 성인들의 의존 상태, 즉 미국 성인들이 비천한 나락으로 떨어지는 것으로 두려워하는 그러한 상태였다. '복지에 대한 의존'은 굴욕의 동의어다. 카브리니에서 인종은 그 굴욕적인 의존에 구체적인 모습을 부여했다. 집이 필요했던 우리의 백인 이웃들은 잘사는 백인이라면 피했을 인종적 관계로 발을 들여놓을 수밖에 없었다.

또 하나의 문제는 카브리니가 사람들에게서 자기의 삶에 대한 통제권을 빼앗아 갔다는 것이다. 사람들은 자기의 궁핍을 쳐다보기만 하는 방관자이자 당국이 제공하는 보살핌의 소비자에 불과한 존재였다. 바로 이곳에서 사람들은 보이지 않는 존재, 완전한 인간으로 간주되지 않는 존재로서 그와 같은 독특한 존중의 결여를 경험했다. 유리 전쟁의 여파는 카브리니 단지의 백인들에게 그러한 비가시성의 신호탄이었다. 한편 흑인들에게 그와 같은 존중의 결핍은 먼 옛날부터 이어져온 생존의 조건이었다.

탈출

미국 사회의 풍경이 바뀌면서 우리 가족의 운도 서서히 피기 시작했다. 카브리니를 떠났을 때, 여전히 홀몸인 어머니는 사회 복지사로 성공하기 시작했고 내 음악적 재능 역시 활짝 피어났다. 나는 신동은 결코 아니었지만 첼로를 켜고 곡을 연주하기 시작했다. 이처럼 예술을 배우면서 나는 다른 사람들의 처지에서 벗어나기 시작했다.

진지한 어린 음악가들의 경험 속에서 시간은 빠르게 흘러간다. 열한 살이나 열두 살이면 하루에 네다섯 시간을 연습해야 한다. 사춘기가 시작될 무렵이면 곡 연주를 시작하고 성인의 일이 이미 시작된다. 내가 연습하며 보낸 시간은 다른 아이들과 놀지 않는 시간이었다. 열다섯 살에 사람들 앞에서 연주하기 시작했을 때, 내 동료들은 대학생이나 그보다도 나이가 많은 음악가들이었다. 이런 시간의 발육 촉진 덕분에, 나는 새로운 사람이 되었다고 생각했고 이제 카브리니는 나와 아무 관계가 없는 듯 보였다.

사람들은 보통 야망이야말로 자수성가한 이들의 추진력이라고 생각하며, 나 역시 분명히 그런 야심을 충분히 갖고 있었다. 그러나 재능을 발전시키기 위해서는 기능craft이라는 요소, 즉 그것 자체를 위해 무언가를 잘할 수 있는 요소가 필요하며, 한 개인이 내적인 자기 존중을 가지는 것은 바로 이와 같은 기능을 통해서다. 나는 음악적 기능을 통해 그런 재능을 부여받았다.

첼로 연주자라면 누구든 갖춰야 하는 신체적인 숙달 행위를 묘사하며 이를 구체적으로 설명할 수 있을 것이다. 비브라토는 왼손을 현 위에 놓고 떠는 동작으로, 정확한 음조 주변의 음에 색채를 부여한다. 비브라토를 통해 마치 연못에 돌멩이를 던지면 잔물결이 일듯이 소리의 파장이 퍼져 나간다. 팔꿈치를 일종의 닻으로 삼아 시작된 진동의 자극, 즉 비브라토는 팔뚝을 지나 손바닥으로 전해지고 뒤이어 손가락에까지 이른다.

기능이라는 요소는 이와 같다. 비브라토를 하려면 첼로 연주자는 우선 곡조를 완벽하게 소화할 수 있는 능력을 익혀야 한다. 만약 젊은 첼로 연주자가 그러한 능력에 숙달하지 못했다면, 비브라토를 구사할 때마다 부정확한 음조가 두드러지고 배음overtone이 왜곡되어 귀에 거슬리는 음색이 난다. 정확한 음조야말로 예술의 진실에 대한 해석이다. 비브라토를 구사할 수 있는 자유는 그러한 훈련에 달려 있으며, 순전히 충동적인 표현은 혼란만을 낳을 뿐이다. 이는 손과 가슴 모두에 적용되는 집단적인 지혜의 단편이다.

나는 운 좋게도 훌륭한 청각을 타고났으며 빠른 시간 안에 곡조를 연주할 수 있었지만, 그렇더라도 비브라토를 자유자재로 구사하는 데는 몇 년이나 걸렸다. 열두 살에 이르러 마침내 이런 경지에 다다랐을 때, 그것은 다른 아이들이 놀이에 익숙해지는 것만큼이나 중요한 획기적인 사건이었다. 그리고 스포츠에서 그러하듯이 이 사건에는 두 가지 측면이 있었으니, 하나는 뭔가를 잘한다는 이유로 다른 사람들에게서 받는 존중이고 다른 하나는 뭔가를 어떻게 해야 할지를 탐구하는 행위였다. 여기에는 만족감이 있었다. 정확한 음을 자유자재로 구사하면서 나는 그 자체로 심오한 기쁨을 경험했으며 다른 사람에게 의존하지 않는 자긍심을 느꼈다.

10년 뒤인 1960년, 열일곱이 된 나는 음악 훈련을 더 쌓기 위해 시카고로 돌아왔다. 시카고 교향악단의 첼로 연주자인 프랭크 밀러 밑으로 들어가 개인 지도를 받았고 대학교에도 입학했다. 음악의 길을 가기로 했지만 나는 다른 분야의 교육도 받고 싶었다. 시카고에서 1년 반을 지내는 동안 프랭크 밀러는 부드러우면서도 가차 없이 나를 몰아세웠다. 나는 현대 음악이면서도 이해하기 쉬운 일련의 음악(새뮤얼 바버의 첼로 소나타나 프랑시스 풀랑크의 살롱 음악)을 습득했는데, 밀러는 이런 음악을 바흐나 베토벤처럼 진지하게 다루라고 요구했다.

그러고 나서 밀러는 어느 동료와 함께 지휘법을 배우라고 나를 뉴욕으로 보냈다. 그 자신이 위대한 첼로 연주자였던 밀러는 스승인 토스카니니의 선례를 따라 지휘자의 길을 걸으려는 욕망을 소중히 품고 있었다. 나는 아직껏 그 이유를 완전히 이해하지 못하고 있지만 첼로와 지휘 사이에는 밀접한 관계가 있다.

나는 그리니치 빌리지의 이성 복장 착용자transvestite 전용 술집 근처에 있는 방 하나짜리 아파트에서 남자애와 여자애와 9개월 동안 살면서 비제의 〈카르멘〉 공연 지휘를 준비했다. 음악가들이 흔히 그러하듯이, 나는 올빼미족이었고 뉴욕의 이 지구는 24시간 불야성을 이루는 곳이었다. 새벽에 간이 식당에 가 보면 먹거리와 담배, 구경거리가 그득했다. 하지만 간이 식당은 잠깐의 기분 전환일 뿐이었다. 당시 나는 '몽퇴의 상자'를 익히려고 열심이었는데, 이는 피에르 몽퇴가 개척한 지휘 기법으로 어깨 높이에 조그만 상자가 있다고 생각하고 손을 놀려 아무리 작은 손짓이라도 중요한 의미를 갖게 만드는 기법이었다. 이때의 뉴욕에 관해 지금도 생생한 기억은 욕실과 그곳에 있던 거울인데, 그 앞에서 '몽퇴의 상자'를 연습했기 때문이다.

내 음악적 재능에 한계가 있다는 걸 깨달은 것도 뉴욕 시절의 일이다. 피아노 연주자인 머리 퍼라이아나 리처드 구드 같은 친구들의 연주를 들을 때면, 내 머리로는 도저히 이해할 수 없는 음악의 경지를 느꼈다. 그들은 음을 길게 끄는 기법air-pause을 비롯한 악구 분절법을 표현해내고 예상치 못한 화음을 보여주었는데, 나로서는 결코 표현할 수 없는 것이었다. 음악적 기능 훈련을 쌓으면 다른 사람의 연주를 들을 때 객관적인 척도를 갖게 되는데, 얼마 지나지 않아 나는 내게 그들과 같은 기예가 없다는 사실을 받아들였다.

만약 우리가 다른 사람들과 경쟁하거나 그들에게서 존경받기 위해서만 뭔가를 잘한다는 게 사실이라면, 자신의 한계를 경험하면 자기 일에 덜 전념해야 마땅하다. 그러나 이와 같은 계산적인 견해는 피상적일 뿐이다. 나는 내 한계를 알게 되면서 자부심이 누그러지긴 했지만 그렇다고 해서 음악에 대한 사랑을 잃지는 않았다. 그리고 진정으로 기능을 사랑하는 다른 사람들도 대부분 나와 같을 것이라고 생각한다. 그러나 바로 여기에 '존중' 자체의 의미에 실제적인 분할이 있는 것이니, 사회적인 존중과 개인적인 존중, 타인에게서 존중받는 것과 자기가 하는 일이 본래 가치가 있다고 느끼는 것이 그것이다.

다른 많은 젊은이가 그러했던 것처럼, 1963년에 베트남 전쟁의 그림자가 드리우면서 나는 누그러들기는 했지만 낙담하지는 않은 채로 뉴욕을 떠났다. 정규 대학에 완전한 학생으로 돌아가지 않으면 징집되어 전쟁터로 나가야 했기 때문이다. 나는 밀러의 스튜디오로 돌아와 열심히 연습했고, 음악에 많은 시간을 할애할 수 있으리라는 착각에 빠져 역사학과를 선택했다. 이 무렵 시카고가 내 내면을 뒤흔들기 시작했다.

어머니의 자제력

어머니와 내가 같이 카브리니를 다시 방문한 것은 딱 한 번으로 1959년의 일이었다. 당시 그곳에서는 백인이라곤 한 명도 눈에 띄지 않았다. 그러나 정작 우리가 놀란 것은 아파트가 완전히 황폐하게 변한 풍경이었다. 흑인 아파트와 백인 아파트 모두 지나치게 깔끔하던 모습은 이미 10년 전에 사라지고 없었다. 카브리니에서 나와 같은 시절을 보낸 음악가 램지 루이스는 한때 "우리는 아파트 정면에 피어난 꽃들과 뒤쪽의 텃밭과 잔디밭을 매우 자랑스러워했다"[11]고 회상한다. 이제 그런 자긍심은 사라지고 없었다.

이때의 방문에 관해 쓴 단편 소설에서 어머니는 폐허로 변한 놀이터에 이제 "몇 마일에 걸쳐 뻗어 나간 15층짜리 거대한 괴물의 밀림에 파묻힌"(로버트 테일러 단지라는 이름의 고층 아파트는 1956년에 문을 열었다) 놀이터의 모습에 특히 충격을 받았으며, 우리가 살던 집을 보고 더욱 놀랐다고 썼다.

> 철망 담장으로 둘러싸인 석탄재로 뒤덮인 놀이터를 보았을 때, 우리는 우리가 살던 집을 발견했다. (…) 문짝은 거무죽죽한 빨간색이었다. 때 묻은 창문에는 닳아빠진 커튼이 걸려 있었다. 집 안에는 사람의 그림자라곤 없었다.[12]

그러나 당시에는 어머니가 소설에 기록해놓은 것과 같은 혼란을 분명히 느끼지는 못했다. 어머니는 마치 사물을 탐구하듯이 주변을 둘러보았다. 내 기억 속에 남아 있는 당시 나의 반응은 크게 신뢰가 가지 않는다. 나는 주변의 풍경이 언짢을 뿐이었고, 삶이 산산조각이 난 게 너무도 분명해 보이는 사람들에게 어떤 동정심도 느끼지 못했다. 하지만 나중에 알게 된 어머니의 반응은 나처럼 냉담하지 않았다. 어머니는 감상적인 생각을 억누르고 자제하면서 애처로운 가난의 광경으로 내몰릴 수밖에 없었던 이들에게 일종의 경의를 표했다.

"인종을 배운다는 것은 언어를 배우는 것과 같다"라고 사회학자 돌턴 콘리는 말한다. 나와 같은 어린 시절을 보낸 콘리는 백인인 화자는 결국 "다른 아이들과 같은 존재가 된다는 것에 대한 (…) 어떤 환상에서도 벗어나게" 된다고 말한다.[13] 1960년대 시카고에서는 성인인 흑인과 백인 모두가 이러했다. 미국의 다른 북부 도시들과 마찬가지로 시카고 역시 오랫동안 법률상으로는 아니더라도 사실상의 인종 분리가 행해지고 있었다. 도시의 공간은 인종에 따라 분할되었다. 도시에서 살아가는 시간도 마찬가지였다. 낮 동안에는 두 인종이 서로 섞여 생활했고 시 중심부인 루프의 백화점들에서는 특히 그러했지만, 밤에는 두 인종이 얼굴을 맞대는 법이 결코 없었다.

그곳에서 사회적인 신분 상승을 이룬 램지 루이스 세대의 가난한 흑인들은 적어도 백인들만 이용할 수 있는 병원이나 백인 전용 대학에 흑인도 접근할 수 있음을, 인종 분리의 최악의 효과를 극복할 수 있음을 보여주는 희망이었다. 민권 운동은 북부 도시들에서 그와 같은 불평등한 분할을 넘어서려고 시도했지만, 또한 동시에 중간 계급 흑인들은 경제적 신분 상승만 이루면 사회로 진입할 수 있다는 “어떠한 환상도 박탈당하고” 있었다.

뉴욕에서 시카고로 돌아간 1963년, 나는 내가 연주한 몇몇 장소에서 인종의 차이를 가로질러 다리가 놓이는 한 작은 구석을 발견했다. 흑인 교회에서는 오로지 흑인 영가만이 들린다고 생각하는 것은 상투적인 선입견에 불과하다. 내가 젊었을 때 중간 계급이 주로 다니는 교회에서는 종종 클래식 음악당에서도 듣기 힘든 바흐의 칸타타 같은 음악을 프로그램에 넣었다. 시카고에는 젊은 흑인 클래식 음악가도 몇 명 있었고, 우리는 이런 교회 행사에서 종종 만났다. 시카고의 재즈 클럽과 클래식 음악당 모두에서 청중은 점점 중년층이 우세해지고 있었지만, 젊은 음악가들이 즐겨 연주하는 소규모 종교 행사장에 모이는 많지 않은 청중은 인종뿐만 아니라 연령층에서도 다양했다.

1964년 어느 겨울날 아침 나는 카브리니 인근의 한 교회에서 열린 연주회에서 연주했는데, 초등학교 시절 선생님도 객석에 앉아 있었다. 유리 전쟁은 1940년대 후반과 1950년대에 시카고의 웨스트사이드* 전역을 휩쓴 인종 폭동의 작은 전주곡에 불과했는데, 그럼에도 선생님은 여전히 그곳을 떠나지 않았다. 선생님과 연주회에 함께 온 사람은 나보다 열 살 정도 많아 보이는 젊은 흑인 여성이었는데, 사

* 시카고는 크게 남북으로 뻗은 스테이트 거리와 동서로 뻗은 매디슨 거리로 나뉘는데, 이 두 거리를 경계로 하여 매디슨 거리의 북쪽을 노스사이드, 남쪽을 사우스사이드, 또 스테이트 거리에서 서쪽을 웨스트사이드, 동쪽을 이스트사이드로 구별한다.

회 복지사인 그 여성은 세련된 말씨에 말쑥하게 빼입고 있었다. 그 여성은 자기가 일하는 지역 사회에 속해 있지 않은 게 분명했다. 아마도 이 때문이었겠지만, 그 여성으로 인해 나는 갑자기 처음으로 나와는 독립된, 일하는 성인으로서 어머니를 바라보게 되었다.

어린이들이 흔히 그러하듯이, 나는 어머니가 일하는 것을 당연하게 받아들였다. 하지만 왜 어머니는 하고 많은 일 가운데 사회 복지사를 택한 것일까? 어느 단편 소설에서 어머니는 한 젊은 사회 복지사에 관해 썼는데, 이 여주인공은 "어딘가 아주 가깝지만 자신의 힘이 미치지는 않는 곳에서 중요한 일이 벌어지고 있다는 느낌을 갖고 있었다".[14] 전문직 종사자였던 어머니는 자신이 관계되어 있다는 이러한 느낌에 굳은 자물쇠를 채워두었다. 어머니는 억압받는 사람들을 열정적으로 끌어안지 않았으며, 정확하고 침착하게 일하면서 확고하게 인간적인 거리를 두었다.

이 단편 소설에서 어머니는 어린 내 눈에는 보이지 않았던, 자기 일에 대한 내면적인 불안감과 고뇌 역시 드러냈다. 어느 날 밤 소설 속의 주인공은 다음날 복지 수당을 받는 독신모의 가정을 방문할 일을 걱정하면서 자신의 '수사관' 역할에 혐오감을 느낀다.[15] 어린 아이였던 나는 이런 모습을 전혀 감지할 수 없었는데, 업무상 전화를 받거나 집에서 동료들을 대접할 때마다 어머니의 목소리와 몸짓은 전혀 다른 특성(카브리니를 다시 방문했을 때와 같은 특성)을 보여주었기 때문이다.

이따금 우리의 경험 속에서 잠시 커튼이 열려 (뭔가에 관한) 중요한 단서가 담긴 광경을 드러내지만, 무엇이 보였는지를 채 알아채기도 전에 커튼은 빠르게 닫혀버린다. 어머니의 직업상 딸인 젊은 흑인 사회 복지사는 커튼을 열어젖혀 동정심을 보여주는 한 광경을 드러냈다. 나는 두 사람 모두 있는 힘을 다해 남을 돕는다는 사실에 그렇게 깊은 인상을 받지 않았다. 거듭나지 못한 한 명의 남성이었던 나는 으레 여자들은 그런 일을 하는 것이라고 생각했다. 오히려 나는 두 여자가 자제력을 발휘하며 '어머니다운' 모습을 보여주지 않는 데 놀랐다. 내가 젊은 사회 복지사에게 카브리니에 관해 물었을 때, 그녀는 내 어머니가 동료들과 하던 이야기, '박탈 증후군'과 '자존감 불안' 등의 표현으로 가득한 이야기를 늘어놓았다.

사회 복지사들이 쓰는 이런 은어는 분명 빈민들을 마치 파손된 물품처럼 대우하여 천박한 표현이 되거나 알아듣기 어려운 우스꽝스러운 심리학 용어로 전락할 수 있다. 그러나 나는 얼마 동안은 그런 은어가 다른 기능을 할 수도 있다고 생각했다.

어머니가 쓴 것처럼, 어머니와 어머니의 직업상 딸 모두 빈민을 모욕할 권한이 있는 상위 계급에 속한 사람들이었다. 설사 그들이 자기 삶을 빈민들에게 헌신했다손 치더라도, 자선 그 자체는 상처를 줄 수 있는 힘이 있다. 연민은 경멸을 낳을 수 있으며, 동정심은 불평등과 직접 연결될 수 있는 것이다. 동정심이 작동하게 하려면, 아마 감정을 진정시키고 타인들을 냉정하게 대해야 했을 것이다. 불평등의 경계선을 넘어서기 위해서는 그 경계를 넘는 더 힘 있는 사람 쪽에서 자제력을 발휘해야 한다. 감정을 자제하는 것은 어려움을 인정하는 것이며, 어느 정도 거리를 두며 존중의 표시를 할 수 있는 것이다.

연주회장에서 내가 이해할 수 있었던 것은 젊은 사회 복지사의 냉정한 표현에 이유가 있다는 것, 어떤 정당한 필요성이 있다는 것뿐이었다. 나 자신의 삶에 변화가 있었기 때문에 이와 같은 순간적인 드러남은 내 마음속에 깊이 박혔다.

스무 살에 시카고로 돌아왔을 때 나는 처음으로 연애를 경험했다. 나는 음악에는 조숙했지만 성적인 문제에서는 그렇지 않았다. 여자 친구는 철학과의 흑인 학생이었다. 그녀는 친구들과 놀기 좋아하는 익살맞은 친구였지만 이마누엘 칸트에 관해서는 아주 심각했다. 우리가 시카고에서 함께 보낸 밤은 뉴욕에서 나 혼자 지낸 밤과는 전혀 달랐다. 공부하고 음악 연습을 하고 사랑을 나눈 뒤, 우리는 배를 채우러 거리로 나섰지만, 어떤 식당도 우리를 받아주지 않았다. 백인 식당들은 흑백 남녀를 노골적으로 거부했고, 흑인 식당에서는 아무도 오지 않는 '예약석'이라는 자리가 빌 때까지 하염없이 기다려야 했다. 보통 우리는 인종 분리를 하지 않는 트로피컬 헛이라는 식당으로 자연스럽게 이끌렸다. 달콤한 양념을 가미한 쌀 요리를 앞에 놓고서 여자 친구는 이마누엘 칸트가 모든 철학에 제기한 핵심 개념을 역설했고, 나는 가브리엘 포레의 음악이 무시당하는 현실에 불평을 늘어놓았다.

우리 둘 다 정치에는 관심이 없었지만, 아는 친구가 일하고 있는 민권 운동 단체 사무실에 가끔 들르곤 했다. 1960년대 초반에 민권 운동 단체에서 일하는 젊은 백인들은 이상주의자들이었다. 그들은 자신의 시간을 운동에 할애했고 때로는 목숨을 위협받기도 했다. 그러나 이 민권 단체 사무실의 분위기는 내부적인 긴장으로 삐걱거렸다. '다른 인종을 배운다는 것'은 '너는 왜 나를 돕는 거지? 너는 왜

네 삶을 바치는 거냐고?'라는 질문과 중첩되었다. 불쌍한 흑인들에 대한 연민 때문이라는 점을 무심코 드러내는 어떤 대답도 생색내는 태도로 치부되었다. 백인들은 헌신적인 태도와 흑인들에게 상처를 줄지도 모른다는 두려움 사이에 꼼짝없이 갇혀버렸다.

당시에는 미처 깨닫지 못했지만, 우리가 민권 단체를 방문한 일은 어머니와 젊은 사회 복지사가 직면한 것과 똑같은 딜레마를 가리고 있던 장막을 걷어버렸다. 어떻게 서로를 존중하면서 불평등의 경계선을 넘어설 수 있는가 하는 딜레마 말이다. 어떤 이는 이 민권 운동가들이 유리 전쟁 사건 뒤에 백인 가정의 사생활을 침해한 사회 복지사들과는 정반대의 정신으로 행동했다고 말할지도 모른다. 어머니와 같은 부류의 사회 복지사처럼, 젊은 백인들은 한 발짝 뒤로 물러났다. 그러나 두 경우 모두에서 진정한 상호성, 자유롭게 이야기되는 것들의 상호성은 결여되어 있었다. 그 대신 침묵과 신중함, 상처를 주는 것에 대한 두려움이 자리를 잡았다.

나 자신의 연애 경험 덕분에 나는 적어도 여자 친구가 겪는 보이지 않는 모욕을 감지하게 되었다. 칸트와 포레를 이야기하며 보낸 몇 달이 지난 뒤, 여자 친구는 정치 활동을 하는 흑인들에게서 나를 포기하라는 압력을 받았는데, 전리품처럼 금발 여자를 끌고 다니는 흑인 남자들까지도 압력을 가했다. 그들은 우리의 관계가 노예 주인과 하녀의 관계와 같은 것이라고 떠들고 다녔다.

처음에 우리는 사람들이 많은 곳에 둘이 모습을 드러내는 일을 그만두었다. 그러나 몇 달이 흐른 뒤, 민권 단체 사무실은 결코 가지 않았지만, 트로피컬 헛은 다시 찾았다. 자존심을 모욕당한 여자 친구는 당시 고조되고 있던 투쟁에 초연한 태도를 보였다. '젊은 흑인 여성 철학자'라는 말 자체가 드물던 시절에 여자 친구는 분명 고립감과 혼란을 느꼈을 것이다. 점점 성을 내는 여자 친구의 태도에 나도 똑같이 대응했고, 대학을 졸업할 때쯤엔 우리의 관계는 이미 끝난 상태였다.

지금 와서 이런 일들을 한데 연결해보려고 하니, 어머니가 보여준 자제와 침묵은 사회 복지의 범위를 넘어서 확대되었던 듯하다. 고등 교육을 받은 전문직과 미숙련 노동자들이 서로 자유롭게 이야기를 나누려면 오랜 시간과 많은 신뢰가 필요하다. 잘생긴 사람과 못생긴 사람이 서로의 몸에 관해 쉽게 이야기를 나누기란 어려운 법이다. 또 모험으로 가득 찬 삶을 살아가는 사람이 틀에 박힌 일상에 갇힌 사람들의 경험에 '관여'하는 데는 어려움이 따르게 마련이다.

불평등은 거북한 느낌을 낳고 거북한 느낌은 관계를 맺으려는 욕망을 낳지만, 그러한 관계 자체가 암묵적이고 말이 없으며 뭔가를 자제하는 종류일 수 있다. 이러한 연쇄 반응은 사회적, 경제적 지위에서 아래에 있는 다른 사람에게 '존중을 표하라'는 격언을 복잡하게 만든다. 사람들은 그러한 존중을 느낄 수도 있지만 생색내는 듯이 보일까 봐 두려운 나머지 자제한다. 게다가 자기 자신의 특권을 의식하여 거북한 느낌이 생겨날 수도 있다. 구체제의 사람들이 태연자약하게 우월한 지위를 자랑하던 것과는 달리, 현대 사회를 살아가는 사람들은 자신의 우월한 위치에 관해 쉽게 이야기하지 않는다. 역설적으로 들리겠지만, 특권을 지닌 사람이 느끼는 불안감이 그보다 못한 사람들의 자각(쉽게 표현하지 못하는 자각)을 더욱 날카롭게 할 수 있는 것이다.

이런 이유들 때문에, 타인에게 느끼는 존중이 곧바로 표현되지 못할 수 있다. 내 어머니가 존중을 보여주지 못했다는 말이 아니다. 어머니는 자기가 만들어낸 것이 아닌 딜레마에 갇혀 있었다.

나의 왼손

지금까지 나는 세 가지 주제를 다루었다. 성인들의 의존 상태가 낳는 굴욕의 효과, 자기 존중과 타인의 인정 사이의 차이, 불평등의 경계선을 넘어 상호 존중을 표현하는 일의 어려움이 그것이다. 이 주제들은 광범위한 것이며, 내 경험은 독특하지만 일반성이 결여된 것은 아니다. 내 성장사의 뒷부분은 보기 드문 내용이다. 내 자기 존중의 토대였던 기능을 잃어버린 일에 관한 이야기다. 내가 이런 이야기를 기록해두는 이유는 이를 통해 다른 사람들에게도 어떤 울림을 줄 수 있는 뭔가를 배웠기 때문이다. 자신감을 잃은 어떤 사람이 어떻게 타인의 존재를 더욱 깨달을 수 있는지에 관해 말이다.

1962년 초반 무렵 왼손을 구부리는 데 문제가 생기기 시작했다. 첼로의 현을 누를 때마다 점점 손에 힘이 들어갔고, 연주하는 음악에도 이런 육체적 긴장이 드러나기 시작했다. 비브라토를 구사할 때면 특히 그랬다. 팔꿈치와 손가락 끝 사이의 연결이 깨지면서 물 흐르듯 자유롭던 손이 점점 긴장하게 되었다. 그전에는 무대 공포증을 겪어본 일이 없었다. 왼손이 굳으면서 나는 연주회를 앞두고 신경이

곤두서는 증상에 시달렸고 뱃속까지 팽팽하게 부풀어 올랐다. 지휘 교습을 준비하기 위해 뉴욕에 갔을 때, 나는 왼손을 잠시나마 쉬게 해주어야겠다고 생각했지만 이런 휴식도 도움이 되지 않는 듯했다.

음악가의 삶이 견고한 자기 수양과 어떠한 압력에도 굴하지 않는 평온함, 온전한 정신 등을 실제로 요구하는데도, 사람들은 오랫동안 예술가들이 신경증에 걸리기 쉽다고 생각해왔다. 나는 내 정신이 손을 통해 무언의 항의를 하고 있다고 생각하면서 잠시 이런 고정관념에 굴복했다. 1964년 피아노 연주자인 루돌프 제르킨이 나를 바로잡아주었다.

제르킨은 전에도 이런 문제를 많이 보아온 사람이었다. 내 왼손의 힘줄이 너무 높게 조율된 첼로 현처럼 팽팽해지고 있었다. 이 문제를 해결하려면 힘줄의 끝부분을 느슨하게 해줄 필요가 있었다. 나는 수술을 받아야 했고 제르킨은 의사를 소개해주었다. 카브리니 인근의 교회에서 한 연주회는 1964년에 이 수술을 받기 전에 마지막으로 한 것이었다. 불행하게도 사태는 악화되었다. 현미경 수술이 등장하기 전인 당시에 이러한 수술은 성공이 보장되지 않았다. 수술 결과 나는 왼손을 빠르게 구부릴 수 없었다. 일상적인 일을 하는 데는 충분했지만, 실제 목표로 삼은 첼로 연주자로서 경력은 스물한 살 나이에 끝을 맺었다.

나는 이런 곤경에 대처할 준비가 전혀 되어 있지 않았다. 실제로 처음에는 엉뚱한 방향으로 화살을 돌렸다. 수술을 집도한 의사를 욕했다. 설상가상으로 어머니에게 거리를 두었다. 어린 시절에 어머니는 나를 충분히 자유롭게 키웠지만, 어떻게 음악으로 먹고살겠느냐고 종종 우려의 목소리를 높이면서 대신 무슨 일을 해야 할지 곰곰이 생각하시곤 했다. 음악으로 생계를 유지할 수 있다고 아무리 증거를 들이대도 어머니의 의심은 가라앉지 않았다. 이제 붕대로 친친 감긴 손은 어머니가 옳았다고 입증하는 듯했고, 나는 어머니와 마음을 터놓고 대화하는 것을 꺼리면서 사태의 심각성을 최소화하고 그 결과를 덮어두었다. 여자 친구 역시 수술 뒤에 내가 자기 연민에 빠져 심술을 부리는 걸 참아야 했으니, 이는 나와 사귀기 위해 여자 친구가 치러야 했던 대가의 하나였다.

물론 여전히 아침마다 태양은 떠올랐고 사람들은 창틀의 먼지를 털어냈다. 수술을 받고 몇 달이 지난 뒤, 나는 마음을 다잡고 이제 무엇을 할지 생각하기 시작했다. 언제든지 지휘자의 길을 대안으로 택할 수 있었다. 지금은 저명한 지휘자이자 대학 총장이지만 당시에는 바이올린 연주자로서 이제 막 오케스트라 연주석에서 지휘대로 자리를 옮기는 중이던 대학 친구 리언 보트스타인이 선례를 보여주고 있었다.

그러나 수술을 받고 난 뒤 문득 이런 대안을 택하고 싶지 않다는 생각이 떠올랐다. 진지하게 지휘자의 길을 걷기 위해서는 모든 걸 다시 시작해야 하는 것처럼 보였다. 붕대를 풀고 물리 치료를 받기 시작했을 때, 나는 그럴 의지가 없다는 것을 깨달았다. 어린이보다는 음악가로서 유년기를 보낸 사람들이 흔히 그러하듯이, 나는 음악이 요구하는 강박적인 에너지 때문에 지친 상태였다.

시카고로 돌아온 뒤 이미 내 삶의 궤도 바깥의 세계가 나를 끌어당기기 시작했다. 내가 처한 사회적 환경의 사람들은 모두 어떤 대의명분에 가담하고 있었다. 어머니와 어머니의 여동생, 매제를 비롯, 우리 가족의 친구들까지 대부분 사회 복지사, 노동 분쟁 중재자, 빈민 학교 교사 등으로 열심히 일하고 있었다. 연애하면서 겪은 인종 갈등으로 나는 혼란에 빠졌다. 아무리 아름다운 선율도 내 혼란한 마음을 달랠 수 없었다. 무엇보다도 베트남 전쟁이 내 결단을 독촉했다. 징병 위원회에서는 내 손을 의학적 면제 사유로 보지 않았다. 총을 쏘기에는 충분했던 것이다.

나와 동시대의 젊은 남자들에게 베트남 전쟁을 기피하는 것은 삶의 일대 전환을 이루는 사건이었으니, 징병 기피는 어떤 면에서는 참으로 부끄러운 일이었다. 나 같은 사람들이 싸우지 않으면, 더 가난한 다른 사람들이 우리 대신 전쟁터로 떠밀려 나갔다. 우리가 내세울 수 있는 대답은 이 전쟁은 어쨌든 싸워서는 안 될 전쟁이라는 것이었다. 이는 충분히 맞는 말이었지만, 그럼에도 다른 누군가를 대신 싸우게 만드는 것은 엘리트만이 누릴 수 있는 특권이었다. 내 세대의 젊은이들은 베트남으로 간 병사들이 멍한 표정으로, 그리고 으레 마약에 중독된 모습으로 돌아오는 것을 본 뒤에야 우리의 특권이 다른 이들에게 어떤 대가를 가져다주었는지를 깨달을 수 있었다.

나는 사회학자 데이비드 리스먼 덕분에 전쟁에 나가지 않을 수 있었다. 성악가인 리스먼의 딸을 통해 그를 알게 되었다. 우리는 줄곧 좋은 사이였다. 리스먼은 젊은 사람과 이야기 나누는 걸 좋아했고, 내게는 늘 이야깃거리가 풍부했다. 내가 처한 곤경을 들은 리스먼은 나를 하버드의 연구생으로 받아들였다.

오늘날에는 믿기 어려운 이야기로 들리겠지만 그때는 그렇지 않았다. 당시 하버드는 입학 규정이 꽤 느슨했고, 당시 표현으로 하자면 한창 '정체성 위기'에 빠져 있던 젊은이들을 몇 명 받아들이는 데 개방적이었다. 40년 전인 당시만 해도 매사추세츠 케임브리지* 자체가 살기 좋은 뉴잉글랜드** 소읍의 모습을 보존하고 있었으니, 규모를 막론하고 단순한 외양의 목재 가옥이 줄줄이 늘어서 있었다. 특히 가을이면 먼지 하나 없는 햇빛이 목제 주택 위를 아롱거리며 나무 표면을 밝게 비추었다. 나는 학문의 세계도 이와 마찬가지로 밝은 모습일 것이라고 믿으며 대학에 발을 들여놓았다.

앞서 말한 것처럼, 프랭크 밀러 밑에서 음악을 배울 때도 시카고대학교 역사학과에 정식으로 입학한 적이 있었다. 이제 나는 이 분야를 계속하기로, 도시의 역사에 초점을 맞춰 공부해 나가기로 결심했다. 당시 나는 이 주제에 흥미를 느끼고 있었고 그 뒤로도 쭉 그랬지만, 그래도 너무 성급한 결정이었다. 한 분야를 잃어버린 나머지 그저 단순히 그 자리에 다른 분야를 밀어 넣었던 것이다. 내가 정말로 무엇을 공부하고 싶은지 알지 못한다는 사실은 무시한 채 말이다.

내 손의 상처가 하버드에서 내게 일종의 위험한 존재라는 점이 드러났는데, 다른 사람들의 눈에는 이 상처가 아주 매력적인 이야기였기 때문이었다. 토론 수업 시간이면 나는 예전에 연주하던 곡을 마음속에 떠올리며 두 손을 놀리곤 했다. 친구들은 토론 중에 내 손가락이 무의식적으로 움직이는 모습을 주목했다. 친구들이 보기에

* 하버드대학교 소재지

** 코네티컷, 매사추세츠, 로드아일랜드, 버몬트, 뉴햄프셔, 메인 등 영국의 초기 식민지였던 동북부의 여섯 개 주

예술적 기능을 박탈당한 예술가는 마음을 끄는 존재였다. 3학년에 올라가서야 나는 내 슬픈 이야기를 늘어놓는 것을 그만두었고, 손의 상처가 낳은 결과, 즉 무엇을 해야 할지를 모른다는 사실을 직면하기 시작했다.

물론 무엇을 해야 할지 모른다는 사실은 일종의 함정이 될 수 있다. 어린아이들이 익히는 기능적 능력은 마치 어떤 놀이에 숙달하는 법을 배우는 것처럼 노는 일과 많은 관련이 있다. 그러한 능력의 궁극적인 목표나 가치를 측정할 필요는 거의 없다. 이와 같은 종류의 순전히 기능적인 능력은 나중에 성인이 되었을 때 삶에 해를 끼칠 수도 있다. 부모와 교사로 대표되는 사회는 이러한 기능의 선택을 순순히 받아들일 수 있지만 이제 막 성인이 된 젊은이는 그것이 너무 쉽다는 것을 안다. 복잡한 욕망과 삶의 시끄러운 소음에 눈 감을 수 있는 것이다. 어떤 젊은이가 자신이 무엇을 하고자 하는지를 정확히 안다고 하더라도 그는 한계를 가진 인간인 경우가 허다하다. 그러나 나 자신의 회의는 1960년대의 '반문화'라는 껍데기에 갇혀 있었다.

반문화는 이론과 실천 모두에서 기존 질서에 공격을 개시했다. 당시 젊은 청년이었던 정치 철학자 마셜 버먼은 "모든 사실과 가치가 혼란에 휘말려 폭발하고 해체되고 다시 결합되는 소용돌이에 갇혀 있다는 느낌을, 무엇이 근본이고 소중한 것인지, 무엇이 실제적인 것인지에 관한 근본적인 불확실성을" 한껏 즐겼다.[16] 역사학자 제임스 밀러는 우리 세대를 대변한 조직인 민주 사회를 위한 학생 연합을 "자발성과 상상력, 열정, 유쾌함, 운동(칼날 위를 걷는 듯한), 자유의 극한에 서 있는 듯한 느낌"에 온통 휘말린 것으로 그린 바 있다.[17]

자아의 안정성에 대한 반문화의 공격에는 힐난조의 느낌도 담겨 있었다. 왜 너 자신을 자유롭게 해방하지 않느냐는. 이러한 힐난은 특히 젊은 음악가들의 가슴에 날카로운 흔적을 남겼다. 우리가 받은 음악 교습은 협소하고도 가차 없는 방식이었다. 게다가 우리 시대에는 우리가 배운 특정한 예술이 설 자리가 없는 듯 보였다. 1960년대의 미국은 여전히 유럽의 과거에 집착하는 망명객들로 가득 차 있었다. 클래식 음악은 그러한 기억의 핵심이었고, 다른 시대, 다른 공간에서 튀어나온 예술이었다. 클래식 음악의 문화는 젊은이들의 반문화와 격렬하게 충돌했다.

1960년대 중반에 칼 샤터라는 지휘자와 정신없이 대화에 빠져들었던 일이 기억난다. 당시 우리는, 무례한 표현이지만, 값싼 유대교 음식을 풍성하게 내놓아서 음악가들의 배를 채워주었던 뉴욕의 어퍼웨스트사이드에 있는 식당에 앉아, 오로지 젊은 사람만이 빈정대지 않고 이야기할 수 있는 주제인 예술과 인생에 관해 대화를 나누었다. 아마 특히 슈베르트는 제국주의와 어떤 '관련'이 있는지를 이야기했을 것이다. 마침내 칼은 혀를 내두르며 연습을 하러 스튜디오로 돌아갔다. 그러나 내 생각이지만, 그의 경우에나 우리 세대 클래식 음악가 대부분의 경우에나 문화와 반문화 사이의 불협화음과 예술을 계승하는 것에 관한 불확실성은 긍정적인 효과를 낳았다. 자신이 추구하는 예술의 역할에 의문을 품으며 음악가들은 더욱 폭넓은 인간이 될 수 있었던 것이다.

하지만 우리에게는 여전히 큰 노력을 요하는 예술이라는 의지처가 있었다. 지금 와서 생각해보면, 나는 그러한 기율에서 자유로워지고 싶다는 욕망의 철학적 근원을 좀 더 이해하게 된 듯하다. 르네상스 시대의 철학자 피코 델라 미란돌라는《인간 존엄성에 관한 연설》에서 '자기 자신의 조물주인 인간'이라는 격언을 명확히 말했는데, 이는 기존 처방을 따르는 것이 아닌 탐구를 통한 자기 형성을 뜻했다. 종교와 가족, 공동체가 무대 배경을 이루기는 하지만 각본은 혼자 힘으로 써야만 하는 것이라고 피코는 주장했다.

우리 세대는 어렴풋하게나마 이러한 견해를 지지했지만, 자신들의 실제 삶에서는 피코가 한 경고를 무시했다. 일관된 삶의 이야기를 만들어야 한다는 경고를 말이다. '기성 사회에서 이탈하기'는 명예 훈장이 될 수는 있어도 삶을 살아가는 데서는 아무것도 해결해주지 않았다. 스무 살에 자유롭게 떠돌아다닌 우리 세대의 많은 이들은 서른에 접어들어 종종 무언가를 잃어버렸다고 느꼈다. 삶의 이야기는 앞으로 한 발짝도 나아가지 못했다.

비록 성性으로 충만한 1960년대의 물결 속에서 행복하게 헤엄치긴 했지만, 나는 근본적으로 해방되지 못한 영혼이었다. 학교에 다니던 나는 모험이 아닌 안정을 원했다. 그러나 리스먼과 그의 동료인 에릭 에릭슨 덕분에 도서관에 파묻히지 않을 수 있었다.

에릭슨은 나와 비슷한 인생의 전환을 이룬 전력이 있는 인물이었다. 목판화를 그리는 미술가로 출발한 에릭슨은 정신 분석학을 위해 이를 포기했다. 여전히 강렬한 시선을 가진 그는, 종종 자신의 시선이 상대방을 얼마나 당혹스럽게 만들 수 있는지 알지 못한 채 사람들을 이해하려고 뚫어져라 응시하곤 했다. 그는 의학적 훈련은 전혀 받지 않았는데, 1960년대에 정신 분석학은 점점 의사의 전문 분야가 되어가고 있었다. 에릭슨은 이러한 의학적 전환이 정신 분석학의 문화적 능력을 감소시킨다고 생각했다. 에릭슨은 젊은 의사들을 매몰차게 몰아붙였고 피를 보고 기절하는 학생들을 더 호의적으로 보았다. 그래서 하버드에서는 나처럼 전문적이지 못하고 개인적인 연구를 하는 학생들이 그를 많이 따랐다. 에릭슨을 보고 가장 놀란 것은 그가 훌륭한 임상의가 가진 자질을 두루 갖추고 있다는 점, 우리가 엎치락뒤치락하는 와중에도 한결같은 태도로 귀를 기울이는 능력을 갖고 있다는 점이었으니, 그는 당시 즐기던 자그마한 덴마크산 시가를 피울 때 말고는 전혀 미동도 하지 않았다.

반면 리스먼은 눈에 띄게 불안정한 인물이었다. 누군가 편지를 몇 줄 써서 보내면 리스먼은 장문의 답장을 보내곤 했는데, 마치 조금의 뉘앙스라도 그 뜻을 분명히 밝히지 않으면 상대방을 실망시킬지도 모른다고 걱정하는 듯한 태도였다. 리스먼은《고독한 군중》이라는 저서 덕분에 유명해졌는데, 아마 그의 신경과민은 부분적으로는 이런 유명세 때문이었을 것이다. 리스먼은 자신이 한 관찰을 완전히 믿지 못했다. 변호사로 출발한 리스먼은 에릭슨처럼 자신이 전문적으로 훈련받지 않은 분야를 가르쳤다. 그렇지만 자기 자신에 대한 그의 회의적인 태도는 애처로운 것이었다. 그는 참으로 위대한 책을 썼던 것이다. 성악가였던 그의 딸이 여유롭기 그지없었다는 점에서 리스먼의 신경과민은 나를 더욱 놀라게 했다. 그녀는 어깨를 늘어뜨린 채 자연스러운 소리를 쏟아냈다.

나는 에릭슨보다 상처받기 쉬운 인물인 리스먼에게 더 마음이 끌렸다. 그러나 하버드에서 그의 민감한 불안정성은 자신에게 해가 되었다. 그 시절의 위대한 인물들(대부분 남성이었다)은 황송하게도 강의를 통해 그들의 지혜를 나누어주었지만 강의가 아니고는 학생들과 거의 접촉하지 않았다. 리스먼은 달랐다. 그는 몇백 명의 젊은이가 강의실을 가득 채웠는데도 하나하나 얼굴을 맞대고 접촉하려고 노력했다. 그는 학생들이 제출한 리포트에 논평을 불러주면서 연구실에서 오랜 시간을 보냈고(이런 귀찮은 요구에 두 명의 비서는 많은 시간을 빼앗겼다) 그의 연구실 문은 닫혀 있는 적이 없었다. 리스먼은 상대방에게 즉시 응답해야 한다는 강박 관념을 갖고 있었고, 이런 강박 관념은 그를 소진시켰다.

에릭슨과 리스먼은 친구 사이였다. 아니 아마도 두 사람이 공모 관계에 있었다고 말하는 편이 더 적절하리라. 각기 다른 이유에서였지만 두 사람 모두 공식적인 사상의 요새에서 자신이 외부자라고 느꼈다. 선생으로서는 두 사람 모두 명쾌한 길을 제시해주지 않았다. 에릭슨은 강의 시간에 혼자서 곰곰이 생각에 빠지는 경우가 많았고, 리스먼은 읽어야 할 책 스무 권과 전화를 걸어 물어보라고 여남은 명을 추천해주기는 했지만, 어떤 길을 추구하든 간에 그 길을 걷는 사람은 다른 누군가가 아닌 여러분이라고 힘주어 말했다.

각자 다른 방식이기는 했지만, 에릭슨과 리스먼은 뛰어난 두뇌를 지닌 젊은이들로 가득 찬 하버드에서 자신들을 둘러싸고 삶을 소모시키는 것들에 압박감을 느꼈다. 어느 날 저녁 에릭슨은 이렇게 말했다.

"여러분은 정체성의 위기를 통과하고 있는 것이지 그 위기 안에서 살고 있는 게 아닙니다."

리스먼의 학생 가운데 가장 정치적인 학생 대부분은 그를 있는 그대로 받아들이고 자기들 나름의 길을 가기보다는 그를 공격했다. 유별날 정도로 자제력이 없고 강박적으로 자기 생각을 표명한 리스먼은 그들의 먹잇감이 되었다. 거부하고 반대하기보다는 모든 측면을 보고 또 모든 편에 관여한다는 혐오스러운 의미에서 리스먼은 '자유주의자'였다.

하버드에서 보낸 처음 몇 년 동안 나는 오로지 내가 떠나온 물리적인 거리만을 느꼈다. 내가 자라난 세계에서는 먹을 빵을 구하는 일만으로도 충분히 어려웠다. 지난날의 경험으로 인해 나는 하버드의 안정된 생활에 편안함을 느꼈고, 역시 안정감을 주는 하버드 교수들의 거드름을 즐기기까지 했다.

그러나 얼마 지나지 않아 나는 특권의 경험이 더욱 미묘한 형태를 띨 수 있다는 점을 알게 되었다. 가령, 나는 리스먼 같은 교수를 공격하는 학생들의 태도가 얼마나 계급에 속박된 것인지를 감지하기 시작했다. 하버드는 수많은 도움의 손길, 즉 리스먼을 주형으로 삼아 찍어 낸 다수의 지도 교수, 상담원, 교직원들로 가득한 세계였다. 특권층 젊은이들에게는 그들이 경멸하면서도 당연한 것으로 받아들이는 안전망이 주어졌던 것이다. 우리 세대의 급진적인 젊은이들에 관한 제임스 밀러의 표현을 빌리자면, "자발성과 상상력, 열정, 유쾌함, 운동(칼날 위를 걷는 듯한), 자유의 극한에 서 있는 듯한 느낌"으로 인해 그들은 결국 아무것도 정말로 나빠지지는 않을 것이라고 생각할 수 있었다.

훗날 나는 이러한 특권화된 가정에 사회학자들이 명칭을 부여했다는 것을 배웠다. 이러한 가정은 학생들이 '문화 자본', 즉 소속 구성원들의 지위 하락을 막아주는 연결 및 접촉의 네트워크를 갖고 있다는 사실을 반영하는 것이다. 이 가정은 사회학자 로버트 머튼이 '피터의 법칙'이라고 이름 붙인 것, 즉 사회에서 더 높이 올라갈수록 하락할 확률은 더욱 줄어든다는 법칙을 구체적으로 표현한다. 노동 분야를 공부하기 시작하면서 나는 하층 노동자들의 네트워크는 큰 힘이 되기에는 너무도 허약한 반면 기업 상층부의 고참 및 신참 네트워크에서는 이러한 독특한 확신이 자리 잡고 있다는 것을 보았다.

이러한 언어로 표현해보면 불평등은 분명한 사실이다. 젊은 시절에는 개인적 대담성과 정치적 도전의 언어를 통해 불평등이 굴절되었기 때문에 이를 볼 수 없었다. 개인적 '해방'은 자기 확신을 나타내는 우리 세대의 표현이었는데, 우리 세대는 특권의 무게가 이 자기 확신을 뒷받침해준다는 사실을 인식하거나 알지 못했다. 이제 막 성인이 된 젊은이들에게 그러한 해방은 융통성 없이 출세를 추구하면서 얻어지는 자기 확신과는 정반대되는 것이었지만, 그 무게는 동등한 것이었다. 각각은 자기 나름의 방식으로 제한된 인간을 만들어낼 수 있었다. 그러나 어느 것도 자기 가치를 형성하기 위한 장기적인 프로젝트로서 생명력을 가질 수는 없었다.

몇 년을 건너뛰어 내 과거의 삶과 새로운 삶이 만난 지점을 묘사하면서 자기 확신과 불평등에 관해 내가 말하고자 하는 바를 확장할 수 있을 것 같다.

뒤에 남겨진 사람들

어린 시절에 내가 자란 도시는 하버드에서 어느 때보다도 더 마음속에 자리 잡았다. 실제로 나는 그 도시에 관해 내 첫 번째 책을 쓰기도 했다.[18] 나는 또 잠깐씩 시카고를 다시 방문하기도 했다. 지역 사회의 단체나 교회에서 마련한 멘토와의 만남에 참석하기 위해서였다. 이 만남은 젊은이들에게 '역할 모델'을 제시하기 위한 행사로 성공한 사람들이 자신의 성공담을 이야기하는 자리였다.[19]

1971년에 처음으로 참석한 모임이 가장 기억에 남는다.[20] 나를 비롯한 역할 모델들은 시민 회관의 연단에 한 줄로 앉아 있었다. 오십 명쯤 되는 아이들이 무자비하게 휘황찬란한 조명 아래 우리 앞에 놓인 의자에 자리를 잡고 있었다. 나는 연단에 앉은 유일한 백인이었다. 역할 모델은 고백이 아니라, 투명한 삶의 이야기로 자신의 이야기를 해주기만 하면 된다. 가난한 어린아이들은 흑인 빈민가의 담장 너머에 있는 사회가 어떻게 돌아가는지 잘 이해하지 못하기 때문이다. 바깥세상으로 과감히 나아가 살아남기 위해서는 백인이나 중간 계급으로 행동하는 법을 배우는 것 외에도 다른 것이 필요하다. 어린이들은 '너는 사회에 어떤 기여를 할 수 있느냐'라는 질문에 답변할 수 있는 마음의 준비가 되어 있어야 한다. 우리는 우리 자신의 사례를 통해 이런 질문에 답할 수 있도록 아이들을 도와야 하는 존재였다.[21]

나는 이런 각본을 따르지 않았다. 하버드에서 6년을 보내는 동안, 나는 물리 치료를 통해 왼손, 특히 엄지손가락을 어느 정도 회복할 수 있었고, 비록 대부분 간단한 실내악이나 바흐의 모음곡에서 몇 악장을 연주하는 수준이긴 했지만 다시 연주를 할 수 있었다. 통증 없이 타자를 칠 수 있는 기쁨을 준 전동 타자기의 도움을 받아 글도 쓸 수 있었다. 그것으로 충분했다. 나는 내가 가진 능력에 감사했다. 하지만 이런 나와는 너무나도 다른 환경에 처해 있는 아이들에게 용기를 불어넣어줄 수 있는 교훈은 내게 없었다.

긍정적인 측면에서 보자면, 가정의 가치를 강조하는 게 중요한 듯했다. 그 누구도 과거에 대한 증오를 통해 충실한 새로운 삶을 만들어갈 수는 없는 법이다. 그래서 나는 사반세기 전의 시카고에 관한 나의 기억을 형성한 물리적인 감각, 즉 이따금 시카고 가축 수용소에서 북쪽인 우리 집으로 불어온 희미한 소똥 냄새라든가, 더 가까이 있던 공장들에서 들려오던 철커덕거리는 기계 소리 같은 사소한 일들에 관해 이야기해주었다.

연령별로 나뉘어 발언한 다른 사람들은 시카고의 다양한 공영 주택 단지 출신이었다. 삼십 대 후반에서 사십 대 초반인 이 어른들이 자기 자신에 관해 해준 이야기는 대상이 부르주아 청중이었다면 용기를 주기에는 너무 겸손한 내용이었을 것이다. 한 여자는 속기를 배워 노동조합 간부의 비서가 된 사람이었고, 또 한 남자는 시카고에서 가장 인종 차별적인 직종인 전기 분야를 가까스로 뚫고 들어간 인물이었다. 하지만 아이들은 정중한 태도로 귀를 기울였다. 자기들도 그렇게 될 수 있었으므로.

마지막에 발언한 사람은 가장 젊은 축으로 공영 주택 단지를 벗어난 지 10년도 채 되지 않은 푸에르토리코인이었다. 그 남자가 대미를 장식했다. 그의 이야기는 참으로 극적인 내용이었다. 같은 세대 사람들과 달리 약물에 중독된 삶을 멀리한 그는 대학을 졸업한 뒤 의대에 입학했고 당시 안과 레지던트로 일하고 있었다.[22]

이 젊은 의사는 복음 전도사와 같은 열정으로 자기 수양에 관해 말했다. 그는 거듭난 기독교인이 된 고등학교 시절의 전환점에 관한 이야기로 운을 뗐다. 그는 영적으로 다시 태어나는 매일매일의 과정을 적어둔 일기의 구절을 큰소리로 읽었고, 이를 통해 어떻게 자신의 태도가 바뀌었는지를 이야기했다. 하느님이 그에게 말을 건넸을 때 그는 과학 성적이 한참 뒤처져 있었다. 대학에 입학해서는 완전히 처음부터 시작해야만 했다. 그의 메시지는 동기를 부여하는 내용으로만 가득 찬 것이었다. 젊은 의사는 자신이 받은 과학 교육에 관해서는 아무 말도 하지 않았다.

어떻게 보면 그가 자신이 어떻게 재능을 계발했는지에 관한 이야기는 빠뜨린 게 이해가 간다. 그가 전하고자 한 메시지는 어린 청중 역시 그들이 가진 재능이 무엇이든 간에 자신을 바꿀 수 있는 힘을 자기 안에 갖고 있다는 것이었다. 흑인 빈민가 교회들의 뒷받침을 생각하면, 종교에 호소한 그의 연설은 많은 공명을 얻었어야 했다. 게다가 젊은 의사는 자신을 빛나는 모범으로 치켜세우는 자부심에 가득한 사람이 아니었다. 예전에 임신한 여자 친구를 버린 적이 있다고 밝히기도 했으니 말이다.

그러나 이 선배의 연설은 청중을 화나게 만들었고, 어린 친구들은 그에게 야유를 퍼붓기 시작했다. 물론 용기를 불어넣어주는 이야기는 언제나 어떤 의미에서는 도발이 되게 마련이다. '내가 할 수 있었는데 당신들이라고 못 할 게 무어냐'라는. 게다가 빈민가에서는 어떤 능력을 가진 젊은이는 압박을 받으며 살아간다. 빈민가에서는 최고가 됨으로써(아니 사실은 가장 강한 자가 됨으로써)가 아니라 머리를 숙임으로써 살아남는 것이다. 실제로 빈민가 사람들은 거리에서 눈을 마주치는 일을 피하는데, 이는 도전으로 간주될 수 있기 때문이다. 학교에서는 만약 타고난 재능이 있는 아이라면, 친구들보다 점수를 잘 받았다는 이유로 몰매를 맞지 않기 위해 자신을 보이지 않는 존재로 만들려고 애를 쓴다.

따라서 흑인 빈민가의 청소년들은 누군가 자신을 '깔보는' 데, 즉 경멸하는 데 민감하다. 의지할 수 있는 자원이 빈약하고 외부 세계에서 인정받지 못하는 곳에서는 사회적 명예가 박약하기 십상이다. 날마다 그러한 명예를 받을 권리를 주장해야 한다. 젊은 의사는 자신의 명석한 두뇌가 일종의 도발이라는 점을 확실히 알고 있었고, 또 분명 남들의 눈길을 피하고 다른 사람의 일에 관여하지 않으면서 살아남는 기술을 배웠겠지만, 무대 위에 오르자 머리를 치켜들었다. 이날 모임에서 청중석의 한 소년이 욕을 내뱉었을 때, 젊은 안과 레지던트는 더욱 정중한 태도로 대꾸했다.

"학생은 피해자가 아닙니다! 힘을 내세요!"

주최 측은 언쟁이 폭력 사태로 비화할까 두려운 나머지 안절부절못했다. 그러나 그게 끝이었다. 젊은 의사는 흥분을 억눌렀고, 아이들은 점차 부루퉁한, 적의로 가득 찬 침묵으로 빠져들었다. 마침내 대표 격인 사회 복지사가 의자에서 일어나 종합 토론을 하겠느냐고 묻지도 않고 우리에게 감사하다는 인사를 하며 자리를 마무리했다.

이 지역의 사회 복지사들이 이날의 행사를 어떻게 생각했는지는 알지 못한다. 나는 처음에는 그 젊은 의사의 용기에 감탄했다. 하지만 잠시 뒤에는 어린 친구들이 느끼는 분노를 이해할 수 있을 만큼 내 가까운 과거를 더듬었다. 젊은 의사는 엘리트의 언어로 말했다. 그는 하버드가 두 팔을 활짝 벌리고 받아들일 만한 부류의 학생이었다. 그리고 이는 그의 언어가 가능성의 언어, 그가 이루고자 하는 인생 계획의 언어였기 때문이다. 반면 비서와 전기 기사의 언어는 비록 많은 어린이에게 어떻게 무언가를 이룰 수 있는지에 관해 길잡이를 주기는 했지만, 하버드에는 전혀 어울리지 않는 언어였다. 두 사람의 언어는 구체적이고 제한된 승리로 향해 가는 작은 발걸음의 언어였다.

우리는 누구나 어떤 종류든 재능을 갖고 있으며 모든 능력은 가치가 있는 것이라고 믿고 싶어 한다. 그러나 능력은 두 가지 불평등한 형태를 띤다. 무언가를 잘할 수 있는 능력의 독특성은 사람들이 타인에게서 존중받고 자기 자신을 존중하는 객관적인 행동의 범위에 속한다. 잠재적인 재능은 상이한 범주로 구분된다. 재주만이 아니라 동기와 의지의 문제로 뒤얽힌 개인적인 평가에 가까운 것이다. 바로 이러한 차이가 의미심장한 불평등을 낳는다. 자기 자신을 변모시킨다는 관념은 그가 알고 있는 삶을 뒤에 남겨두고 나아갈 수 있는 힘을 함축한다. 그가 알고 있는 사람들을 뒤에 남겨두고 나아간다는 말이다. 따라서 젊은 의사 같은 '전도가 유망한' 개인은 그가 남겨두고 떠나온 사람들의 자존심을 해칠 수 있었다. '내가 할 수 있었는데 당신들이라고 못 할 게 무어냐'라는 말은 '힘을 내세요!'라는 명령 이면에 담긴 메시지다. 확실히 젊은 의사는 처음 시작할 때 문화 자본을 갖고 있지 않았다. 그의 성공은 오로지 그 자신에게서, 그리고 그의 생각으로는 오로지 종교적인 신념에서 기인한 것이었다. 그러나 자신의 미래에 관한 젊은 의사의 신념은 그와 청중을 갈라놓았다. 용기를 고무받기로 되어 있던 어린이들은 미래를 내다보거나 자신이 다른 존재가 될 수 있다고 상상할 수 없었다. 젊은 의사의 자신감은 그들의 결핍감을 자극하기만 했을 뿐이다. 비록 젊은 의사가 그들의 열등감을 불러일으키긴 했지만 아이들은 소극적인 태도로 괴로워하지만은 않았다. 아이들은 자신들을 '깔보는' 데 극히 민감한 거친 친구들이었다.

나는 음악을 통해서 왜 비서와 전기 기사가 젊은 의사와는 달리 아이들의 자존심을 건드리지 않았는지 이해할 수 있다. 무릇 훌륭한 음악 선생은 특히 이제 막 음악에 입문한 아이에게 위대한 음악에 담긴 모든 내용을 설명해주지 않는다. 아이들이 순전히 신체적인 능력 부족 때문에 나중에 크면 할 수 있는 표현까지도 멀리하기 때문이다. 훌륭한 선생은 학생과 직접적이고 신속하게 소통할 수 있는 방식을 찾고자 하며, 종종 최선의 방식은 "더 빨리"라든가 "저런!", "나쁘지 않군" 같은 단순한 말을 건네는 것이라는 사실을 깨닫는다. 문제는 학생과 선생이 공유할 수 있는 지시적인 언어를 찾아 조금이라도 진전할 수 있는 행동을 이끌어내는 것이다. 이렇게 보면 음악적 재능을 계발하는 것은 비서가 속기를 배우는 것과 마찬가지다. 비서는 어린 친구들에게 무엇을 해야 할지를 보여준 반면, 젊은 의사는 그들이 어떤 인물이 되어야 하는지를 늘어놓은 것이다.

모든 사회적 관계에서 우리는 때로 우리를 이끄는 다른 사람들에게서 도움을 받는다. 선배 조언자가 할 일은 자신이 가진 능력을 보여주어 성인이나 어린이가 그것에서 무언가를 배울 수 있도록 하는 것이다. 능력이야말로 자존심의 기초 요소이기 때문에 역할 모델로서 자신의 능력을 보여주어야 하는 사람들은 사회 복지사의 자제력과 비슷한 문제에 직면한다. 질투심을 불러일으킬 만한 비교를 할지도 모른다는 두려움 때문에 자신이 가진 능력에 관해 말하지 않는 것이다. 그러나 이런 민감한 주제를 건드리지 않는 것, 불화를 일으키는 이러한 불평등을 언급하지 않는 것은 이야기되지 않은 차이를 더욱 중요하게 만들 뿐이다. 지금 와서 생각해보면, 만약 젊은 의사가 자신이 어떻게 과학을 공부했는지를 말했더라면 설령 아이들이 그의 말을 따르지 않았더라도 그날 모임은 훨씬 좋았을 것이다.

어머니의 일에 관해 갑자기 인식한 것처럼 이 사건 역시 내게는 일종의 계시와도 같은 광경이었지만 오랫동안 장막이 드리워져 있었다. 나 역시 '하버드'라는 말을 입 밖에 내 상처를 주는 것을 두려워했다. 그러나 시민 회관을 나서자마자 나는 다른 종류의 실수를 했다는 사실을 알았다. 이 아이들, 자신이 가진 잠재력을 명확히 알지 못하고 부르주아의 예의범절이나 안전한 삶에 관해 아무것도 알지 못하는 이 아이들은 오랫동안 생존에 관한 모든 것을 배울 수밖에 없었다. 아이들은 한계에 관해 알고 있었다. 나는 내 손의 역사에 관해 말했어야 했다. 그렇게 했다면 우리 사이에 진정한 연계를 만들어 낼 수 있었을 것이다.

인터뷰

하버드 시절 리스먼은 내가 너무 나 자신의 문제에 골몰한다고 걱정했다. 초조한 정서 상태에서 나를 끌어내기 위해 리스먼과 에릭슨은 다른 사람을 인터뷰하는 방법을 배우면 어떻겠느냐고 제안했다.

심층 인터뷰는 독특하면서도 종종 좌절감을 불러일으키는 기능이다. 질문을 던지는 여론 조사원들과는 달리 심층 면담자는 사람들의 반응을 엄밀하게 탐구하고자 한다. 엄밀한 탐구를 하려면 면담자는 인격이 없는 냉혹한 존재여서는 안 된다. 개방적인 반응을 이끌어내기 위해서는 면담자 스스로 자기 자신에 관한 이야기를 해야 한다. 하지만 대화는 한 방향으로 기운다. 친구들끼리 이야기하는 것처럼 대화를 이끌어가지 않는 것이 요점이다. 흔히 면담자는 친구나 허물없는 사이인 사람만이 넘을 수 있는 선을 침범하여 상대방의 감정을 상하게 했다는 것을 너무 자주 깨닫곤 한다. 인터뷰 대상자가 현미경 아래 놓인 곤충이 된 것처럼 느끼지 않도록 하면서 사회적 거리를 두는 것이 기술이다.

에릭슨은 이러한 기술에 세심했으며, 그가 어린이들을 대상으로 인터뷰한 내용을 담은 필름을 보면서 나는 그 이유를 알 수 있었다. 에릭슨은 아이들과 노는 것을 즐기는 듯하면서도 줄곧 아이들의 일거수일투족을 신중하게 주시했다. 음악가들이 말하는 '제3의 귀'와도 같은 임상 의학자의 태도였다. 음악의 경우에 이러한 경험은 얻기 힘들지만 직접적이다. 첼로 연주자는 음을 내는 순간 바로잡는데, 가령 소리가 나자마자 활을 잡은 손에 가하는 압력을 조절해서 음을 마무리하는 것이다. 인터뷰에서 관계 안으로 들어가면서도 동시에 외부에서 이 관계를 바라볼 것을 요구하는 '제3의 귀'는 더 신비로운데, 물리적으로 측정할 도리가 없기 때문이다. 에릭슨은 본능적으로 이를 실천하는 듯 보였다.

그러나 1960년대에 다른 사회 과학자들은 인터뷰 기법에 자의식을 갖게 되었다. 이 시기에 이르러 생겨난 기묘한 분할은 '연성' 사회 과학과 '경성' 사회 과학을 갈라놓았다. 숫자를 다루는 사람들은 가치나 감정, 주관적인 이해를 다루는 사람들과 의식적으로 거리를 두었다. 경성 사회 과학을 하는 사람들이 우위를 점하게 되었는데, 그들이 사실의 언어를 말하는 것처럼 보였기 때문이다. 인본주의자들은 우리가 사회적 삶에 관해 아는 것의 상당 부분이 타인들과 상호 작용한 결과라고 주장하며 부분적으로 자신들의 입지를 방어하려고 했다. 우리 자신이 관여하지 않는 '사실들'이란 결코 존재하지 않는다는 것이었다.

인류학에서 인간주의적 견해를 설득력 있게 제시한 클리퍼드 기어츠는 동료들이 이질적인 문화에서 정보를 수집하는 과정에서 수집자 자신이 하는 역할과 존재에 의문을 가지지 않을 수 없게 만들었다. 사회학 분야에서는 1930년대와 40년대에 이루어진 인터뷰에서 이러한 견해가 제시되고 처음 적용되었다. 일찍이 폴란드의 사회학자 플로리언 즈나니에츠키는 개인사 수집에 전념하는 학파를 창설한 바 있었다. 2차 세계대전이 발발할 즈음에는 스웨덴과 덴마크에 뛰어난 사회 인류학자들이 있었다. 미국에는 전쟁 전 시카고대학교와 전후 버클리대학교에 거리를 돌아다니거나 정신 병원의 복도에 노상 출몰하는 교수들이 있었다. 이들 모두는 자신들의 존재가 그들이 제시하는 설명에 어떤 차이를 낳는지를 민감하게 의식했다.

1960년대에 '경성' 사회 과학과 '연성' 사회 과학 사이에 분화가 확대되면서, 민족지학 분야의 사회학자들은 더욱 자기 참조적이 되었다. 다만 차이점이라면, 에릭슨이 자기 자신의 경험에 의존해 다른 사람들을 이해한 반면, 그의 추종자들 대부분은 다른 사람들의 경험을 활용하여 자기 자신을 이해했다. 민감하기 그지없던 1960년대의 전반적인 문화는 자기 참조에 대한 이러한 강조를 더욱 강화했다.

리스먼 역시 에릭슨과 마찬가지로 인터뷰 능력을 본능적으로 타고난 사람이었다. 리스먼은 어떤 칵테일파티든 집단 토론으로 쪼개 망쳐버릴 수 있었다. 그는 거리의 걸인에게 돈을 주는 대가로 그들의 최근 개인사나 과거사를 들었다. 또 그는 가령 캔자스에서 감리교 목사의 장남으로 태어났다는 게 무슨 의미인지를 묻느라고 정작 학생의 논문에 관한 토론은 종종 잊어버리곤 했다. 그러나 《고독한 군중》은, 그 책의 주요한 용어를 원용하자면, '내부 지향적' 저서는 아니다. 리스먼은 자의식적이긴 하지만 그의 저작 속으로 사라져버린다.

리스먼은 내가 면담자로 경험을 쌓는 가장 쉬운 길은 보스턴의 상류 계급 사람들을 인터뷰하는 것이라고 결정했다. 그 자신이 필라델피아의 부유한 유대인 가문의 자제였던 리스먼은 앵글로-색슨계 백인 신교도WASP인 엘리트 집안의 딸과 결혼, 질투는 하지 않지만 빈정대는 반응을 보일 수밖에 없는 세계로 진입했다. 그는 사회에서 자신이 어떤 위치에 서게 될지에 관해 어떤 불안도 느끼지 않았다. 지금 생각해보면, 그는 인터뷰를 통해 내가 예절과 기술을 익힐 것이라고 생각한 듯하다. 어쨌든 리스먼은 내가 문을 두드릴 때면 항상 활짝 열어주었다.

'보스턴 브라민Boston Brahmins'은 일종의 엘리트로서, 보스턴에 유럽인들이 처음 정착한 시절까지 거슬러 그 기원을 추적할 수 있지만 18세기 후반에 보스턴이 항구 도시로 성장한 뒤에야 유력해진 사람들이다. 19세기 중반 무렵 이 뉴잉글랜드 사람들은 부자들을 중심으로 하는 은행, 법률 회사, 주식 중개소 등의 긴밀한 네트워크를 만들어냈다. 그들은 자신들만의 사립 학교를 설립했고 하버드 같은 대학을 장악했다. 그러나 20세기 중반을 지나면서 노스쇼어에 가득하던 폴로 경기용 조랑말이 줄어들었다. 아일랜드와 이탈리아 출신 이민자들이 이 도시에 오랫동안 남아 있던 보스턴 브라민의 힘을 빼앗아간 것이었다. 하버드는 시골 출신 과학자와 세계 방방곡곡에서 몰려온 유대인에게 압도당했다.

나와 같은 출신에서 자라난 미국인들은 보스턴 브라민 같은 사람들을 계급의 적으로 간주하지 않았다는 점을 이야기해두어야겠다. 물론 우리는 일하지 않고 얻은 특권에 반대했지만, 정치적 박해가 횡행하던 매카시 시대 당시 이 보스턴 사람들과 미국의 엘리트들은 대부분 대중적인 반공 히스테리와는 무관함을 보여주었다. 중간계급 자유주의자들이 안절부절못하던 그때 이 나이 든 엘리트들은 종종 좌파 인사들을 위해 시민의 자유를 소리 높이 외쳤다.

많은 이가 보스턴의 가드너 미술관에서 열리는 것과 같은, 사회적 위세를 부리지 않는 콘서트의 후원자이기도 했다. 당시 보스턴의 음악 문화는 제르킨으로 대표되는 중부 유럽 출신 이민자들의 세계와 오락 삼아 음악을 듣는 뿌리 깊은 습관을 지닌 오랜 미국 문화가 묘하게 뒤섞인 사회 세계를 보여주었다. 가령 그 두 세계는 제르킨이 개최한 버몬트주 말보로의 여름 축제에서 쉽게 뒤섞였다. 그러나 한데 합쳐지거나 융합되지는 않았다. 굳이 상상력을 발휘하려고 노력하지 않고도 나는 보스턴의 유대인 식당에 편안한 모습으로 앉아 있는 중년 여성 후원자의 모습을 떠올릴 수 있다. 보스턴의 많은 교회에서는 예술과 인생의 관계를 토론하는 광경을 쉽게 볼 수 있다.

리스먼이 이런 환경으로 향하는 여러 문을 활짝 열어주긴 했지만 처음에는 상서로운 조짐이 보이지 않았다. 서머싯 클럽에서 차를 마시면서 그녀의 정체성에 관해 설명해달라고 직설적으로 물었을 때, 나이가 지긋한 보스턴의 귀부인은 이렇게 대꾸했다.

“젊은이, 내 뭐라고?”

상대방에게서 정보를 이끌어내는 최선의 방법은 정면 공격이라고 생각하는 인터뷰 초심자들의 실수를 한 셈이었다. 늙수그레한 은행가를 인터뷰했을 때도 나아지지 않았으니, 그는 이렇게 대답했다.

“자네가 말하는 ‘정체성’이 무슨 의미인지 알겠군.”

그는 느긋하면서도 정중한 태도로 자기 가문의 계보를 쭉 훑어주었고, 현재로 가까워지면서 생존해 있는 여러 사람 이름을 거론했는데 내가 부득이하게 만난 인물도 여럿 있었다.

노스쇼어에 있는 그들의 사유지를 잠식해 들어오는 노동 계급 교외 주택 단지에 관해 질문을 던지자 귀부인은 “우리는 각자 나름의 길을 걷는 거지요"라고 대답했고, 이 짧은 발언으로 충분했다. 그들은 오히려 보스턴의 신흥 부유층에게 더 심한 편견을 보였다. 1966년 당시 암살당한 케네디 대통령에 대한 기억은 여전히 생생했고, 그의 인격은 신성시되었다. 그러나 설령 다른 미국인들이 보기에 케네디가 상류 계급이라 할지라도, 내가 인터뷰한 사람들의 눈에는 이 아일랜드계 미국인 대통령은 '우리 가운데 한 명'으로 간주되지 않았다. 나와 인터뷰한 사람들은 케네디의 아버지가 '벼락출세'한 일에 관해 거리낌 없이 말하면서 케네디 가문이 사교계에서 화를 당한 이야기들을 잔뜩 늘어놓았다.

젊음의 패기로 충만했던 나는 보스턴의 구석으로 밀려난 이들이 그들 자신 내부로만 눈을 돌리고 있다고, 계급적 명예에 관한 그들의 감각이 정지해버렸다고 첫눈에 결론지었다. 리스먼은 섣부른 결론을 내리지 말라고 역설했고, 다시 거슬러 올라가는 과정에서 나는 이 문제가 실은 더욱 복잡하다는 것을 알게 되었다.

가령 귀부인을 다시 찾아갔을 때, 나는 그녀가 경제적으로 아주 비참한 지경에 빠져 있고 낮에는 어느 가게에서 값싼 골동품을 파는 일을 하고 있다는 사실을 알게 되었다. 어떤 경제적 척도로 보아도 그녀는 하층 중간 계급이었다. 보스턴 브라민이라는 그녀의 신분은 일이 끝난 뒤에 다시 얻는 일종의 밤의 정체성이었다. 귀부인은 이런 영락한 처지에 불평을 늘어놓지 않았다. 사실 그녀는 가게에서 골동품 공급업자 및 손님들과 하는 거래를 정말로 즐거워하면서 설명해주었다. 그러한 기쁨은 "우리는 각자 나름의 길을 걷는 거지요"라는 선언과는 다른 칸막이를 차지한 채 그녀의 머릿속에 자리 잡고 있었다.

은행가 역시 밤의 정체성을 갖고 있었다. 두 번째 인터뷰를 하면서 그가 나를 유혹했을 때 그가 동성애자라는 것을 알아챘다. 나는 다소 유감스러워하면서 거절했지만, 세련되게 처리했어야 했다. 그는 만약 드러나면 사회적 파멸을 초래할(보스턴은 여전히 극도로 청교도적인 분위기였다) 성생활의 외상을 털어놓았던 것이다. 그렇지만 그의 밤의 삶은 낮의 삶을 변화시켰다. 은행가는 자기 은행을 일으킨 것처럼 '아직 피어나지 않은 인재'를 찾아내서 '그들을 직접 훈련시키는' 것을 좋아했다. 분명 여기에는 성적인 함축도 있었겠지만, 그렇더라도 그는 외부인을 얕잡아 보기보다는 환영하는 쪽이었다.

마지막으로 나는 젊은 보스턴 브라민들이 술과 밥을 먹으면서 때로 책도 읽곤 하는 그들만의 요새인 하버드의 포셀리언 클럽에서 며칠 밤을 보내면서 나와 같은 세대의 보스턴 브라민들을 인터뷰했다. 은행가와 마찬가지로 여러 집안의 뒷이야기가 무성했다. 집안들끼리는 '먼 옛날부터 지금까지' 서로 알고 있었고, 이런 집안의 남자아이들은 눈에 띄지 않는 애칭으로 가득한 숲을 한 치도 흔들림 없이 통과했다. 그러나 그들의 미래에 관한 진지한 이야기를 할 때면 그들은 앞을 내다볼 수 없었다. 그들이 자기 부모와 조상들에게 느끼는 존중은 다른 사람들이 존중할 만한 것이 아니었다.

가령 한때 엘리트들의 의지처였던 외교 분야는 이제 더는 그들이 좌우하는 곳이 아니었다. 그들의 문화적 특징 역시 어느 때보다도 더 희미했다. '훌륭한 예의범절'은 다른 사람들이 알아볼 수 없는 것이 되어버렸다. 에둘러 말하는 태도와 반어법의 습관(그들의 영국인다운 측면이다) 역시 대결적이고 선언적인 우리 세대에게는 깊은 인상을 주지 못했다. 지난 20년 동안 런던의 시티*에서 '신사적 자본주의'가 몰락한 과정을 연대기적으로 서술한 은행가 필립 오가는, 어떻게 전통적인 구세대의 네트워크가 똑같이 배타적인 신세대의 네트워크에 사실상 길을 내주었는지, 어떻게 미국과 독일의 은행가들이 시티를 줄무늬로 수놓고 있는 지점들의 자리를 차지하면서 기업 금융과 일자리를 비공식적으로 배열하고 있는지에 깊은 인상을 받았다.[23] 포셀리언 클럽의 회원들은 보스턴에서 이 징후를 보았다. 엘리트들은 사라지지 않지만 그 구성원들은 변할 것이었다. 이 젊은이들은 설령 자신들이 계속 만들어진다고 하더라도 여러 갈래로 나뉠 것을 두려워했다.

내가 인터뷰한 이 사람들은 모두 단순한 메시지를 전해주었다. 엘리트는 특권을 잃을 수 있다는 것이었다. 그러나 단순하게는 아니었다. 세계 속에서 보스턴 브라민의 지위가 축소되긴 했지만 그들의 상호 존중이 줄어들지는 않았다. 몰락은 그들이 어떻게든 조종하고 교섭할 수 있는 과정이었다. 은행가가 엘리트 집단 내부에서 자신의 정체성을 교섭한 것처럼 말이다. 다른 모든 사회적 속성과 마찬가지로 존중 역시 정지된 질이나 고정된 양이 아니다. 이런 자명한 이치는 인터뷰에서 독특한 생명력을 띤다. 실제로 인터뷰라는 행위의 유동성은 '상호 존중'이라는 구절 속의 '상호'라는 단어에 관해 중요한 무언가를 드러낸다.

* 런던의 구시가지로 영국 금융과 상업의 중심지

면담자는 자기 삶의 메아리에 귀를 기울이기보다는 자기 경험을 활용해서 타인의 경험을 이해하는 존재로 간주된다. 일반적인 상식에 견주어볼 때, 타인을 자기 자신의 거울로 간주하면 타인에게는 그들 자신의 존재에 대한 그들 자신의 진실성이 부여되지 않는다. 그들이 다르다는 기본적인 사실을 존중해야 하는 것이다. 여기서 하나의 교훈이 나오는 듯하다. 타인을 존중한다면 그에게 자신의 생각을 투사해서는 안 된다.

그렇지만 이는 매우 가혹하고도 청교도적인 교훈이다. 사실 부자연스럽고 무리한 행동이다. 일상생활에서 우리는 자신과 타인을 끊임없이 혼동한다. 인터뷰에서 그러하듯이, 사랑이나 양육, 일에서도 마찬가지다. 우리가 타인과 일종의 초보적인 접촉을 하는 것은 다름 아닌 투사를 통해서 가능하다. 나를 좋아한다는 이유로 은행가가 내가 브라만 출신이 분명하다고 생각했을 때, 그 역시 이런 식으로 자기를 투사했다. 점잖은 젊은이들의 말에 귀를 기울이면서 나는 달갑지 않은 인식의 충격을 받았다. 나와 마찬가지로 그들 역시 경보 소리를 들었다. 그 순간 나는 그들이 보스턴 브라민이라는 것을 잊어버렸다. 애덤 스미스는 유명한 한 구절에서 동정심이란 종종 다른 사람의 고통을 자신의 고통으로 오인하는 것이라고 정의했다.

얼마 지나지 않아 나는 자신과 타인 사이의 혼동이야말로 무엇이 상호 존중의 톱니바퀴에 윤활유가 되는지를 이해하는 데 핵심적인 실마리라는 점을 깨달았다. 그것은 하나의 오해로 시작된다. 다시 말해, 상호 동일시와 동정심에 관한 애덤 스미스의 '오류'를 통해 우리는 협력을 가로막는 차이들을 극복한다. 인터뷰에서와 마찬가지로 결국 우리는 자신의 배우자나 아이들, 직장 동료 등에 관해 상상한 것이 실은 진실이 아니라는 점을 인식해야만 한다. 인터뷰에서나 일상적인 삶에서나 동일시의 '오류'를 치료하지 않은 채로 놔둔다면, 우리는 자기 참조적 이해라는 올가미에 사로잡힌다. 우리 자신의 외부에 있는 것은 어떤 것도 실재가 아니다. 그러나 자아와 타인 사이의 혼동은 또한 한층 더한 사회적 관계를 구축하는 데, 사회적 결속을 발달시키는 데 필수적인 출발점으로 기능할 수도 있다.

아이들과 노는 에릭슨의 옛날 필름을 보는 지금의 나는 초보자 때와는 다소 다른 시각으로 그 필름을 바라본다. 확실히 에릭슨은 한 마리의 매처럼 아이들의 행동을 지켜보고 있지만, 내가 보기에 이것이 가능한 이유는 그 역시 나무토막 장난감으로 덤프트럭을 만드는 일을 즐기기 때문이다. 분명히 아이들은 그가 자기네 놀이를 함께 즐기는 것을 좋아한다. 아이들은 그를 자신들 중의 한 명으로 오인한다. 그리고 그 역시 잠시 자신이 늙은이가 아니라고 상상하는 '오류'를 저지르는 듯 보인다.

나는 면담자로서 처음으로 독립적인 작업을 하면서 타인과 동일시를 거부하는 것을 이해해야만 했다. 1970년 당시 나는 장학금을 받는 젊은이였다. 이 때문에 나와 동료인 조너선 코브는 보스턴의 다른 극단에 자리한 사회 계급을 연구할 수 있었다. 건물 청소부, 육체노동자, 수리공, 그리고 비서나 사무원으로 일하는 여성, 육체노동자와 결혼한 화이트칼라 여성이 그들이었다. 이들은 자신이 어떤 존재가 아닌지를 잘 알고 있었다. 그들은 중간 계급이 아니었다. 보스턴의 의사나 교수, 은행가들이 아무리 자아와 타인을 관대하게 혼동하더라도 이러한 사실이 바뀌지는 않았다.

유럽인들이 보기에 미국은 계급 사회라기보다는 하나의 대중 사회겠지만, 미국이 이러한 겉모습을 띠는 이유는 상업 문화라는 번지르르한 표면 아래 계급이 감춰져 있기 때문이다. 베트남 전쟁 와중에 백인 노동 계급이 전문직 계급과 자유주의 엘리트 집단, 그리고 이 집단의 급진적·반문화적 자식들을 공격한 1960년대에 이 번지르르한 표면은 깨졌다. 백인 노동 계급은 자신들보다 아래에 있는 흑인 빈민들에게도 사회의 기생충이자 복지 정책을 악용하는 사기꾼들이라고 공격을 퍼부었다. 우파 정치인들은 이러한 '침묵하는 다수(이름과는 달리 이들은 결코 침묵하는 사람들은 아니었다)'의 분노와 계급적 적대감을 결집했다.

우리가 한 인터뷰의 출발점은 우파의 신념과는 다른 무언가가 이러한 계급적 불만을 더욱 끓어오르게 만들었다는 것이었다.[24] 우리는 가족 구성원들을 개별적으로 인터뷰하거나 한 자리에 모아놓고 인터뷰하는 등 100여 가구를 만났는데, 우리의 목적은 그들이 독특한 계급 의식을 갖고 있는지, 그리고 그러한 의식이 어떻게 작동하는지를 이해하는 것이었다.

백인 노동자들만 인터뷰했을 때, 그들은 도시의 다른 사람들과 관련하여 자기 자신에 관해 균형 잡히고 개방적인 태도로 말했다. 그들은 자기보다 하층에 있는 흑인 빈민들이 겪는 어려운 처지에 현실적인 태도를 보였고, 엘리트들에게 분노를 표하기보다는 퇴화해 흔적만 남은 보스턴 브라민들의 겉치레를 우스꽝스러운 것으로 받아들였다. 저급한 노동을 벗어나지 못하는 그들은 종종 자신이 일을 통해 성공하는 데 실패했다고 느끼곤 했다. 그러나 그들은 자기 존중을 잃지 않았다. 가족을 먹여 살린다는 사실 때문에 자기 존중을 갖게 된 것이었다. 그러나 중간 계급 사람들은 그런 노력에 크게 주목하지 않았고, 우리가 인터뷰한 노동자들은 이런 그들의 무관심을 모욕으로 받아들였다.

가족을 한 자리에 모아놓고 인터뷰한 경우에 사람들은 이와 같은 타인들에 대한 균형 잡힌 평가와 자아에 복합적인 관심을 보이지 않았다. 사람들은 서로를 몰아세우면서 추잡한 인종적 비방과 농담을 마음껏 내뱉었고, 자유주의적인 엘리트와 언론을 욕하면서 정치인들에게 조종되는 성난 남녀로 바뀌었다. 우리의 인터뷰는 존중의 제로섬 게임으로 특징지어졌다. 자신의 가치를 주장하기 위해 흑인들에 대한 존중을 부정하는 게임 말이다.

30년 전에 나는 어떻게 이런 적대적인 제로섬 게임을 막을 수 있을지 혼란스러웠고, 지금도 여전히 혼란스럽다. 불평등은 자기 자신에 대한 의심으로 변형되었다. 타인의 완전성을 공격하면서 이러한 의심을 부분적이나마 덜 수 있을지도 모른다. 하지만 나는 정말로 사람들이 흑인이나 자유주의자를 공격하면서 자기 자신에 대해 편하게 생각할 수 있다고 믿지 않는다. 그럼에도 '타인의 눈에 보이지 않는다'는 상황은 복수를 향한 욕망을 낳았다. 그렇다면 바로 이것이야말로 존중의 사회적 결핍이 낳은 어두운 결과의 하나였다.

카브리니에서 보낸 어린 시절과 이 백인 노동자들의 삶은 이 문제, 즉 사람들이 서로를 존중하며 대하는 일을 어렵게 만드는 것이 분명한 계급 및 인종의 불평등을 양쪽에서 떠받치는 버팀목을 이룬다. 이 두 버팀목 사이에 더 읽어내기 어려운 경험들이 서 있다. 다른 누군가를 존중하기 위해 자제해야 할 필요성, 자기 존중과 집단적 존중 사이의 분할, 타인들을 낮추는 자아의 힘, 자기 확신과 타인에 대한 존중 사이의 부조화, 그리고 자신도 비슷하다고 상상하는 '오류'에서 기인하는 타인에 대한 결속 등등. 이러한 경험들은 공영 주택 단지의 삶이나 계급적 분노보다는 주관적인 문제로 보일지 모르지만, 사회적 힘은 보다 '객관적인' 조건을 형성하는 것과 마찬가지로 이러한 개인적 경험 역시 형성한다.

2장 존중이란 무엇인가

국가는 명예를 위해 전쟁을 벌이고, 노동자들의 협상은 노동조합이 경영자 측에서 자신들을 존엄하게 대하지 않는다고 생각하기 때문에 좌초되며, 루이 14세의 신하들은 국왕 조카의 면전에서 의자에 앉아 있을 만큼 위세가 있는 이들을 위해 싸웠다. 용감하게 싸운 병사는 찬양받고, 소방관은 힘을 합쳐 화재를 진압하는 데 자부심을 느끼며, 쉽게 파악되지 않는 사실을 추적한 학자는 자신의 작업에 만족한다. 존중은 사회적 관계와 자아에 관한 우리의 경험에 너무나도 근본적인 듯 보이며, 따라서 우리는 존중이 무엇인지를 더욱 명확하게 규정해야 한다.

실로 사회학에는 '존중respect'의 여러 다른 측면에 붙여진 수많은 동의어가 있다. '지위status', '위신prestige', '인정recognition', '명예honor', '존엄dignity' 등이 그것이다. 이와 같은 정의의 목록을 계속 나

열하면 지루할뿐더러 여전히 추상적인 개념에 불과할 것이다. 하지만 음악으로 돌아가면 존중을 가리키는 사회적 어휘가 생명력을 얻을지도 모른다.

내가 처음으로 실내악 연주를 시작했을 때, 선생님은 여느 때와 마찬가지로 무슨 뜻인지 설명하지도 않고서 다른 연주자들을 존중하라고 주문했다. 그러나 음악가들은 보통 말보다는 귀를 사용해서 그렇게 하는 법을 배운다. 위대한 두 명의 음악가인 성악가 디트리히 피셔디스카우와 피아노 연주자 제럴드 무어는 슈베르트의 유명한 가곡 〈마왕〉[1]을 통해 어떻게 이런 일이 가능한지를 보여주는 생생한 예를 제공한다. 만약 우리가 그들과 함께 연주 전에 무대 뒤에 있다면, 우리는 그들이 약간 흥분해 있는 모습을 상상해볼 수 있다. 이 가곡은 완벽하게 소화하기 힘든 슈베르트의 가장 난해한 곡 중 하나다.

무어는 마치 기관총을 쏘아대듯이 일련의 재빠른 스타카토 선율과 화음을 연주해야 할 것이다. 무어의 두 손은 분명 그것을 감당할 수 있지만 그는 음량을 걱정해야만 한다. 성악가가 겁에 질린 한 아이와 아이의 마음을 달래주려고 노력하는 아버지, 그리고 그 아이의 갑작스럽고 신비로운 죽음에 관한 이야기를 쏟아낼 때, 피아노는 불안한 배경을 창조해내야 한다. 아이가 말하는 순간에 무어는 너무 큰 소리로 연주할 수 없지만, 피셔디스카우 역시 기관총 같은 스타카토의 무시무시한 효과가 전면에 부각될 수 있도록 자기의 목소리를 제어하면서 그를 도와야 한다.

그전에 〈마왕〉을 노래한 많은 경우에 그러했듯이, 피셔디스카우는 이 과제에 대처한다. 자기가 맡은 부분을 큰 소리로 노래하기로 결심한 성악가들이 고뇌에 찬 아이의 외침을 표현하기 위해 가슴의 부피를 이용하는 것과 달리, 피셔디스카우는 두성조頭聲調를 이용, 목구멍 윗부분까지 소리를 끌어올린다. 그리고 스타카토로 이어지는 피아노 화음의 효과를 북돋우기 위해 피셔디스카우는 노래하기보다는 말하면서, 그것도 거칠게 말하면서 노래 중간에 있는 텍스트의 작은 자유를 활용하며, 바로 이 순간 무어는 뗑그렁거리는 효과가 사라지지 않도록 풍부한 화음을 연주한다. 〈마왕〉은 갑작스러우면서도 청중을 압도하는 마지막 부분에 다다르고 청중은 광란한다.

피셔디스카우는 무어의 요구를 존중했다. 성악가 자신의 강렬한 매력 덕분에 둘 사이의 협력이 성공을 거두었다고 말할 수도 있지만, 피셔디스카우 자신은 이런 말을 하지 않는다. 피셔디스카우는 자신의 글에서 자기의 개인적 느낌을 낮게 평가하는데, 이는 부분적으로는 겸손 때문이고 또 부분적으로는 성악가들 사이에 유행하는 개인숭배에 반대 의견을 표하기 위해서이지만, 가장 큰 이유는 그가 노래를 한다는 것이 음악 자체의 요구를 엄격하게 따르는 것이라고 믿기 때문이다.[2] 그가 노래 대신 이야기를 하는 작은 자유를 누릴 수 있었던 것은 특정 순간에 성악가와 피아노 연주자가 다 같이 음악의 극적인 의미를 전달할 필요가 있었기 때문이다. 이는 의도적인 것이 아닐뿐더러 색다르게 만들기 위해 덧붙인 것도 아니었다.

피셔디스카우는 피아노 연주자인 무어의 요구를 진지하게 받아들였지만, 그가 '슈베르트'를 불러냈다는 것만으로는 〈마왕〉을 노래하는 수많은 음악가가 목소리/피아노의 짜임새를 망치는 이유를 설명할 수 없다. 그의 재능 때문일까? 이러한 대답은 오히려 문제를 뒤엉키게 만든다. 특별한 재능을 가진 개인만이 타인에게 민감하다고 말할 수는 없기 때문이다. 무대 위에서든 무대 바깥에서든 이는 진실이 아니다.

그러나 피셔디스카우가 자기 자신이 아니라 슈베르트를 불러낸 것은 얼마간 도움이 된다. 이 성악가가 무어를 주목하고 그를 단순한 반주자가 아닌 협력자로 기꺼이 대할 수 있었던 것이야말로 인격의 문제였음을, 특히 그가 제럴드 무어를 한 명의 인간으로 어떻게 느꼈는지를 상상해보라. 이 경우 함께 일하는 관계에 앞서 우정이 있어야 할 것이다. 거꾸로 생각해보면, 낯선 사람의 반주에 맞춰 노래해야 할 때 성악가는 애를 먹을 것이다. 게다가 슈베르트는 누구도 개인적으로 알지 못하는 존재다. 작곡가의 물리적 존재는 악보 사이사이의 잉크 자국에서 발견할 수 있을 뿐이다. 만약 피셔디스카우가 제럴드 무어에 대한 애정이 아니라 그의 손가락의 요구에 주목해야 한다면, 두 사람 모두의 재능은 잉크 자국을 느낌으로 바꾸는 그들의 능력에 있다.

나는 이 노래를 부를 때면 심각해지는데, 그 이유는 이 노래가 무대 외부에서, 연주회장 바깥에서 '타인의 요구를 진지하게 받아들인다'라는 말의 의미에 한 줄기 빛을 던지기 때문이다.

저술가인 마이클 이그나티에프는 사회 내부에 존재하는 타인 대부분이 이방인이라고 쓴 바 있다.[3] 우리가 직접 알 수 있는 개인은 극소수에 불과하다. 무릇 복잡한 사회에서는 사회적 유형의 다양한 특징이 풍경을 메우고 있으며, 그들의 삶을 즉석에서 이해하기란 불가능하다. 그렇다면 우리가 개인적으로 알지 못하는 사람들에게 반응하게 만드는 우리 안에 있는 것은 대체 무엇일까? 피셔디스카우의 경우와 약간 비슷한 예로, 사회학자 C. 라이트 밀스와 한스 거스는 그것은 성격personality이라기보다는 인성character의 문제라고 대답하면서 용어를 분명히 하려고 노력한다. 두 사람에게 '인성'은 한 개인이 만인이 공유하는 '사회적 악기*(음악 텍스트들에 해당하는 사회적 동류어는 법률, 의식, 언론, 종교적 신념의 규범, 정치적 교의 등이다)'를 통해 타인과 소통하는 것을 뜻한다.

사람들은 또한 이런 텍스트들을 읽는다기보다는 연주한다. 법정에서는 배심원들을 움직여 무죄 방면이나 유죄를 평결하도록 법률을 연주하며, 거리에서는 시선의 마주침이나 몸짓 언어를 통해 '당신을 해치지 않겠다'라는 문장을 연주하는 것이다. 이런 '사회적 악기'를 잘 연주할 때, 사람들은 이방인과 연결되고, 개인과 무관한 사건들에 정서적으로 관여하며, 제도에 참여한다.

《인성과 사회 구조*Character and Social Structure*》에서 거스와 밀스는 추상적일 수도 있는 이러한 공식을 무대 바깥의 어두운 현실에 적용하려고 했다.[4] 그들은 왜 신경증에 걸려 혼란스러운 개인은 그럼에도 불구하고 고문을 견뎌내거나 타인에게 자행된 불의에 항의하는 반면 건강하고 행복한 성인은 겁쟁이가 될 소지가 다분한가의 문제와 씨름했다. 무대 위에서라면 '슈베르트'는 복종만을 자아내야 한

* social instrument. 'instrument'에는 '악기'라는 뜻 외에 '도구', '수단'이라는 뜻도 있다.

다. 반면 무대 바깥에서는 조사자가 질문을 통해 정반대의 두 가지 반응을 이끌어낼 수 있다. 인성과 성격의 구분은 이러한 반응을 가려내기 위한 하나의 방편이다.

성격의 많은 요소는 제도에 참여하는 시험의 순간에 잠시 유예되며 다른 요소들이 표면에 등장한다. 거스와 밀스는 고문을 견디는 신경증 환자가 고문실에 다른 증인들이 있다고 상상하고 이 보이지 않는 동지들이나 어떤 추상적인 원칙에 헌신하겠다는 의사를 표명하면서 이들에게 신호를 보내며 힘을 얻는다고 생각한다. 한 사람의 인성을 규정하는 것은 더 넓은 세계에 관여할 수 있는 이와 같은 역량이다. 거스와 밀스의 말을 빌리자면, 인성은 성격의 관계적 측면으로 생각할 수 있으며 오직 얼굴을 맞대는 관계만이 정서적으로 주의를 끈다는 격언을 초월한다.

연주회는 인성의 명확한 사례를 제공한다. 함께 연주할 때 다른 사람에게서 지각된 요구를 존중하는 것 말이다. 폭넓게 이해된 인성은 사회의 잉크 자국 전체에 관한 것이다. 한 사람의 인성은 인간관계에서 자신을 표현하는 삶을 가져다주는 것이다. 더 나아가 인성에 대한 폭넓은 시각은 그에 견주어서 '존중'에 해당하는 다른 어휘들을 측정하는 데 핵심적인 판단의 척도를 제공한다.

이 가운데 첫 번째는 '지위'다. 지위는 보통 한 사람이 사회의 위계질서 속에서 차지하는 위치를 가리킨다. 연주회장에서 지위를 정하는 데 필요한 일이라곤 프로그램에 성악가의 이름을 반주자의 이름보다 큰 글씨로 싣는 것뿐이다. 인쇄물이 항상 어떤 음악을 듣게 될지를 정확하게 안내해주는 것이다. 사회 역시 똑같은 방식으로 지위를 인쇄하며, 보통 똑같은 결과를 낳는다. 언제나 지위가 높은 사람의 요구가 중시되며 인정을 받는 것도 그들이다.

'위신'은 어떤 지위가 다른 사람들에게 불러일으키는 감정을 가리키는 말이지만, 지위와 위신의 관계는 다소 복잡하다. 지위가 높다고 해서 반드시 위신이 높은 것은 아니다. 어떤 귀족이 부도덕하거나 거드름을 피우면, 법에 규정된 그의 특권적 지위는 유지할 수 있어도 다른 사람들이 보기에는 위신을 잃을 수 있다. 말하자면 이 귀족은 그의 지위의 품위를 떨어뜨린 것이다. 위신은 또한 지위 그 자체와도 분리될 수 있다. 가령 직업의 위신에 관한 연구에 따르면, 기업 내부의 정략적 관계에 휘말려 있으며 자신의 일을 완전히 통제하지 못하는 엘리트 기업 중역들보다 유용하고 독립적인 숙련노동을 하는 가구 제작공 같은 사람들이 더 많은 위신을 누린다고 한다. 마지막으로, 위신은 사람에게서 사물로 이전될 수 있다. 포르셰 스포츠카는 누가 소유하든지 간에 위신 있는 물건이다.

그렇다면 '위신'은 '존중'의 동의어로 충분할까? 완전히 그렇다고 말할 수는 없다. 시민 회관 모임에 참석한 젊은 의사는 비서보다 훨씬 높은 직업적 위신을 누리고 있었지만(그가 하는 일은 자율적인 동시에 사회적으로도 유용한 일이었다) 비서가 더 존중받았다. 젊은 의사는 위신이 높은 일을 하고 있었지만 길잡이를 바라는 청중의 구체적인 요구를 진지하게 받아들이지는 않았다. 반면에 연주회장에서 피셔디스카우의 위신, 즉 그가 확실히 누리는 동경은 객석에 앉아 있는 우리가 만들어낸다. 청중이 이러한 위신을 만들어낸다는 사실이 피셔디스카우 자신의 세심함을 설명해주지는 않는다.

이런 어휘들에는 상호성을 뜻하는 무언가가 빠져 있으며, '인정'이라는 단어는 바로 이러한 내용을 담고 있다. 철학자 피히테는 처음으로 인정을 법률 용어로 편입시키면서 어떻게 이방인과 외국인, 이민자들의 요구가 헌법에서 인정되도록 법률의 틀을 잡을 수 있는지를 탐구했다. 루소는 법정뿐만 아니라 거리까지 포함하는 것으로 인정에 관한 논의를 확대했으니, 상호 인정을 법적인 권리의 문제로서만이 아니라 사회적 행위의 문제로 본 것이다. 존 롤스의 저술에서 인정이란 동등하지 않은 사람들의 요구를 존중하는 것을 의미한다. 위르겐 하버마스에게 인정은 이해관계 때문에 의견을 달리하는 사람들의 견해를 존중하는 것을 뜻한다.

그러나 '인정'이라는 단어는, 긍정적인 용법으로 쓰일 때도 여전히 서로의 요구에 대한 인식을 포함할 만큼 충분히 포괄적이지 않다. 사회적 명예를 구성하는 더 멀고 더 어두운 요소가 있는 것이다. '명예'라는 단어는 구식의, 빅토리아 시대에 가까운 울림을 갖고 있지만, 두 가지 측면에서 사회적 삶의 훨씬 더 근본적인 범주를 이룬다.

첫째, 명예는 행동 규범을 제안한다. 관습에 따라 죽은 형제의 아이들의 후견인 역할을 해야 하는 베두인족 사람들은 어떠한 명예의 규범을 따르는 것이다. 둘째, 명예는 사회적 경계와 거리를 지우는 일종의 신호다. 사회학자 피에르 부르디외의 말을 빌리자면, 명예는 "항상 다른 사람들의 눈을 통해 자신을 바라보는 개인, 자신의 존재를 위해 타인을 필요로 하는 개인"을 가정하는데, "그가 자신에 대해 갖는 상像은 타인들이 그에게 제공하는 상과 구별될 수 없기 때문이다".[5] 이러한 종류의 상호성에서는 사회적 명예의 힘과 왜곡 모두를 볼 수 있다.

독일의 국가 사회주의 정권은 과거 역사에서 모욕을 겪은 국민이 마침내 자신들이 서로의 눈에 어떤 가치가 있다고 느끼게끔 만들기 위해 무슨 짓이든지 했다. 사회적 명예를 왜곡하여 달성한 것이다. 한 집단 내부에서 타인들의 요구를 인정하고 이에 반응을 보이는 명예의 확인은, 보스턴 노동자들이 실천한 제로섬 게임에서처럼, 해당 집단의 경계 외부에 있는 사람들을 향한 파괴적인 행동으로 귀결될 수 있다. 우리 집단의 명예를 확인하기 위해 우리는 당신들의 명예를 훼손해야만 하는 것이다.

인정의 긍정적인 측면과 사회적 명예의 부정적인 측면이 상호성의 양극단을 규정한다. 이 둘 사이에서 자기 존중이 적절한 자리를 찾을 수 있을까? 나는 그렇지 않을 수도 있는 이유를 보여주기 위해 나 자신의 음악가 경험을 자세히 설명했다. 숙련 기능을 보유한 사람들(음악가든, 가구 제작공이든, 아니면 거래 조건에 관심을 집중하는 기업 중역이든 간에)은 자기의 일을 잘하는 데 집중하며, 이로써 자기 존중을 얻는다. 이 경우 개인 간 관계, 사회적 과정, 상호성 등은 초점이 아니다. 성악가가 반주자에게 "당신의 뒤를 받치고 싶군요"라고 말하는 것만으로는 안 된다. 어떻게 그렇게 하는지를 알아야 한다.

게다가 숙련 기능을 사용하는 일은 어떤 기준을 세우고 어떤 이상적인 원칙을 고수하는데, 이는 순전한 교류 과정을 초월한다. 대부분의 음악가가 그러하듯이 피셔디스카우 역시 피아노 연주자와의 협력을 또 다른 목적, 즉 슈베르트의 잉크 자국을 제대로 이해해서 소리로 전환하기 위한 수단으로 간주한다. 이러한 이상적 기준의 추구는 결국 자기 존중의 감각을 낳는다. 마침내 제대로 이해했다는 느낌 말이다. 신경증 환자는 자신을 고문하는 사람들과 협상해서 몇 가지 비밀만을 누설할 수도 있다. 그러나 그 역시 옳은 일을 하기를 원한다. 신경증 환자의 인성은 하나의 이상을, 다른 저항자들을 보호한다는 이상을 지키려고 열망하는 데 있다. 그의 자기 존중은 여기에 달려 있다. 상호성이 과정에 초점을 맞추는 데 반해, 이러한 종류의 자기 존중은 결과에 초점을 맞춘다.

그리하여 매우 자명하게 보이는 우리가 살펴본 음악의 예는 무대 바깥의 모든 종류의 복잡한 문제로 귀결된다. 마치 그렇게 해야 하는 것처럼. 다른 사람들의 요구를 존중하는 인성의 틀에 지위는 거의 맞지 않으며 위신 역시 어울리지 않는다. 인정과 사회적 명예의 추구는 그러한 인식을 낳을 수도 있지만, 후자는 외부자들에 대한 공격을 대가로 치른다. 자기 존중은 숙련을 요하는 일과 양심의 요구 때문에 상호성과 불화를 일으킬 수 있다. 이제 한 단어만이 남았는데, 이 단어는 가장 모호하다.

북아프리카의 카빌족에는 '사람은 사람들을 통해 사람이 된다. 하느님만이 자기 자신을 통해 하느님이 된다'[6]라는 격언이 있다. 이 격언은 어느 정도는 존엄한 인간을 정의하기 위한 것이다. 명예의 규범이나 사람들 사이의 소통, 표현 기술이 어떠하든 간에 존엄은 하느님에 대한 믿음을 통해 생겨나는 것이다. 현대 사회는 이와 동등한 무게를 지니는 두 가지 세속적인 상응물을 찾으려고 노력해왔다.

18세기의 법률학자 체사레 베카리아를 비롯하여 최초로 보편

인권에 관해 쓴 저술가들에게서 그중 하나를 발견할 수 있다. 베카리아는 《범죄와 형벌*On Crimes and Punishments*》(1722)에서 고문은 그 이유가 좋은 것이건 나쁜 것이건 간에 인간의 존엄성을 모독한다고 주장했다. 이는 인간의 신체에 고통과 쾌락의 자연적 경계가 있다고 가정하는 주장이다. 피히테는 신체의 완전성에 대한 존중에 토대를 두고 인권 개념을 구축했으며, 미국 계몽주의 시대의 토머스 제퍼슨 역시 마찬가지였다. 타인의 고통을 존중하는 행위는 전통적인 사회에서 신성한 것들에 바쳐진 존중과 무게의 측면에서 유사한 세속적인 존엄성을 인간에게 부여하는 것이다.

현대 세속 사회의 다른 궤적은 노동의 존엄성을 강조하는 것이었다. 노예제에 크게 의존하여 경제를 지탱한 고대 사회에서 노동의 존엄성은 매우 외래적인 개념이었다. 베르길리우스의 《농경시*Georgica*》 같은 목가적인 예외가 있긴 하지만. 초기 기독교의 금욕적인 노동은 그 자체로 존엄한 것이라기보다는 하느님에 대한 섬김을 나타내기 위한 것이었다. 그 뒤 중세 시대의 길드는 이따금 자기 충족적인 노동의 존엄성과 같은 무언가에 찬동했다. 스트라디바리우스 바이올린 제작자 같은 전문화된 장인 가문 역시 마찬가지였다. 정치 분석가 주디스 슈클라는 미국 공화국의 탄생에서 고된 노동의 가치가 자기를 존중하는 시민의 기풍을 규정했다고 주장한다.[7] 그렇지만 서구 사회에서 노동의 존엄성이라는 관념이 보편적인 가치가 되기 위해서는 현대 자본주의가 도래하기를 기다려야 했다.

역사학자 린다 고든과 낸시 프레이저는 이러한 가치를 다음과 같이 표현했다.

노동자가 보편적인 사회적 주체가 되는 경향이 있다. 모든 사람이 '노동'하고 '혼자 힘으로 생활을 꾸려나갈' 것이라고 기대된다. 노동자로 간주되지 않는 성인은 자기를 정당화해야 하는 더 무거운 짐을 짊어진다.[8]

막스 베버가 훌륭하게 해부한 것은 바로 이러한 '자기 정당화'의 요소다. 베버의 노동 윤리는 노동을 통해 자기 자신을 '입증'하는 남자나 여자에 관한 것이다. 개인이 입증하는 것은 그의 기본적인 가치다. 베버가 보기에, 제시되는 증거들은 작은 근검절약, 쾌락의 부인, 극기의 실천 등이다. 노동을 통해 일종의 도덕적인 몸매 관리 단련을 하는 것이다.

많은 주석가가 노동 윤리에 관한 베버의 서술을 논박한다. 베버의 서술에는 소비가 빠져 있으며 노동을 통한 만족(숙련의 기쁨과 존엄성)에 관한 사고도 누락되어 있다는 것이다. 그러나 베버가 노동 윤리를 설정하는 사회적 틀 자체를 논박하는 비판자는 거의 없다. 노동 윤리는 경쟁적이며 가치의 비교 판단을 필요로 한다. 승리하는 사람들은 패배한 사람들을 못 본 체하는 것이다.

따라서 노동이 이러한 형태를 취할 때 신체의 존엄성은 노동의 존엄성과 다르다. 두 가지 모두 보편적인 가치다. 신체의 존엄성은 모든 사람이 공유할 수 있는 가치인 반면, 노동의 존엄성은 오직 소수만이 성취할 수 있다. 사회가 모든 인간 신체의 동등한 존엄성을 존중할 수 있는 반면, 노동의 존엄성은 매우 다른 방향으로 귀결된다. 매우 불평등한 결과를 갖는 보편적인 가치가 되는 것이다. 게다가

'보편적인 가치'로 존엄성에 호소하는 것은 그 자체로 어떻게 포괄적인 상호 존중을 실천할 수 있는가에 관해 아무런 실마리도 제공하지 못한다.

이러한 정반대되는 개념들은 성악가가 피아노 연주자를 동등한 사람으로 대하는 무대로 다시 돌아온다. 무대 바깥에서는 지위와 위신, 사회적 명예의 실천이 평등으로 향하지 않는다. 숙련 장인의 자기 존중은 평등에 무관심하다. 우리는 사회를 연주회장과 닮은 모습으로 만들려고 노력하면서, 다시 말해 동등한 위치에서 연주하는 방법을 탐구하면서 이러한 한계를 다룰 수 있으며 상호 존중을 보여줄 수 있다.

그러나 음악의 예는 이러한 일이 얼마나 어려운지를 분명히 보여준다. 두 사람 모두를 보기 드문 음악가로 만들어주는 한 요인은 그들이 상호성을 달성했다는 사실이다. 많은 음악가가 협력의 충동을 갖고 있지만 오직 소수만이 이를 소리로 바꾸는 데 성공한다. 사회적 삶에서는 더욱 그러하다. 타인들에게 잘 처신하기를 바라는 것과 실제로 이를 실천하는 것 사이에는 막대한 간극이 있다.

때로 급진적인 평등주의자들은 물질적 조건을 균등하게 만들 수 있다면 상호 존중하는 행동은 '자연스럽게', 자발적으로 생겨날 것이라고 주장해왔다. 이러한 기대는 순진한 심리다. 설령 사회에서 모든 부당한 불평등을 제거할 수 있다손 치더라도, 사람들은 여전히 자신들의 나쁜 충동과 좋은 충동을 어떻게 실현해야 하는지의 문제에 직면할 것이다. 불평등을 받아들이거나 이에 순응하자는 말이 아니다. 내가 주장하고자 하는 바는, 예술과 마찬가지로 사회적 삶에서 상호성에는 표현적인 노동이 필요하다는 것이다. 상호성은 연기되고 연주되어야만 한다.

인성의 모호성은 한층 복잡한 문제를 낳는다. 설령 인성이 사회적 텍스트에 긴밀한 관심을 기울이는 주관적 삶의 요소라 하더라도, 개인적 인성의 변덕스러움 때문에 사람들은 자기 나름의 독자적인 해석을 한다. '타인을 존중하라!'라는 명령은 엄밀한 단 하나의 일련의 규칙을 좇는 식으로 따를 수 있는 것이 아니다. 주관적인 욕망이 명령을 따르려는 의지와 사람들이 반응하는 방식을 지배한다.

요컨대, 만약 존중을 표현하는 행동이 종종 빈약하고 사회에 불균등하게 분배되어 있다면, 존중 자체가 의미하는 바는 사회적, 심리적으로 복잡한 것이다. 그 결과 존중을 전달하는 행위(타인을 인정하는 행위)는 큰 노력을 요하며 명료하게 보이지 않는다.

2부 존중에 관한 탐구

사회는 사람들이 존중을 얻거나 불러일으키지 못하도록 세 가지 방식으로 인성을 형성한다.

첫 번째 방식은 자기 계발, 특히 능력과 기능의 계발을 통해 생겨난다. 뛰어난 지적 능력을 갖고 있는데도 재능을 허비하는 사람은 존중을 불러일으키지 않는다. 반면 재능은 좀 모자라지만 자신이 가진 능력의 한계까지 노력하는 사람은 존중을 불러일으킨다. 자기 계발이 사회적 존중의 원천이 되는 이유는 사회 자체가 낭비를 비난하면서 경제에서뿐만 아니라 개인의 경험에서도 자원의 효율적인 활용을 높이 평가하기 때문이다.

두 번째 방식은 자기 돌봄에 있다. 고대 세계에서 자신을 돌보는 것은 육체의 쾌락과 고통을 조절하는 법을 배우는 것을 의미했다. 성 아우구스티누스는 인간은 하느님 앞에서 죄를 인정하는 법을 배우며 자신을 돌본다고 믿었다. 마키아벨리는 자신을 돌보는 것이 타인들에게 두려움이나 경외감을 불러일으키기에 자신을 보호하는 것과 마찬가지라고 생각했다. 자기 돌봄은 또한 타인에게 짐이 되지 않는다는 것을 의미할 수 있는데, 궁핍한 성인은 수치를 초래하는 데 반해 자급자족하는 사람은 존중받는다. 존중을 획득하는 이러한 방식은 기생하는 삶에 대한 현대 사회의 혐오에서 나온다. 사회는 낭비를 두려워하며, 정당하지 못한 요구에 자원을 남김없이 빼앗기는 것은 (합리적이건 비합리적이건 간에) 훨씬 더 두려워한다.

존중을 획득하는 세 번째 방식은 타인에게 무언가를 되돌려주는 것이다. 아마도 이것이야말로 한 사람의 인성을 존중하는 가장 보편적이고 영원하며 깊은 원천일 것이다. 마치 연극을 관람할 때처럼 우리는 뛰어난 재기나 능력이 드러날 때 박수갈채를 보내게 마련이다. 마키아벨리의 군주는 복종의 맹세를 불러일으킬 수 있지만, 예술의 거장이나 폭군은 공동체에 무언가를 되돌려주는 사람들만큼 타인들의 감정을 건드리지 못한다. 자급자족 역시 이러한 종류의 존중을 얻기에는 충분하지 않다. 자급자족하는 사람은 궁극적으로는 다른 사람들에게 어떤 커다란 중요성도 갖지 못하는데, 그에게는 상호 연결도, 타인에 대한 긴요한 필요성도 없기 때문이다. 교환이야말로 공동체에 무언가를 되돌려주는 사람의 인성에 생명력을 불어넣는 사회적 원칙이다.

이 세 가지 인성 유형을 형성하는 데서 불평등은 특별하고도 결정적인 역할을 한다. 자기가 가진 능력을 완전히 발휘하는 비범한 사람은 자기 계발을 온전히 하지 못하는 사람들에게 자원이나 관심을 충분히 제공하지 못하는 현실을 정당화하면서 사회의 우상 노릇을 할 수 있다. 자급자족에 대한 찬양과 기생적 삶에 대한 두려움은 사회적 필요의 현실을 부인하는 방편으로 기능할 수 있다. 또한 되돌려주려는 욕망 이면에 있는 동정심은 사회적 조건에 의해 약자에 대한 연민으로, 즉 되돌려받는 사람이 모욕으로 느끼는 연민으로 변형될 수 있다.

나는 불평등이 인성에 어떤 영향을 미치는지에 대해 하나의 심리inquest로서 탐구하고자 하는데, '심리'라는 단어는 공평무사한 질문을 의미한다. 나는 얼마나 많이, 그리고 어떤 방식으로 불평등이 사회적 삶에서 불가피한 현실인지를 물으면서 이러한 목적에 맞게 나 자신을 훈련하고자 노력했다. 그러나 또한, 배심원이 흔히 그러하듯이, 나는 편견에서 완전히 자유로운 정신으로 이러한 질문을 하는 것이 아니라는 점을 밝혀 두어야 하겠다.

3장

불평등한 재능

1974년에 나는 어떤 축하 행사에 참석하기 위해 런던으로 비행기를 타고 날아갔다. 머레이 페라이어가 리즈 피아노 콩쿠르(음악계에서는 큰 행사로 여기서 수상하면 상금과 연주회, 음반 취입 등이 뒤를 잇는다)에서 수상하자 후원자 가운데 한 명이 자신의 집에서 축하 파티를 연 것이었다.

뉴욕에서 이런 행사가 열린다면 수상자에 대한 축하만이 아니라 수상 이면의 상금에 대한 축하일 것이고, 검은 넥타이를 맨 웨이터들이 드문드문 돌아다니는 가운데 끊임없이 나오는 모양도 화려한 카나페를 사양하는 맵시 있는 검은색 드레스의 여자들로 가득 찬 광경일 것이다. 런던의 집에서는 젊은 여대생들이 문을 열어주고 접대를 했다. 한 손에는 커다란 위스키 잔을 꼭 잡고 다른 손에는 맛없어 보이는, 산더미만 한 흰 빵 샌드위치를 든 늙수그레한 여자가 갑자기 내 앞에 나타나더니 "나는 비행기만 타면 배에 가스가 찬답니다"라고 말하고는 접시를 내밀었다. 기품 있는 명사에게는 어울리지 않는 인사였다.

그녀는 콩쿠르의 심사 위원 가운데 한 명을 거느리고 돌아다녔다. 동유럽에서 큰 상을 받으면서 음악계에 발을 내디딘 이 나이 든 음악가는 그 뒤 여러 차례 심사 위원을 지냈지만 썩 내켜 하지는 않았다. "나는 예술가들이 경쟁하는 것을 믿지 않지만 그래도 그게 예술가를 찾아낼 수 있는 유일한 방법이죠"라고 그녀는 말했다. 그녀는 다른 심사 위원들과 토론하고 논쟁해야 했고, 우스꽝스러울 정도로 관료주의적으로 보이는 심사 위원회에서 자신의 결정을 정당화해야 했다. 그녀는 어떤 젊은 참가자가 발전할 수 있는 잠재력을 갖고 있는지를 알아맞히는 게임을 특히 싫어했다. 자신만만한 참가자들은 보통 자신이 가진 테크닉을 과시하면서도 예술적 모험을 무릅쓰기를 주저했고, 따라서 그 참가자의 가능성의 지평선에 무엇이 있는지를 알아낼 수 없었다.

내가 그녀와 논쟁한 것처럼, 머레이 페라이어는 다른 모습을 보였다. 페라이어의 테크닉은 그때도 완벽했지만, 그의 연주에서는 그 테크닉을 들을 수 없었다. 나중에 그녀는 페라이어에 관해 뭔가 훌륭한 말을 해주었다. 페라이어는 다른 참가자들의 연주에 조용히 귀를 기울이면서 이따금 연주에 맞춰 손가락을 두드렸다는 것이다. 콩쿠르에 참가한 음악가들이 다른 참가자들에게 공격적인 모습을 보이고 종종 그들의 노력을 폄하하는 등 마치 운동선수처럼 행동하는 경우를 나는 너무도 많이 보아왔다.

이때의 온화한 모습은 나 자신이 심사 위원으로 참여한 1년 전의 첼로 콩쿠르와는 실로 대조적이었다. 그때도 콩쿠르가 끝난 뒤 파티가 열렸고 파티 주최자는 친절한 제스처의 일환으로 수상에서 탈락한 연주자들을 초대했다. 첼로 콩쿠르에서 1등 상을 받은 젊은 여자는 다른 사람들과 어울리려고 애썼지만 그들은 거리를 두었다. 그들은 서너 명씩 머리를 맞대고서 각자 자기가 어떤 실수를 저질렀는지 곰곰이 생각하고 무엇이 잘못이었는지를 평가하려고 애썼다. 적어도 이 순간만은 모험을 무릅쓰는 것, 예술적 지평선을 탐험하는 것을 생각하는 사람은 거의 없었다. 콩쿠르라는 경쟁의 장이 그들을 마비시켰다.

파티가 끝나갈 무렵 파티를 주최한 여자가 짧게 연설했다. 그녀는 상을 받지 못한 참가자들을 언급하면서 그들 모두의 연주를 들을 수 있어서 기뻤다고 말했다. 이날의 행사를 음악가로서 발을 내딛는 출발섬으로 삼아야 한다는 것이었다. 그녀의 따뜻한 목소리에 사람들은 희미한 웃음을 지어 보였지만 확신을 얻은 것처럼 보이지는 않았다. 위로의 파티는 의도는 좋지만 일종의 거짓이었기 때문에 잔인한 모습으로 비쳤다. 어떻게 콩쿠르에 참가한 어린 첼로 연주자들이 경쟁을 중요치 않은 것으로 생각할 수 있었겠는가?

리즈 콩쿠르의 심사 위원이 언급한 것처럼, 음악 경연 대회는 재능의 불평등을 드러내 보임으로써 표현의 발달을 억제할 수 있다. 한 명을 제외한 모든 참가자의 자신감에 문제를 제기할 수 있는 것이다. 의심의 여지가 없는 이러한 불행한 결과에 대한 해결책은 재능을 경쟁적으로 보지 않는 견해일 것이다. 다른 많은 차이 가운데 하나로 재능을 보는 것, 각각의 사람들이 자기 나름의 재능을 갖고 있다고 보는 것 말이다. 위로 파티에서 연설한 주최자는 이와 같은 내용을 전달하고자 했지만 젊은 첼로 연주자들은 그녀의 말을 믿을 마음의 준비가 되어 있지 않았다.

재능에 힘입은 존중

리즈 피아노 콩쿠르는 현대 사회에서 깊은 뿌리를 갖고 있는 어떤 욕망을, 재능을 향해 열려 있는 성공의 문을 열려는 욕망을 예술의 영역에서 구체적으로 보여준다. 젊은 피아노 연주자나 그의 부모의 출신 성분이 무엇이든 간에, 누구든지 콩쿠르에 참가할 수 있다. 유일한 수상 기준은 한 사람의 개인적인 능력이다. 우리 눈에는 이런 규칙이 자명해 보이겠지만 우리 조상들에게는 진기한 일로 비쳤을 것이다.

구체제에서 정부나 군대, 교회의 직책은 대부분 상속되었다. 가령 1722년에 생시몽은 프랑스의 거대한 스위스 근위병 집단의 지휘관이 된 한 갓난아기에 관해 기록하고 있는데, 이 직책은 "아이의 아버지가 할아버지에게서 물려받은 것이었다".[1] 생시몽은 이를 전혀 이상하게 보지 않는 보수적인 귀족이다. 재능 자체는 특권을 나눠주는 데 전혀 중요한 것이 아니었다. 능력 역시 계급 체제와는 아무 관련이 없었다.

재능에 대한 무관심은 특히 경제적인 종류의 능력을 지배했다.

17세기 이전에 상업 기술은 대부분 천민인 유대인들과 결부되어 있었고, 유대인들이 타고났다는 돈 버는 재능은 경멸의 대상이었다. 셰익스피어의《베니스의 상인》에서 선한 기독교인들은 상업에 무능하다. 그들이 신사인 이유는 이 때문이기도 하다. 단순한 편견만이 아닌 무언가가 이러한 무관심을 설명해준다. 현금 경제는 원시적인 상태였다. 현금 교환보다는 물물 교환이 더 일반적이었고, 위험률 계산은 수학에 통달한 사람들만이 할 수 있는 게임이었다. 복식 부기 같은 현대적인 관행은 연금술과도 같은 난해한 기술로 보였다.

17세기 영국의 일기 작가 새뮤얼 피프스는 사회 질서와 개인의 관계에서 발생한 커다란 변화를 몸소 보여준 인물이다. 그의 생애는 사람은 자신이 가진 독특한 재능으로 존중받아야 한다는 주장을 명확히 보여주었는데, 이 주장은 그를 경제적으로 무능한 셰익스피어의 신사들보다 우월한 존재로 만들어주었다.

피프스는 재능을 타고난 정부 관리로 주로 해군 본부에서 일했다. 그는 자신의 실제적인 능력(작가로서의 기술)을 우리가 평가하는 것보다 높이 평가했다. 비록 서민층 출신의 인물은 아니었지만, 피프스는 다른 무엇 때문이 아니라 자기 분야의 업무에 능숙한 덕분에 해군 본부에서 성공했다. 물론 피프스는 전통적인 신하의 기술을 두루 갖추고 있었다. 그는 아첨하고 알랑거리는 법과 동료들을 중상하는 법을 알고 있었다. 그러나 개인적 특권에 대한 그의 주장은 그의 숫자 계산 능력에 기인하는 것이었다.

가령 1664년 4월 8일 일기에서 우리는 피프스가 해군 본부 선박에 쓰이는 선미등 도급업자에게 거드름을 피우는 장면을 발견하는데, 그는 선미등의 실제 가치를 계산하고는 정부가 체결한 계약을 파기하기로 결정한다. 피프스는 도급업자를 두고 "내가 (정확한 수치를) 이해시킬 수 있다면 정신을 차릴 것"이라고 말한다.[2] 피프스는 수치를 정확하게 바로잡은 덕분에 상관들에게서 특별한 존중을 받을 것이라고 기대한다. 1665년 12월 22일의 일기에서는 그가 정부 회계의 새로운 체계를 해결하는 모습을 볼 수 있다. 이번에도 역시 피프스는 종복이 아닌 주인의 태도로 설명한다.

'재능에 따른 성공'이라는 구절은 피프스의 시대인 17세기 중반에 이르러 주로 피프스와 같은 지위에 있는 사람들 사이에서 널리 통용되었다. 정치적으로 이들은 부르주아 출신의 '신인'들이 활동할 수 있는 공간이 풍부한, 특히 재무성에 자리가 많고 활발하게 운영되는 국가를 주창했다. 돈은 귀족들의 수중에 맡겨두기에는 너무나 중요한 것이었다.

중세 후반 이래로 교회와 법률직에는 줄곧 '신인'들을 위한 자리가 있었지만 이는 다른 종류의 공간이었다. 교회 조직은 오래전부터 권력에 이르는 길이었다. 이런 길을 헤쳐 나가는 데는 신학적 기교가 거의 필요하지 않았다. 가족 관계나 단순한 음모가 훨씬 더 중요했다. 게다가 종교적 재능을 타고난 많은 사람은 기독교의 교훈을 따르면서 세속적인 권력을 멀리했다.

법률직은 확실히 재능을 인정했고 이러한 재능은 특권에 대한 주장으로 전환되었다. 중세 말인 1470년경에 존 포테스크 경은 이러한 주장을 다음과 같이 성문화했다.

> (…) 신체의 머리가 몸의 신경을 바꾸거나 각 신체 기관에 적절한 힘과 적당한 피의 양분 공급을 해주지 않을 수 없는 것과 마찬가지로, 정치체의 우두머리인 국왕은 그 체제의 법률을 변경하거나 같은 사람들에게서 임의로 또는 그들의 의사에 반하여 사람들의 실체를 빼앗을 수 없다.[3]

만약 법률가들이 국가의 종복으로 일한다면, 그들은 기술과 분별력 덕분에 주인들의 재판관도 될 것이다. 그러나 피프스는 낱말의 계약상의 힘보다 재정 계산이 우위를 점한다고 주장하고 있으며, 실제로 수량에 관한 기술의 소유는 '재능을 향해 열려 있는 성공의 문'이라는 구절에 담긴 재능에 새로운 의미를 부여했다.

피프스의 시대에 법적 능력은 판례를 인용할 수 있는 경이적인 기억력을 필요로 했다. 수량에 관한 기술은 다른 사람의 계산에 의존하지 않고 스스로 계산할 수 있는 능력으로 개인에게 고유한 타고난 재능으로 보였다. 1664년에 피프스는 선미등에 관한 당국의 수치가 단지 합법적이라는 이유로 권위 있는 것으로 받아들이려 하지 않았다. '재능에 따른 성공'은 재능을 타고난 개인이 자신이 스스로 할 수 있는 바를 보여줄 권리가 있다는 의미다. 1665년에 피프스는 상관들에게 비록 그들이 자신의 상관이기는 하지만 이해하지 못하는 것을 보여주고 있다. 그로부터 1세기 뒤에 중농주의자들(영국과 프랑스의 일군의 회계 관리와 재무관들)은 국가가 계산한 공식 회계가 의심스러운 기록에 불과한 것이기 때문에 수학적 두뇌를 지닌 엘리트가 철두철미하게 조사해야 한다고 주장했다.

그러나 피프스 시대 이래로 줄곧 법률가와 회계사 모두는 특권은 획득해야 하는 것이며 능력이란 이러한 획득의 산물이라고 주장했다. 당연하게도 작위를 지닌 귀족들은 이 주장에 반대했다. 국가도 마찬가지로 반대했다. 개인적 능력은 국왕의 권한으로 쉽게 통제할 수 없는 내적인 힘이었다. 따라서 생시몽은 루이 14세의 궁정에서 이렇게 보고했다.

> 국왕 폐하께옵서 습관적으로 하찮은(귀족 작위가 없는) 사람들로 고위직을 채우신 나머지 일시적 기분에 따라 마치 시종을 자르듯이 그들을 자리에서 내쫓고 계십니다.[4]

시종처럼 다뤄진 이 사람들은 실은 부르주아지 상층부를 차지하고 있던 울새들이었다. 태양왕 시대에 상류 고관의 장식물을 공공연하게 달고 다니는 신인들은 조롱거리가 되었다. 그들은 살며시 끼어들어야 했다. 그러나 루이 15세 치세 말기에 이르면 비굴한 가면을 벗어던지는 일이 비일비재했다.

'재능에 따른 성공'은 국가 관직의 영역에서 더 광범위한 사회적 원칙으로 확대된 교의, 즉 '자연적 귀족정'의 교의가 되었다. 한 예로 제퍼슨은 "부와 출생에 뿌리를 두는 인위적 귀족"을 "모든 생활 조건에서 찾아야 하는 가치와 천재성에 근거한 (…) 자연적 귀족"으로 대체하고자 했다.[5] 프랑스의 중농주의자들과 마찬가지로 제퍼슨은 제도상의 전반적인 변화를 통해 이를 달성하고자 했다.

리즈 피아노 콩쿠르는 이 신인들이 재능에 따른 성공을 상상했을 때 염두에 두었던 것과 같은 종류의 제도를 구현한 것이다. 이제 우리는 네 가지 측면에서 제도에 둘러싸인 재능 있는 한 개인의 초상을 상상해볼 수 있다. 왼쪽 테두리에는 제도 개혁가들이 직위를 둘러싼 규칙적인 경쟁을 세워놓았다. 오른쪽 테두리에는 시험을 보고자 하는 사람들을 훈련시키기 위한 제도를 만들어놓았다. 전문화된 군사 학교와 기술 학교의 기원은 여기에 있다. 음악 학교도 마찬가지다. 위쪽 테두리에는 개인적 성취를 객관적으로 측정할 수 있는 척도가 있어야 했다. 음악의 테크닉에 상응하는 제도적 기준이 필요했기 때문이다. 중농주의의 치국책에서 이는 한 부서나 관리가 수입과 지출의 관계를 잘 관리할 수 있는 방법을 실제적으로 파악할 수 있도록 만든 복식 부기와 같은 회계 체계의 활용을 통해 이루어졌다.[6]

구조 전체를 지탱하는 이 제도적 틀거지의 아랫부분은 가장 큰 논쟁거리였다. 실패를 제도화할 수 있는 방법이 필요했기 때문이다. 재무 감사관을 마음대로 거부할 수는 없었다. 리즈 콩쿠르의 심사위원과 마찬가지로, 거부하는 이유를 설명하고 이를 정당화하라는 압력이 있었다.

대부분의 왕정 체제에서는 자의적이고 돌연한 해임이 오랜 관행이었다. 17세기에 헨리 8세는 아무 뚜렷한 이유도 없이 갑자기 런던탑*이나 사형장으로 보내는 식으로 가장 재능 있는 신하들을 계속해서 일종의 공포 상태에 놓아두었다. 개혁가들은 무능을 규정하고

* 17세기 초까지 왕궁으로 사용되었으나 그 뒤로는 신분 높은 국사범을 가두는 감옥으로 이용되었다.

처벌하는 행위 없이는 능력에 대한 보상을 할 수 없다고 논증했다.

지금 와서 보면, 제로섬 게임의 원칙대로 승자가 있으면 반드시 패자가 있어야 한다는 가정은 논리적이지도, 필연적이지도 않아 보인다. 그러나 개혁가들은 일종의 인성 구축의 목적을 염두에 두고 있었다. 만약 합리적인 규칙에 근거하여 해임한다면, 관리들은 자신의 직무에 대한 개인적 책임을 더욱 느낄 수밖에 없을 것이다. 루이 14세의 궁정 조경사로 베르사유 정원을 만든 르노트르는 만약 나무가 적당한 자리에 있지 않다면 "그건 내 잘못이 아니라 나무의 잘못"이라는 재미있는 말을 했다. 직무상의 잘못은 개인에게 반영되었다. 이와 같은 합리적인 규칙과 개인적인 판단의 융합은 한 세기 뒤인 1780년대에 워런 헤이스팅스 재판에서 절정에 달했다. 동인도 회사의 부패하고 잔학한 관리였던 헤이스팅스는 의회의 리처드 브린즐리 셰리든과 에드먼드 버크에게 비난받았고, 대중이 열광하는 가운데 소송이 이어졌다. 셰리던이 구사한 논리에서 가장 놀라운 점은 헤이스팅스의 부도덕하고 보잘것없는 인성을 그의 무능함과 연결한 것이었다. 피프스와 동시대 사람들 가운데는 그와 같은 연결을 시도한 이가 드물었다. 헤이스팅스는 능력 시험에서 떨어졌기 때문에 이제 그의 성공도 부당한 것으로 보였다. 가까스로 유지할 수는 있었지만 말이다.[7]

지금까지 남아 있는 중세 시대 길드의 기록은 제빵공이나 직조공 개인이 재능을 통해 지방에서 존중을 얻었다는 점을 보여준다. 르네상스 시대의 군주들은 재능 있는 화가들에게 작위를 주었다. 현대의 차이점은 더 일반화된 재능의 관료주의를 확립했다는 점, 앞선 시대에는 으레 물려받은 특권이 지배한 영역으로까지 이러한 관료주의를 확대했다는 점, 개인의 적합성과 능력에 근거하여 개인의 인성을 판단한다는 점 등이다.

이와 같은 현대의 제도적 사진틀을 만들어낸 결과 가운데 하나는 '재능'이 점차 대중 앞에 정식으로 보여줄 수 있는 현상으로 보이게 된 것이다. 시험 결과와 이유가 공표되었으며 해임의 사유가 설명되고 공개되었다. 재능의 과시는 일종의 연주가 되었다. 18세기에는 말 그대로 연주였다. 관료적 재능은 다른 종류의 연주 능력과 거리가 먼 것이 아니게 되었다.

가령 18세기 초에는 다양한 분야의 사람들에게 '거장'이라는 명칭이 붙었는데, 고대 회화, 영농법 개선, 가발 기술 혁신 등 여러 분야의 비전문적 애호가들이 여기에 해당한다. 19세기 초에 이르면, '거장'은 무대 위에서 대중을 압도하는 전문화된 기술을 펼쳐 보이는 사람들을 가리키는 말이 되었다. 호러스 월폴*은 과거의 거장이었고 바이올린 연주자 파가니니는 새로운 종류의 거장이었다.

이 새로운 종류의 거장 개념은 연주자와 대중 사이의 장벽을 더욱 넓혔다. 아마추어들은 파가니니처럼 바이올린을 연주하거나 최고의 중농주의자인 자크 네케르처럼 총액을 계산하는 일은 꿈도 꾸지 못했다. 게다가 청중은 거장이 어떻게 묘기를 완성하는지를 이해할 수 있다고 기대하지도 않았다. 예술상의 이러한 경이로움은 전문가의 삶에서 지배의 원천이 되었다. 19세기에 전문 바이올린 연주자

* 18세기 영국의 소설가이자 골동품 수집가

들에 필적한 사람들로는 의사가 있는데, 이들의 전문 기술은 면도하거나 머리를 깎는 사람들이 쉽게 이해할 수 있는 기술을 갖고 있던 옛날의 이발사 겸 외과 의사들과는 달랐다. 거장들은 일상생활에서 이해할 수 있는 기술을 더 갖추기보다는 다른 종류의 깊이를 헤아릴 수 없는 기술을 갖고 있었다. 능력의 정도가 아니라 종류 자체가 달랐다. 이와 같은 차이에서 끊임없이 확대되는 불평등이 생겨났다. 거장이 마음대로 지배하는 사람들은 그의 기술을 이해할 수 없기 때문에 오직 그의 관객이나 신하가 될 수밖에 없었다.

다시 말해, 전문화된 재능을 테크닉의 측면에서만 생각하면 우리는 그것의 사회학에 담긴 중요한 요소를 놓치게 된다. 전문화된 재능은 진화 과정에서 하나의 신비를 보여주었으니, 다른 사람들이 헤아리기 어려운 능력을 지닌 전문가, 거장의 신비가 그것이었다. 재능에 따른 성공은 점차 관료화되고 합리화되었다. 기술 자체가 점차 대중의 수수께끼가 된 것이다. 확실히 피프스의 동시대인들은 우리가 페라이어만 한 재능을 지닌 음악가가 되기 위한 공식을 쓸 수 없는 것과 마찬가지로 위대한 회계사가 되는 법을 알 수 없었다. 이 경우에도 역시 차이는 제도에 있다. 현대 사회는 천부적인 능력을 지닌 자질에 보상을 주는 법, 어떤 재능에 마땅히 받아야 할 권리를 주는 법에 관한 관료적인 공식을 발전시켜왔다. 리즈 피아노 콩쿠르는 페라이어의 두 손에 담긴 신비에 상을 주기 위한 그런 공식 가운데 하나다.

현대 사회에서 재능의 수수께끼는 다시 한번 전환하게 되었는데, 외견상 전문화된 기술과 정반대되는 것처럼 보였다. 실제 성취에 반대되는 잠재적인 능력에 대한 관심이 그것이다. 리즈 콩쿠르의 심사 위원은 음악 경연 대회를 통해 잠재적인 능력을 발견할 수 있을지 의심했다. 사실 심사 위원은 경연 대회가 참가자들을 긴장시키고, 참가자들이 모험을 무릅쓰면 불리한 처지에 빠질 것을 우려했다. 그런데 아직 실현되지 않은 능력, 사회의 경쟁 공식에 의해 위험에 놓이는 이것은 어떤 종류의 능력일까?

잠재적 능력

1782년 프랑스 군사 학교의 입학시험에는 현대인의 눈에는 매우 복잡한 기하학 문제로 보이는 문제들이 출제되었다. 그러나 시험관들은 이 문제들을 아주 간단한 구술 문제로 출제하여 이전에 수학 교육을 받은 사람들의 특권을 제거하려고 했다. 말하자면 시험관들은 사회적 배경이 없는 일군의 사람들 가운데서 잠재적인 재능을 지닌 개인들을 발견하기 위해 '문화적 편견'을 제거하고자 한 것이다. 그러나 시험은 사회 집단의 균등화에 관한 연습이 아니었다. 시험의 목적은 다수 대중에게서 비범한 개인을 끌어올리는 것이었다. 게다가 시험은 이 미래의 장교들이 이미 계산과 전략 구상 능력을 갖추고 있으며, 따라서 시험관들은 이 젊은이들에게 관련된 문제를 제대로 제시하기만 하면 기존의 능력을 골라잡을 수 있다고 가정했다.

교육이나 고용에서 적극적 우대 조치를 주창하는 현대인들은 다른 방침을 채택한다. 18세기의 군사 학교 시험관들과 마찬가지로,

이들은 사회적 불평등과 특권이 사람들을 억제한다고 가정한다. 그러나 현대 개혁가들의 눈에 억제된다고 보이는 능력은 사람들이 자신이 갖고 있거나 발전시킬 수 있다는 점을 알지 못하는, 이제 막 싹이 트는 능력이다. 이 경우 이러한 논리는 우리가 일군의 사람들에게 더 힘을 북돋아주는 환경을 조장한다면 그들이 하나의 집단으로서 융성할 수 있다고 시사한다. 따라서 능력의 측정에 앞서 제도적 수용이 있어야 한다. 이러한 논리는 과거의 관료적 틀에 존재하던 상층과 하층 사이의 형식적인 관계를 깨뜨린다. 재능에 보상을 해준다고 하더라도 아직 이에 필적한다는 증거를 보여주지 못한 사람들을 지명하거나 거부하는 결과를 수반하지는 않는 것이다.

미국 대학의 인종적 특혜에 관해 윌리엄 보언과 데릭 복이 입증한 자료는 과거의 틀이 깨질 때 여러 집단이 융성한다고 강력하게 시사하지만, 이 자료와 이러한 정책의 정당성 모두 그동안 논쟁이 되어왔다. 누군가 어떤 존재가 될 수 있다는 점에 근거를 둔 집단에 대한 특혜는 다른 개인들이 현재 갖고 있는 측정 가능한 능력으로 '획득'하는 것에 비해 부당한 것으로 비칠 수 있다.[8] 그러나 사회적 관행의 오랜 역사 속에서 적극적 우대 조치는 재능의 수수께끼에 관해, 존재할 수 있지만 아직은 존재하지 않는 능력에 관해 다른 종류의 질문을 제기한다.

잠재적 능력에 붙여진 별칭 중 하나는 '적성aptitude'이라는 흉한 단어이지만, 이 단어는 의미심장한 신조어이기도 하다. 이 단어는 어떤 일을 잘하거나 '소질apt'이 있는 것을 그 사람의 '태도attitude'와 결합한 것이다. 이런 의미에서 적극적 우대 조치는 적성에 관한 것이다.

적극적 우대 조치는 배우는 능력을, 자아에 대한 믿음을 부식시키기보다 이들을 성취 욕망을 자극하는 태도와 연결한다. 한 세대 전에 심리학자 데이비드 매클렐랜드가 지휘한 일군의 연구자들은 소질과 태도가 결합해 적성이 탄생한 과정을 분석하고자 했다. 매클렐랜드는 모든 사람은 '성취 동기', 즉 어떤 일이든 잘하려는 충동을 갖고 있다고 주장했다.[9] 더 나아가 이러한 욕망이 모든 이성적이고 인식적인 활동을 통제한다고 주장했다. 이러한 주장이 급진적인 이유는 자아에 대한 믿음이 배우는 능력에 선행한다고 제안하여 데카르트의 유명한 금언을 '나는 존재한다, 고로 나는 생각한다'라고 뒤집기 때문이다.

다른 연구자들이 발견한 것처럼, 이러한 정식화는 그것이 적용되는 대상을 우울하면서도 불안하게 만든다고 증명될 수 있었다. 매클렐랜드의 정식화에 따르면 학습에 실패하는 사람은 동기 부여나 욕망이 부족한 게 분명하다. 낮은 성적을 받은 사람들을 대하는 임상의들은 이 정식화에서는 지식의 내용이 중요하지 않기 때문에, 성적이 낮은 사람이 제대로 배우지 않으면 자책감을 덜어주는 게 거의 불가능해진다는 사실을 깨달았다. "나는 뭔가 잘못된 게 분명해." 그러나 이 '무언가'의 실체를 규정하기는 쉽지 않다.

보언과 복 스스로도 인정하는 것처럼, 인성과 잠재적 능력 사이의 모호한 관계는 종종 적극적 우대 조치의 혜택을 받는 사람들에게도 문제가 된다.

"내가 개인적으로 이런 기회를 누릴 자격이 있을까, 나는 단지 피부색 때문에 기회를 얻은 게 아닐까?"

이런 질문들은 젊은이들이 학습에 정신을 집중하기보다는 성취동기라는 문제로 되돌아가게 만들기 쉽다.

잠재적 능력과 동기 사이의 연관에 대한 강조는 작업장에서도 마찬가지의 억압적 효과를 낳을 수 있다. 동기주의 학파의 한 대표자는 이렇게 썼다.

> 기업 세계에서 (…) 그들이 보유한 기술적 기능만큼이나 '개인'이 중요한 노동이 (…) 역할의 위계제를 대체하고 있다. 실제로 이제 개인과 기술적 기능은 떼려야 뗄 수 없는 것이 되었다.[10]

현대의 조직들은 '전인全人', 특히 그 전인이 어떻게 될 것인가를 판단한다. 교육에서와 마찬가지로 일터에서도 '당신은 잠재력이 없다'라는 노골적인 판결은 '당신은 실수를 저질렀다'라는 말과는 달리 커다란 파괴력을 갖는다.

시카고의 시민 회관 모임에서 어린 친구들은 가장 초보적인 방식으로 재능에 따른 성공을 약속받았다. 역할 모델들은 그것이 가능하다고 확신시키려고 그 자리에 온 것이었다. 어린 친구들은 우리를 믿는 것 말고는 선택의 여지가 없었을 것이다. 그냥 그대로 산다면 저절로 사라질 운명이었으니 말이다. 만약 그와 같은 시민 회관 모임이 지금 열린다면, '잠재적 능력'의 불투명한 의미가 격렬한 쟁점이 될 것이라고 나는 생각한다. 전기 기사와 비서는 현실적인 모델을 표상한 반면, 젊은 의사는 마땅히 되어야 할 인물상을 그려주기는 했지만 어떻게 그런 인물이 될 수 있는지에 관해서는 아무런 실마리도

주지 못했다.

경쟁 사회에서 잠재력의 실체가 모호한 까닭에 피아노 콩쿠르 심사 위원은 우려할 수밖에 없었다. 누군가의 미래에, 한 인간으로 발전할 수 있는 누군가의 잠재력에 판결을 언도하는 행위가 갖는 파괴적인 함의에 대해.

바로 여기에 다른 사람들에게는 일종의 신비인 예술의 거장이나 뇌 전문 외과의의 재능과는 정반대이면서도 그와 동등한 재능의 수수께끼가 있다. 자신에게 신비한 존재인 잠재력 말이다. 적성 속에 숨어 있는 악당은 잠재력 자체의 개념이며, 이는 그 개인이 욕망을 갖고 있기만 하다면 하나의 약속을 부여하는데, 그 약속이 무엇으로 이루어져 있는지는 구체적으로 설명하지 않는다.

피프스에게 적성이란 터무니없는 개념이었을 것이다. 그에게 중요한 것은 어떤 일을 하는 법에 관해 무엇을 아는가 하는 점뿐이었다. 그러나 피프스는 성공을 결정하는 데서 적성이 훨씬 더 중요한 역할을 하는 현대의 노동 세계를 마찬가지로 이상하게 보았을 것이다.

산업 혁명기에 이르러 재능에 따른 성공이라는 교의는 제조업과 상업의 영역에서보다 정부 관료제와 전문직에서 더 빠르게 진척되었다. 애덤 스미스가 처음 주목한 것처럼, 제조업에서 이루어진 노동의 분업은 장식장 하나를 전부 만드는 목수가 제조 과정에서 전체 직무의 작은 부분만을 담당하는 미숙련 노동자들에게 대체될 수 있다는 의미였다. 이는 많은 수의 장식장을 만드는 데는 더 효율적이지만 전통적인 숙련 기술을 '탈숙련화'하는 과정이었다. 종종 이와 동일한 탈숙련화 과정이 화이트칼라 세계에서도 두드러졌다. 가령 기계식 타자기의 출현은 사무원의 지위를 변형시켜서 이제 많은 사무원은 타자라는 단 하나의 직무로 국한되고 다른 사람들 역시 마찬가지로 틀에 박힌 직무로 전문화되었다.

지난 세기 이전의 기업 세계 상층부에서는 우월한 지적 능력으로 자신들의 지위를 정당화하는 경영자나 소유주가 거의 없었다. 합리적인 경영 기술을 강조한 앤드루 카네기가 있기는 했지만, 철저한 공격성과 정력적인 탐욕을 사업 성공의 비밀로 옹호한 제이 굴드 같은 인물도 많았다. '적성'은 경쟁이라는 전투에서 단지 기호에 불과했다. 게다가 관료주의적 국가의 특징인 구조적 틀을 갖춘 기업도 드물었다. 19세기에는 경영 대학원 같은 것은 없었고, 시험을 치러서 일자리를 따내는 것도 아니었으며, 민간 기업이 정부처럼 실패를 규정하는 객관적인 기준을 갖고 있지도 않았다.

한 세대 전에 사회학자 대니얼 벨과 알랭 투렌은 현대의 상업이 국가와 전문직에서 그토록 오랫동안 추진되어온 변화를 이제 막 따라잡으려 하고 있다고 각각 주장했다. 20세기의 마지막 30년은 산업사회에서 탈산업 사회로 바뀌는 극적인 전환, '재능에 따른 성공'이라는 교의가 마침내 승리를 거두는 전환을 목도하게 될 것이라고 두 사람은 말했다. 지식에 기반한 노동이 육체노동이나 기계적인 직무보다 경제적으로 더욱 중요하게 될 터였다. 또 거친 제조업과 반복적인 서비스 노동은 기계가 수행할 것이었다. 인간은 그 대신 정신적인 서비스 노동과 전문적인 노동, 커뮤니케이션 노동을 할 것이었다.

두 사람 모두 본국에서 첨단 기술과 값비싼 기계로 인간을 대체하는 대신 기계적인 육체노동을 제삼세계로 수출하는 것이 얼마나 유리할 것인지를 정확히 예측하지 못했다. 그러나 벨과 투렌은 숙련 기술 자체에 끊임없이 가치가 부여되고 숙련 기술의 보유를 통해 엘리트와 대중 사이에 불평등이 커질 것이라는 점을 내다보았다. 경제학자 로버트 라이시는 북미와 서유럽, 일본에서 지식의 지배에 토대를 두고 중간 계급과 상층 계급 사이의 소득과 부의 격차를 확대하는 '이 층two-tier' 사회의 출현을 지적했다.[11] 발전 경제학자들은 인도와 이스라엘, 필리핀 같은 나라에서 전통적인 상층 계급에 필적하는 층을 형성하는 숙련 기술 엘리트들의 등장을 지적했다.[12]

그렇지만 이러한 기술은 여전히 설명 가능하고 종종 고도로 전문적인 숙련 기술이다. 벨과 투렌이 도래를 공언한 사회는 또 다른 종류의 숙련 기술, 즉 덜 고정되고 더 유동적이며 융통성 있는 기술을 필요로 한다. 새로운 형태의 노동은 직무와 직무 사이, 일자리와 일자리 사이, 작업장과 작업장 사이를 옮겨 다니는 데 익숙한 사람들을 요구한다. 부분적으로 이는 세계화된 시장에서 끊임없이 변화하는 수요에 기인한다. 기업 조직들은 짧은 시간 안에 자신의 기능과 사업 계획, 생산물을 바꿔야만 한다. 따라서 새로운 사물을 배우는 능력이 기존의 문제나 일군의 자료를 깊이 탐구하는 역량보다 더 가치 있는 것이 된다. 그리고 이러한 능력이 고정된 지식보다 가치가 있으므로, 잠재적 학습 능력이 과거의 축적된 지식보다 유용한 것이다. 바로 이것이 '잠재적 능력'에 주어지는 경제적 프리미엄이다.

1782년 군사 학교 입학 시험관들은 익숙하기 그지없는 용어로 표현된 질문을 지원자들에게 던졌다. 현대의 적성 검사 역시 마찬가지이긴 하지만 이와 동시에 익숙하지 않은 새로운 자료에 직면했을 때 어린이가 보이는 해석 능력을 탐구하고자 한다. 적성 검사를 통해 시험되는 태도는 새로운 무언가를 분석하고자 하는 의지다. 이러한 능력에 경제적 유용성이 있는 것이다. 같은 이유로 오늘날 미국의 엘리트 경영 대학원들은 가령 언어 학습 능력 같은, 적응하기 쉬운 사고의 상징으로 보이는 상업 이외의 준비를 갖춘 학생을 선호한다.

일반화된 지능 검사 자체가 학교나 직장에서 성공할 수 있는지를 예측하는 매우 모호한 도구라는 점을 강조해야겠다. 미국의 사회학자 크리스토퍼 젠크스는 십 대 초반에 치러지는 IQ 테스트가 학교를 졸업할 때까지 변이의 30~40퍼센트, 무작위로 선택한 한 해에 직업상의 지위에서 변이의 20~25퍼센트, 그리고 더 정교하게 살펴보면, 30세에서 40세 사이의 노동자들의 연간 소득의 변이의 10~15퍼센트를 설명해줄 것이라고 추산했다.[13] 다시 말해, 하나의 수치로 지능을 측정하는 것은 학교나 일자리에서 불평등 가운데 일부만을 설명해줄 뿐이다. 가족 배경, 계급, 개인적 동기, 단순한 행운 등이 미래를 결정하는 데서 더 중요하다.

그럼에도 적성 검사 분석가인 니컬러스 레먼은 적성 검사가 실제적인 무언가를 측정한다는 사실을 의심하지 않는다. 레먼이 우려하는 것은 이러한 검사가 활용되는 방식이다. 적성 검사는 꾸준한 노력을 통해 이룬 국지적이고 특수한 성취를 최소화하며 그 대신 아직 도래하지 않은 무언가를 우선적으로 평가한다. 설상가상으로 적성 검사는 나중에 성인들에게 열리게 될 가능성에 대한 평가를 생애 주기의 초기로 옮겨놓는다.

적성에 대한 평가는 점차 아동기를 사회적 불평등의 첫 번째 장면으로 만든다. 이제 막 걸음을 뗀 아이들을 제대로 된 어린이집에 보내려고 안달하는 영국과 미국의 부모들에게서 우리는 이러한 극단을 목격한다. 한 무리의 평가자들이 이제 아동기의 해석자가 되었으며, 그들은 가령 아이들이 노는 방식에서 어떤 적성의 징후가 나타나는지를 살핀다. 피프스의 경우에는 이와 대조적으로 불평등의 첫 번째 장면은 성인기였으며, 능력의 측정은 오직 성인들이 타인의 행동에 관해 아는 것뿐이었다. 리즈 콩쿠르의 나이 든 피아니스트의 마음속에도 아직 그 능력을 판단하기에는 너무 어린아이들을 대상으로 하는 평가에 대한 우려가 자리 잡고 있었다고 나는 생각한다. 젊은 예술가를 조급하게 마비시키기보다는 잠재적인 능력을 자유롭게 풀어주고 싶다는 그녀의 바람에서 표현되었듯이 말이다.

요약하자면, 능력을 공정하게 보상해야 한다는 주장은 물려받은 지위에 따라 결정되는 특권에 대한 반란으로 시작되었다. 현대 사회는 점차 재능에 틀거지를 부여하는 제도들을 구성하는 법을 배웠다. 그러나 이러한 틀을 부여받은 재능은 점점 더 신비로운 존재가 되었다. 예술의 거장이나 매우 전문적인 숙련 기술은 타인들에게, 적성과 잠재적 능력은 자기 자신에게 말이다. 이런 수수께끼는 친절하지 않았다. 전문가는 다른 사람들에게 그들이 이해하지 못하는 권력을 휘둘렀다. 적성과 잠재력에 대한 강조는 개인이 가진 능력에 어떤 보상을 주어야 하는가에 관한 판결을 생애 주기의 초기로 밀어 넣었다.

이의가 있을 수도 있겠지만, 이러한 역사 가운데 어떤 것도 반드시 자기 존중이나 상호 존중의 문제를 함축하지는 않는다. 상을 받지 못한 채 파티에 참석한 첼로 연주자들은 주최자가 바란 것처럼 기운을 되찾고 만족스러운 삶을 이어갈 수도 있다. 적극적 우대 조치를 통해 사회적으로 성공한 젊은 흑인은 배움 그 자체에 대한 사랑을 키울 수도 있다. 그리고 더 나아가 어린이집에서 적성을 보이지 않은 아이들이 어두운 운명을 부여받은 것은 아니라고 말할 수도 있다. 적어도 능력에 대한 시험이 그들의 미래를 예측하는 준엄한 예언자는 아닌 것이다. 거칠게 말하자면, 재능의 불평등은 존중의 실천을 결정하는 데 단 하나의 제한된 요인에 불과할 수 있다.

능력과 존중 사이의 관계에 대한 이러한 친절한 견해가 현실적이지 않은 이유를 이해하려면, 인성에 대한 지각을 형성하는 능력이라는 현상 자체를 더 깊이 파고들 필요가 있다.

두 가지 인성 유형

재능은 기능craft의 행사로 표현될 수도, 또는 타인들에 대한 지배력mastery의 행사로 표현될 수도 있다. 기능은 어떤 일을 잘하는 역량과 관계되는 반면, 지배력은 어떤 일을 잘할 수 있는 방법을 타인들에게 보여주는 것과 관계가 있다. 숙련 장인craftsman과 스승master은 두 가지 인성 유형을 표상한다. 이 둘은 매우 다른 두 가지 형태로 존중을 이끌어낸다.

W. H. 오든이 1954년에 쓴 연작시 〈정시과*Horae Canonicae*〉의 3부

인 〈6시경*Sext*〉*은 기능과 우위의 차이를 날카롭게 밝혔다. 오든은 숙련 장인의 능력을 다음과 같이 환기한다.

> 당신은 누군가가 하는 일을 볼 필요가 없다
> 그게 그 사람의 직업인지를 알기 위해,
>
> 당신은 그의 눈만을 보면 된다
> 소스를 섞는 요리사, 첫 번째 절개를 하는
>
> 의사,
> 화물 인수증을 작성하는 서기는,
>
> 똑같은 황홀한 표정을 띤 채,
> 일을 하며 자기 자신을 잊는다.

오든은 바로 뒤이어 같은 시에서 숙련 장인의 힘과 우월함을 입증할 수 있는 능력을 대조한다.

> 당신은 누군가가 내리는 명령에 귀 기울일 필요가 없다
> 그 사람이 권한이 있는지를 알기 위해,

* 정시과定時課는 천주교에서 정해진 하루 일곱 번의 기도 시간을 뜻하며 6시경時經은 이 가운데서 정오에 하는 기도를 말한다.

당신은 그의 입만을 보면 된다
포위 공격을 지휘하는 장군이

군대에 의해 무너지는 도시의 성벽을 바라볼 때,
……검사가,

배심원들을 힐끗 보고는
피고가 교수형에 처해지리라는 것을 알 때,

그들의 입술과 입술 주위의 주름은
느슨해지니, 그 표정은

바라던 대로 기분 좋은 결과를 얻었다는
단순한 기쁨이라기보다는 만족감이다

자신이 옳다는……[14]

기능의 지각은 한 사람의 노동 대상에 대한 투자 자체를 목적으로 요구한다. 오든이 시에서 말하는 것처럼, 일을 하며 자기 자신을 잊는 것 말이다. 반면 지배력에서 대상은 또 다른 목적을 위한 수단, 즉 자기가 한 일과 자기가 된 존재를 타인에게 보여주기 위한 수단이다. 지배력을 과시하는 데는 부분적으로 타인의 승인이 필요하지만, 이러한 과시는 또한 자의식적인 만족감, '자신이 옳다는 만족감'이기도 하다.

일을 하며 자기 자신을 잊는 것에 관한 오든의 말에서 이 일 자체는 기계적인 일이 아니다. 가령 개인이 사용하는 악기의 특성이 다른 것처럼 음악가들의 신체도 다르다. 첼로 연주에서 손바닥 모양과 손가락 길이의 차이는 올바른 음정을 내기 위해 현 위에 놓는 왼손의 위치를 다르게 하도록 만든다. 기능적 능력의 발달은 규칙이 저항이나 예외에 직면하는 활동 영역에 집중할 것을 요구한다. 이는 탐험적인 노동이다.

일종의 숙련 장인인 컴퓨터 프로그래머는 프로그램의 문제나 순간적인 기능 장애에 열중할 수 있다. 반면 우두머리인 컴퓨터 프로그래머는 다른 프로그램과 비교하여 자기 프로그램의 장점을 강조하기를 원할 것이다. 기능과 지배력 사이의 마찬가지로 중요한 차이는 시간에 관계된다. 숙련노동은 느리다. 숙련노동은 단계적으로 축적되며 반복적인 숙련이 필요하다. 반면 지배력을 과시하는 행위는 순식간에 일어날 수 있다. 앞서 말한 시민 회관 모임에서 젊은 의사가 지배력을 과시하는 데는, 오든의 시에서처럼 자신이 '옳다'는 것을 보여주기 위해 몇 마디의 문장만이 필요했다.

문제를 이런 식으로 바라보면, 기능의 실천은 지배력을 입증하기 위한 노력보다 본래적으로 더욱 가치 있는 활동으로 보일 수 있다. 그러나 나는 독자들이 나의 회고록에서 나 자신이 음악적인 숙련노동에서 이끌어낸 것과 똑같은 교훈을 도출해내기를 바란다. 그것은 다른 사람들과 관계된 인성 형성이 아닌 것이다.

그러한 이유 가운데 하나는 단지 숙련노동의 '능력'이 세부적인 일을 가지고 끙끙 앓는 역량에 있기 때문이다. 정신 분석가는 숙련 장인이 대상 강박의 지배를 받고 있다고 말할지도 모른다. 음악에서 곡조에 맞게 연주하는 법을 배우는 것, 즉 음정의 정확성을 달성하는 것은 오랜 세월의 훈련 과정에서 대부분의 현악기 연주자를 사로잡는 강박적인 관심사다. 그러나 바로 이러한 강박 관념은 숙련노동이 타인에 대한 집중을 배제할 만큼 일에 집중할 수도 있다는 뜻이다. 젊은 음악가였던 나는 확실히 그랬다.

숙련노동이 인성 형성이 될 수 없는, 더 복잡한 방식이 존재한다. 무대 예술에서 이는 피셔디스카우 같은 위대한 성악가든 흔해 빠진 성악가든 간에 음악 텍스트에 느끼는 충성심과 관계된다. 텍스트는 그 자체의 실재다. 우리가 텍스트에 우리를 관련시키는 것이지 그 반대가 아니다. 체호프의 《벚꽃 동산》을 연기하는 배우는 체호프의 의사를 자신의 최근 외과 경험에 관한 보고서로 활용하는 게 아니라 그 의사에게 생명을 불어넣어야 한다. 그러나 바로 이러한 이유 때문에 숙련노동은 쉽게 타인들에게서 분리될 뿐만 아니라 자기 자신에게서도 뒤로 물러서는 결과를 낳는다.

숙련노동으로 인한 인성의 쇠퇴는 무관심이라고 할 수 있다. 전문 음악가들이 음정을 틀리는 아마추어의 연주를 들을 때 이러한 무관심이 종종 나타난다. 또는 아예 듣기를 멈추고 아마추어가 하는 연주의 어떤 부분에도 관심을 기울이지 않는다. 음정을 위태롭게 하는 아마추어는 기능의 표준을 비방한 것이다. 상호 존중은 말할 것도 없고, 관심은 노력을 기울인 사람, 제대로 하기 위해 난관과 맞서 싸운 사람들에게만 주어진다. 이와 마찬가지로, 숙련노동의 내향적 영역 내에서 우리는 불평만 늘어놓거나 경솔한 노동자가 생각하는 것이 무엇이든 간에 우리 자신의 자아에 대한 지각에서 그의 생각을 중요시하지 않는다.

이러한 절박한 사정 때문에 숙련노동은 사회적으로 반응하는 인성이라는 개방적이고 서로 조화하는 영역에 쉽게 적응하는 데 실패할 수 있다. 사회학자 소스타인 베블런은 숙련노동은 자기 존중을 제공한다고 주장했다. 여기에는 곤궁이 덧붙지만 반드시 상호 존중이 뒤따르는 것은 아니었다.

기능에 뿌리를 둔 자기 존중은, 자크 네케르 같은 중농주의자들과 토머스 제퍼슨이 자연적 귀족이 소유한다고 상상했던 것과 같은 종류의 능력과 마찬가지로, 재능에 따른 성공의 주창자들에게 처음으로 생명을 불어넣은 정당성의 주장을 구현한다. 여기서 초점은 첫째로, 그리고 무엇보다도 노동의 질에 대한 것이다. 게다가 숙련노동은 개별화된다. 어떤 규칙도, 어떤 교사도 그 자체로 다른 누군가를 위해 이 일을 해줄 수 없다. 그러나 숙련노동은 잠재력이나 가능성으로 이해되는 능력의 반명제다. 의도나 암시는 중요하지 않으며 오로지 결과만이 중요하다. 시험의 상황에서 한 문제에 담겨 있는 모든 난관을 탐구하는 것은 기능의 정신을 구현하는 것이지만, 이는 응시자에게 재앙이라는 것이 드러날 것이다. 따라서 베블런이 말한 것처럼, 장인 정신은 비록 사교적인 덕목은 아니지만 매우 시대에 뒤떨어진 덕목이다.[15]

지배력은 사회적 명예의 영역에 해당한다. 자기의 능력을 타인들에게 보여주는 것이 단지 지배하거나 칭찬을 얻으려는 노력에 불과하다면, 이러한 능력의 과시는 위신을 얻으려는 시도에 지나지 않을 것이다. 그러나 지배력의 과시는 그렇게 단순하지 않다. 이러한 과시는 타인을 가르치려는, 타인에게 조언을 주려는 노력에 기인하는 것일 수도 있다. 가령 시민 회관 모임에 참석한 비서는 자신이 어떻게 속기를 배웠는지를 아이들에게 보여주어 일종의 스승 역할을 했다. 비서는 (사회적 명예의 본질적인 요소인) 구체적인 행동 규범을 설명했으며 이는 아이들이 무엇을 해야 하는지를 전혀 모르고 있다는 것을 일깨우기 위함이었다.

사회적 명예의 긍정적인, 인성을 확인하는 측면에서 한 개인은 다른 사람이 본받을 수 있도록 힘을 드러내 보인다. 그러나 바로 여기에 커다란 문제가 있다. 이에 부응하여 따르려고 노력하는 사람이 신랄하고 불쾌한 비교 때문에 고통받을 수 있기 때문이다.

본받기를 통한 학습은 모방에 관한 아리스토텔레스의 저작들에서 처음으로 체계적으로 밝혀졌다. 모방의 목적은 '탁월성'으로 번역할 수 있는 '아레테arete'다. 모방의 훈련은 교양 교육이다. 목적이나 실행 모두 쉽지 않다. 탁월성을 향한 욕망은 자기 자신의 부족함에 대한 인식을 전제로 한다. 아무 계획 없이 그럭저럭 해내는 것이 주된 문제가 아니다. 적어도 아리스토텔레스에게는 실행에서 명석함이 요구된다. 모방을 통해 배워야 할 행동과 교사가 밝히는 메시지는 모호하거나 모순될 수 없다. 규칙이 지배하는 것이다.

그러나 그리스 사상의 또 다른 학파는 더 간접적인 과정을 통해 본보기를 통한 학습이 일어날 수 있다고 가정했다. 플라톤이 설명한 소크라테스는 규칙을 정하는 데 조심성을 보였다. 소크라테스는 거의 질문을 던지기만 했다. 소크라테스가 간접적인 이유 가운데 하나는 무언가를 이해한다는 게 실제로 어떤 의미인가에 관한 플라톤의 견해와 관련이 있다. 지식은 아는 사람 자신과 더불어 그만이 갖고 있는 무언가로 형태를 이루어야 하는 것이다. 이것이 기능 지식craft knowledge에 대한 플라톤 나름의 해석이었다. 소크라테스가 간접적인 또 다른 이유는 사회에 대한 그의 도전에서 기인한다.

당대의 그리스인들에게 모방은 불가피하게 경쟁으로 귀결되었다. 그들이 다른 사람들에게서 무언가를 배우기를 원한 것은 오로지 남들보다 더 잘하기 위해서였다. 이는 학교에서뿐만 아니라 운동 경기나 전투에서도 마찬가지였다. 교양 교육과 갈등은 떼려야 뗄 수 없는 것이었다. 그리스인들의 갈등은 아무것도 감추지 않았다. 학자든, 군인이든, 운동선수든, 교사는 제자가 자신을 능가하려고 애쓰고 있다는 것을 알았고, 다른 사람들에 대한 지배력의 과시는 전혀 부끄러운 일이 아니었다. 말하자면 위신을 향한 제한 없는 노력이었다. 이러한 경쟁적인 과시에 대한 플라톤의 비판은 그러한 과시가 탐구의 가능성, 즉 어려움을 부여잡는 가능성을 가로막는다는 것이었다. 플라톤은 아레테의 출발점, 즉 자기가 부족하다는 가정을 참으로 진지하게 받아들였다.

현대적 사고의 한 요소는 모방/경쟁의 충동을 그리스인들의 갈등과 극히 대립하는 방식으로 짜 맞추는데, 그 이유는 플라톤의 경우보다 훨씬 가치가 떨어진다. 이 요소는 역할 모델 노릇을 하는 아버지에 관한 프로이트의 견해에서 나타나는데, 여기서 아버지는 아들을 무겁게 내리누르고 아들의 머릿속을 떠나지 않는다. 아버지는 아들이 떨쳐버리려고 하는 짐이다. 아들은 자기 아버지를 거부함으로써 경쟁한다.

"나는 아버지가 필요 없어요."

문학 비평가 해럴드 블룸은 여기에 영향의 갈망이라는 이름을 붙였는데, 한 시인이 받은 가장 큰 영향이 그가 인정하기를 회피하고자 가장 갈망하는 것일 때가 이러한 경우다.

아마도 우리 사회가 개인의 독창력을 찬양한다는 바로 그러한 이유로 이와 같은 충동이 나타나는 듯하다. 자신이 열심히 모방한 사람들의 영향을 부인하거나 감추면서 자신의 힘과 기술이 마치 자기 스스로 만들어낸 것처럼 보이게 만드는 것이다. 실제로 역할 모델의 힘 과시는 그 대상이 되는 사람을 숨 막히게 한다. '내가 나 자신을 변화시킬 수 있었는데, 당신들이라고 못 할 게 무어냐'라고 물은 의사는 청중을 옴짝달싹할 수 없게 만들었다. 이런 물음은 창피스러운 거울 역할을 했으며 그의 성취는 청중의 딱한 처지를 비추는 부정적인 반영이었다.

그러나 모방과 경쟁 사이의 관계에 덧붙여야 할 또 다른 차원이 있다. 공공연한 것이든 은밀한 것이든, 모방은 유혹의 원동력을 불러일으킨다. 강탈은 아닐지언정 말이다. 교사는 기꺼이 껴안으려고 하나 학생은 시기심 때문에 그를 껴안는다.

불평등의 유혹

불평등의 뒤틀리고 유혹적인 힘은 루소의 위대한 에세이《인간 불평등 기원론》이 1755년에 마침내 출간되었을 때 이 책의 주제를 형성했으며, 여기서 그가 펼쳐 보이는 주장은 오늘날에도 커다란 중요성을 담고 있어 어느 정도 상세하게 소개하고자 한다.

루소의 출발점은 이렇다. 만약 우리가 지금의 자신과 다른 사람이 되기를 원치 않는다면 시기심을 불러일으키는 비교를 받아도 상처를 입지 않는다. 물질적 환경에서만 다른 게 아니라 다른 사람 말이다. 시기심은 다른 존재가 되고자 하는 욕망을 표현하는 방식이다. 현대 사회는 우리에게 시기심을 권유한다. 물려받은 장소와 전통을 파괴하고 우리 자신의 장점을 통해 무언가가 될 수 있는 가능성을 확인하는 데 열중하는 세계에서 우리가 다른 인간이 되는 것을 막는 것은 무엇일까? 우리가 해야 할 일이라곤 되고 싶은 종류의 인간을 모방하는 것뿐이다.

그러나 이러한 권유를 받아들이면 우리는 자기 존중을 잃는다. 우리는 무고한 희생자가 아니다. 누구도 우리에게 시기심을 강요하지 않는다.

사람들이 어떻게 자기 존중을 잃어버리는 데 참여하는지를 설명하기 위해 루소는 자기애amour de soi와 자존심amour-propre을 구별한다. 이 두 프랑스어 표현은 무엇보다도 자기를 돌보는 능력을 자기에게 관심을 끌어모으는 역량과 구분한다. 루소의 말을 들어보자.

> 자존심과 자기애를 (…) 혼동해서는 안 된다. 자기애는 하나의 자연스러운 감정으로, 모든 동물이 자기 보존에 관심을 갖게 하는 것이다. (…) 자존심은 상대적인 감정일 뿐으로 사회 속에서 생겨난 인위적인 것이며, 각 개인이 자기를 누구보다도 중시하도록 만든다.[16]

따라서 자기애는 '이기심'이 아니다. 자기애는 오히려 우리가 세계 속에서 우리 자신을 지탱할 수 있다는 신념인 '자기 신뢰'로 표현될 수 있다. 우리는 우리의 생명을 유지하는 장치인 견고한 숙련노동의 행사로 이러한 확신을 획득한다. 그리고 자존심은 단순히 우위의 과시, 즉 불평등의 표명이 아니다. 루소의 전기 작가 모리스 크랜스턴은 자존심을 "타인보다 우위에 서려는, 그리고 타인에게서 존중받으려는 욕망"이라고 간결하게 정의한다.[17] 타인에게서 존중받으려면 그들을 유혹하는 게 필요했다. 루소는 기꺼이 유혹당하려는 그들의 의지에 초점을 맞추었다.

《인간 불평등 기원론》의 후반부로 가면서 루소는 어떻게 평범한 사람들의 자기 존중이 타인들이 세워놓은 본보기에 반응하는 것을 통해 줄어드는지 설명한다.

> 노래를 가장 아름답게 부르고 춤을 가장 잘 추거나 얼굴이 가장 잘생긴 사람, 가장 힘센 사람, 재주가 가장 뛰어난 사람 또는 말을 가장 유창하게 하는 사람이 존경받는다. 그리고 이것이야말로 불평등을 향한, 그리고 악덕으로 가는 첫걸음이다.[18]

"우리는 위계 앞에 도덕을 무릎 꿇게 만들어야 한다"라는 니체의 《선악의 저편》에 실린 말과 비교하기 전까지는 이 구절에 특별한 의미는 없어 보인다. 니체의 충고는 단지 힘을 가지라는, 자기 자신에 대한 자부심을 가지라는 것이다.[19] 루소의 경우에 우월한 사람은 약자들에게 무관심하지 않다. 약자들의 시기심은 그가 뭔가 가치 있는 것을 갖고 있다는 것을 확인한다. 그는 어떻게 이를 이끌어낼 수 있을까?

우월한 사람은 국경을 지키고 선 채 타인의 여권이 유효하지 않다고 주장하면서 동시에 그들을 유혹하는 경비대원과도 같다. 타인이 계속해서 우기면 그는 이렇게 말한다.

"유효한 여권이 어떻게 생겼는지 보여주겠소."

이제 사람들은 낚싯바늘에 걸린 꼴이다.

"하지만 내 여권은 바로 그렇게 생겼단 말이에요!"

바야흐로 유혹이 시작되려 한다. 경비대원은 가엾다는 태도로 반박한다.

"글쎄요, 똑같이 생기기는 했는데 확신하지는 못하겠군요."

이제 막바지에 이른다. 이민자는 자신의 서류를 살펴보고 애처롭게 생각에 잠긴다.

"내 여권은 진짜이긴 해도 충분하지는 않구나."

나는 루소가 당대의 파리에서 어렴풋이 발견한 시기심을 불러일으키는 비교의 역학을 있는 그대로 제시했다. 나이 든 남자들이 다른 사람이 염색한 사실을 눈치챈다는 걸 알면서도 머리를 염색하던 시절의 파리, 역시 이따금 만찬을 함께하거나 생색을 내면서 돈을 빌려주는 귀족들에게서 기껏해야 빈정대는 웃음밖에는 받지 못할 것을 알면서도 견고한 부르주아 가정이 마차와 저택, 의복을 마련하기 위해 스스로 몰락하던 시절의 파리 말이다. 루소가 보기에 그 결과로 동일한 역학이 가난한 사람들이 생활을 유지할 수 있는 일을 포기하게 한다. 자신을 잘 알고 있고 잘되기를 바라는 사람들이 질겁할 것을 알면서도, 거리에서 우연히 만날 기회를 위해, 어떤 마법적인 마주침을 위해, 비밀로 간직하는 행운의 고양을 위해 일을 포기하는 것이다. 시기심에는 사람의 현실 판단을 정지시키는 힘이 있다. 그 결과 한 사람의 자기애는, 설령 그것이 나이나 지위, 자신의 능력에 대한 신념의 깨끗한 수용이라 하더라도 허물어지게 마련이다.

우리는 자기 존중이 인성의 토대라고 생각할지 모르지만 루소는 그렇게 생각하지 않았다. 자기에게 결여된 것을 향한 욕망은 루소에게 훨씬 더 큰 힘으로 보였고, 따라서 언제나 자존심이 자기애를 압도할 것이었다.

불평등의 유혹은 루소뿐만 아니라 그와 동시대의 많은 사람에게 재능에 따른 성공이라는 교의의 어두운 면으로 보였다.

《국부론》에서 스미스는 '인간의 상당수가 자신들의 능력에 대해 갖고 있는 오만한 자부심'에 관해 말하면서 이렇게 주장했다.

> 모든 사람이 이득의 가능성을 어느 정도 과대평가하는 반면, 대부분의 사람들은 손해의 가능성을 과소평가한다.[20]

시장에서 벌어지는 경쟁은 이러한 '오만한 자부심'의 무자비한 환상을 폭로할 것이다. 그럼에도 시기심에 사로잡힌 대중은 고집을 버리지 않으면서 참으로 부유한 사람들만이 감당할 수 있는 모험을 흉내 내려 할 것이다. 성공할 공산이 거의 없는데도 그들은 가능성에 유혹당할 것이다.

시장 경제는 또한 '재능에 따른 성공'이라는 전투 명령 속의 '따른'이라는 단어를 어둡게 만드는 듯했다. 재능 있는 사람들은 오늘날 '너그러운 엘리트'라는 표현으로 마음속에 떠오르는 독선적인 특권 계급을 형성하고 대중의 여권을 무효로 만들 것이다. 일찍이 스코틀랜드의 계몽 철학자 애덤 퍼거슨이 《시민 사회의 역사*An Essay on the History of Civil Society*》에서 우려한 일이 바로 이것이었다.

> 직업의 분리는 숙련의 향상을 약속하는 듯 보이지만 (…) 어느 정도는 사회의 결속을 깨뜨리고, 독창력의 자리를 단순한 기예의 형식과 규칙으로 대체하며, 가슴과 머리의 정념이 가장 행복하게 쓰이는 흔한 직업의 정경에서 개인을 떼어내는 데 이바지한다.[21]

루소는 엘리트주의의 다른 면을 이해했다. 대중과 동일시되는 것에 대한 두려움 말이다. 우월한 사람의 자존심은 결코 평범한 취급을 받지 않는 데 달려 있다. 너그러운 엘리트들은 실제로 극도의 가난이나 고통에 동질감을 가질 수 있는 반면, 평범한 사람(미국식 속어로 하자면 '낙오자loser')은 불안을 자아낸다. 잠재적 능력을 강조하는 현대 사회에서 이와 같은 불안은 독특하게 뒤틀린다. 오늘날의 사회는 자기애와 비슷한 어떤 것, 즉 자신의 역량에 대한 현실적인 평가와 행사의 개발이 어려워진 교육 및 노동 체제다. 따라서 스미스가 우려한 종류의 환상이 풀려난다.

시기심의 유혹에 대항하여 루소는 자기애와 숙련, 어떤 일을 그 자체를 위해 잘하는 것으로 이루어지는 자기 존중의 미덕을 주장했다. 그렇지만 루소는 유혹의 역학이 자기 존중의 역학보다 더욱 강력하다는 이유로 비관주의의 어조로 글을 끝맺었다.[22] 타인들은 너무 진지하게 다뤄진 반면 자기 자신은 충분히 진지하게 다뤄지지 않은 것이다.

이런 것들이 존중의 경험에서 불평등이 제기하는 복잡한 문제들, 특히 불평등한 재능으로 생겨난 복잡한 문제들 가운데 일부다. 현실적인 평등주의자들이 처음으로 인정한 것처럼, 자연은 아름다움이나 기예처럼 두뇌 역시 불평등하게 분배한다. 문제는 사회가 그러한 사실에서 무엇을 만들어내는지다. '재능에 따른 성공'은 그러한 불평등을 명예롭게 만드는 한 방편이었다. 이러한 교의는 재능이 틀을 잡고 정의될 수 있었던 시대에 등장했다. 잠재적 능력에 관한 현대의 관념은 이러한 정의를 무력화하지만 불평등을 없애버린 것은 아니다.

위대한 것이건 사소한 것이건 간에 재능 자체는 자기 자신을 타인과 관련지어주는 인성과 모호한 관계를 맺는다. 자기 존중의 형성은 내적인 강박이나 외부 대상에 대한 집착을 통해 이러한 연계를 부인할 수 있다. 지배력의 과시는 원칙적으로 길잡이와 모방을 위한 모델을 부여하는 것을 통해 더 강력한 연계를 제공할 수 있다. 그러나 실제로는 모방과 경쟁은 오랫동안 한데 결합되어왔으며, 이러한 연계는 적대적인 관계가 되었다. 또한 지배력의 과시는 약자들이 강자를 모방하면서 시기심을 통해 불평등을 인준하는 결과만을 낳는 유혹의 역학을 촉발할 수 있다.

낮은 자존감

자연적 귀족정이라는 교의를 받아들인 계몽주의 시대의 개혁가들은 첼로 콩쿠르에서 상을 받지 못한 참가자들로 요약되는 한 가지 문제가 있다는 사실을 알고 있었다. 불평등한 재능이라는 현실 속에서 어떻게 사람들이 실망하거나 분노하지 않도록 만들 수 있는가 하는 문제 말이다. 이는 시기심을 살 만한 비교의 문제다.

보마르셰의 희곡《피가로의 결혼》에는 '피프스의 복수'라는 제목을 붙일 수도 있었다. 이 희곡은 타고난 재능을 찬양하는 내용으로 주인공 피가로는 우둔한 상류층을 이겨낸다. 그러나 시기심을 살 만한 비교의 진정한 문제는 루소가 묘사한 자기애 상실의 희생자로 선락한 한 남자의 고백인 디드로의 대화체 소설《라모의 조카》를 통해 더욱 잘 대변되었다. 위대한 작곡가인 라모의 소설 속 조카는 지친 나머지 자신이 그림자에 불과하다는 사실을 인정할 때까지 허세를 부리면서 자신의 비천한 신분을 부인한다. 첼로 콩쿠르에서와 마찬가지로 상처받기 쉬운 사람은 시기심을 불러일으키는 비교를 끌어낸다.

현대 심리학의 어휘로 표현하자면, 이러한 종류의 시기심을 불러일으키는 비교는 '낮은 자존감'을 낳는다. 개인적인 멘토 연결이나 비개인적인 적극적 우대 조치 같은 현대의 사회 정책은 자아에 상처를 줄 시기심을 불러일으키는 비교에 맞서기 위한 것이다. 더 정치적인 성향의 사고를 지닌 저자들에게는 재능의 불평등과 자기 존중 사이의 근본적인 연계를 다루는 일이 남았다.

이 저자들이 말하는 요점은 다양성이 불평등보다 더욱 중요해야 한다는 것이다. 다른 종류의 능력이 어떤 한 가지 재능의 불평등보다 중요해야 한다는 말이다. 가령 법철학자 로널드 드워킨은 우리가 "어떤 지성의 속성을 존경하기 때문에 (…) 이러한 존경이 물질적인 형태를 띠어서는 (안) 된다"라고 주장한다. 사회가 있는 그대로의 지능을 특권으로 바꿔서는 안 된다는 것이다.[23] 심리학자 하워드 가드너와 마찬가지로 드워킨은 지능 그 자체가 매우 다양한 능력의 집합체라고 주장한다. 가드너는 사람들이 말하는 기술뿐만 아니라 시각적 지능을, 수학적 이해력뿐만 아니라 청각적 이해력을 갖고 있으며, 이러한 능력들은 지능 검사 같은 하나의 수치로 나타내는 게 거의 불가능하다는 점을 보여준 바 있다. 이 저자들은 개인이 할 수 있는 일들을 비교하기보다는 그 다양성에 초점을 맞춘다.[24]

더 나아가 사회를 이와 똑같은 방식으로 바라보아야 하는 타당한 이유들이 존재한다. 경제학자 아마르티아 센은 동일한 자원을 활용하는 각기 다른 사회의 역량을 분석하는 식으로 이러한 주장을 펼쳤다. 가령 통화를 중심에 놓고 보는 단일한 기준에 따르면 중국은 동일한 규모의 해외 투자를 활용하는 데에서 인도보다 '더 뛰어났다'. 그러나 이러한 단일한 기준은 그릇된 결론을 유도하는데, 중국과 인도는 필요한 바가 서로 다르고, 또 센이 지적하듯이 두 나라의 독특한 '기능'이 두 나라가 자원을 활용하는 방식을 판단하는 근거가 되어야 하기 때문이다.[25]

불평등보다 다양성을 강조하는 이러한 주장은 감탄할 만한 것이지만, 낮은 자존감이라는 문제를 없애주지는 못한다. 나는 인도인이라는 것을 자랑스러워할 수 있지만 더 유능한 중국인이 그림자를 드리우며, 내가 가려진다고 느끼는 바로 그 이유 때문에 나 자신을 중국인과 비교하는 일을 멈추지 않을 것이다. 어떻게 보면 그러한 행위, 즉 시간과 공간의 경계를 넘어서 시기하고 분개하는 인간의 성향은 인류의 역사만큼 오래된 것이다. 그러나 다른 측면에서 보면 불평등한 능력은 이러한 감정에 일정한 역사적 궤적을 형성했다.

재능에 따른 성공은 계몽주의 시대에 일종의 사회적 연금술을 통과하여 능력merit과 재능talent이 동의어가 되었다. 이러한 연금술은 대니얼 벨과 알랭 투렌이 숙련 기술에 기반한 사회인 탈산업 사회에 관한 책을 쓰기 시작한 바로 그 시대에 영국의 사회학자 마이클 영이 만들어낸 신조어 '능력주의'라는 현대적 용어를 낳았다. 능력주의는 적성과 동일한 언어의 나라에 거주하면서 동기와 욕망, 태도를 훌륭한 솜씨 및 숙련 기능과 융합한다.

니컬러스 레먼이 자신이 연구한 적성 검사 고안자들 사이에서 혐오한 것은 연금술과도 같은 능력주의를 만들어내려는 바로 이러한 탐색이었으며, 특히 훨씬 어린 나이에 사회의 아낌없는 후원을 받을

'자격'이 있는 아이들을 발견하려는 그들의 노력이었다. 열정적인 결론에서 레먼은 다음과 같이 선언했다.

> 모든 사회는 해당 직무를 잘 수행할 수 있는 사람들로 채워져야 하는 권위와 전문성의 직위를 갖고 있다. 그러나 미국의 능력주의의 핵심에 있는 독창적인 원칙은 이와는 달랐다. 그것은 마치 새로운 모습의 청교도 선민처럼 사람들이 특정한 역할을 떠맡을 수 있는 적합성이 아니라 그들의 전반적인 가치 때문에 선택되어야 한다는 것이었다.[26]

마이클 영 역시 자신이 만들어낸 표현에 비판적이었다. 영은 자신이 특권을 누릴 자격이 있다고 생각하는 능력 있는 엘리트와 무안해하는 동시에 똑똑한 사람들에게 분노하는 대중으로 엘리트와 대중이 새롭게 분할되는 사태를 우려했다. 21세기의 명석한 대학원생이 내레이터로 등장하는 영의 풍자적인 작품《능력주의》에는 재치 있는 순간이 등장한다. 마지막 부분에서 이 젊고 능력 있는 대학원생은 새로운 능력주의 체제에서는 '이제 하층 계급이 효과적인 반란을 일으킬 힘이 없다'고 주장한다. 이 부분에 붙어 있는 각주는 저자가 지능이 낮은 대중이 일으킨 봉기의 와중에 살해되었으며 능력주의는 대중이 개인적으로 견딜 수 없는 체제라는 게 입증되었다고 밝히고 있다.[27]

사회 계급을 연구하는 사람들은 누구나 낮은 자존감이라는 독특한 결과에 마주치기 쉽다. 자신의 재능을 당연히 자랑스럽게 생각하는 사람들의 삶에 반향이 일어나는 것이다. 영국의 사회학자 폴 윌리스는《학교와 계급재생산》에서 어떻게 노동 계급 청소년이 튀는 것을 두려워한 나머지 '자만하기'를, 너무 앞서 나가면 친구들과 유대를 잃어버리는 것을, 자신이 속한 공동체와 접촉이 끊기는 것이 두려워 학업 성적이 오르는 것을 자제하는지를 보여주었다. 개인적인 능력은 양날의 칼이다. 개인적인 능력을 사용하면 개인의 본성에서 무언가를 성취할 수 있지만 그 대가로 자신이 속한 세계와의 유대를 잃는다.[28] 그러나 이러한 결속은 한 사람이 스스로 해야 하는 바를 행했다는 지각을 감소시킬 수 있다.

내가《계급의 숨은 상처》를 쓰기 위해 보스턴에서 인터뷰했을 때도 난간 밖으로 머리를 내밀지 않으려는 젊은이들의 두려움을 볼 수 있었다. 그러나 의미심장한 능력주의의 표현을 빌리자면 아이들이 '출세'하는 이곳의 가정에서 부모들은 자기 아이들에게 시기심을 불러일으키는 비교 때문에 고통을 겪었다. 부모들은 변화의 가능성이 있는 자기 자식들이 낯선 사람이 되어가는 것을, 최악에는 자기들을 부끄러워할까 봐 두려워했다.

그리고 시카고에서 멘토와의 만남을 준비하면서 우리는 어린 친구들 사이에 있는 튀는 것에 대한 두려움을 어떻게 극복할지를 알아내야만 했다. 그리고 역시 젊은 의사의 사례는 해답이 아니었다. 젊은 의사는 숨겨진 능력을 들먹이며 말했지만, 흑인이나 푸에르토리코인 어린이들이 그런 능력을 찾아내면 익숙한 자기 자신에게 낯선 사람이 되었을 것이다. 이 모든 일상생활의 관행 속에서 '능력주의'는 유대에 대한 위협을 상징하며 잠재적인 승자와 패자 모두 이를 느낀다. 사회적 유동성은 사회적 대가를 수반한다.

다양성의 주창자들은 한 사회 내에서 각기 다른 재능이 원칙적으로 공통의 복지에 이바지해야 한다고 세련된 주장을 펼쳤다. 이러한 견해를 처음으로 주창한 인물은 물론 칼 마르크스다. '능력에 따라 일하고 필요에 따라 분배한다'라는 마르크스의 구호가 좋은 예다. 그렇지만 일상생활의 관행 속에서 젊은 푸에르토리코인이 안과 의사라는 사실이 청중에게 어떤 유익한 결과를 낳았을까? 마르크스라면 아마 그 젊은 의사가 자신의 공동체로 돌아와서 개업한다면 그의 능력이 공통의 복지에 이바지하게 된다고 대답할 것이다. 그러나 이는 쟁점에서 벗어나는 답변이다. 자기 자신을 공동체의 일부로 이해하려고 노력하는 청중에게 젊은 의사의 탁월함이 어떤 빛을 던져주겠는가?

시기심을 불러일으키는 비교와 낮은 자존감이라는 문제에 대한 그릇된 해답 대신에 다양성의 주창자들은 어려운 문제에 직면하게 되는데, 이는 불평등이 인간의 경험에 너무나도 근본적인 현실이어서 사람들이 끊임없이 이를 이해하려 노력한다는 점이다.

시기심을 불러일으키는 비교라는 악에 맞서기 위해 내가 상상할 수 있는 최선의 보호책은 내가 숙련노동이라 지칭한 능력을 경험하는 것이다. 이유는 간단하다. 비교와 등급 매기기, 시험 등은 타인에게서 벗어나 자기 자신에게 향하게 한다. 사람들이 내면적으로 비판적인 기준을 설정하는 것이다. 숙련노동은 분명 타인들이 한 일에 대한 시기심을 불러일으키는 비교를 떨쳐버리지 않는다. 그렇지만 숙련노동은 한 사람의 에너지에 다시 초점을 맞추며 어떤 행동을 그 자체로, 자기 자신을 위해 올바로 이해시킨다. 숙련 기능을 가진 사람은 불평등한 세계에서 자기 존중을 유지할 수 있다.

지금 와서 돌이켜보건대, 뉴욕에서 파티를 주최한 여성이 이와 같은 말을 하고 싶었을 것이라는 생각이 든다. 궁극적으로 볼 때 능력은 음악에 헌신하는 데 있다. 만약 그렇지 않다면, 리즈 콩쿠르의 심사 위원이 언급한 것처럼 타인에게 자기 능력을 입증하는 것은 사람을 무력하게 만드는 시도가 되어버린다.

숙련 기능의 존엄성이 자기 존중을 제공하기는 하지만, 불평등의 경계를 넘어서는 상호 존중의 문제를 해결해주지는 않는다. 사실 숙련노동은 교류 과정과 관계를 희생한 채 무언가를 만드는 활동에 초점을 맞추는 경향이 있다. 숙련노동은 보호를 제공해주지만 무언가를 만드는 사람을 고립시키는 위험 또한 초래한다. 이러한 고립이 숙련 기능을 가진 사람의 인성에 제기하는 위험은 현대 사회에서 존중이 형성되는 두 번째 공식을 검토하면 더욱 분명해진다. 자기 자신을 돌볼 수 있는 사람들에게만 주어지는 존중 말이다.

4장

의존하는 것의 수치

어떤 연인이 다음과 같이 공언한다고 상상해보자.

"나는 걱정하지 마, 나는 혼자 잘 해낼 수 있어. 너한테 짐이 되는 일은 결코 없을 거야."

이런 연인이라면 작별을 고해야 한다. 부족한 게 아무것도 없는 사람은 결코 우리의 궁핍을 진지하게 받아들일 수 없다. 사적 삶에서 의존은 사람들을 한데 묶어준다. 성인에게 의존해 길 안내를 받지 못하는 어린아이는 배울 능력도 없고 매우 불안정한, 크게 상처받은 인간이 될 것이다. 만약 성인인 우리가 도움이 필요한 병들거나 나이 든 사람들, 우리보다 약한 사람들을 피한다면, 우리 주변에는 기껏해야 지인들만 있지 친구는 없을 것이다.

그러나 공적인 영역에서 의존은 수치스러운 것으로 보인다. 현대의 복지 개혁가들에게는 특히 그렇게 보인다. 최근 개최된 노동당 전당 대회에서 영국 총리는 '새로운 복지 국가는 의존이 아니라 노동을 장려해야 한다'고 선언하면서 '엄격한 기준을 갖춘 동정심'을 촉구했다.[1] 빈곤을 피하고 자족을 강조하는 엄격한 인간적 태도는 타인들의 눈에 존중을 불러일으키며 자기 존중을 길러준다.

카브리니야말로 복지 개혁가들이 의존의 해악을 보여주는 생생한 사례라고 생각한 그런 곳이었다. 내가 그곳에 살던 1940년대에 카브리니는 혼자 힘으로 집을 구할 수 없는 사람들이 살던 곳이었다. 1960년대에 이르기까지 카브리니는 결손 가정과 십 대 독신모, 마약 중독자 등을 받아들였다. 의존은 더욱 커졌고 추측건대 수치심 역시 심해졌을 것이다. 50년이 지난 지금 우리 이웃에 살던 백인들이 스스로 추락했다고 생각했는지를 알 수는 없다. 나중에 카브리니의 상황이 더욱 악화되었을 때도 많은 입주자가 '자기 집'에 놀라운 애정을 느꼈다. 하지만 분명 외부 세계는 그들의 처지가 추락했다고 여겼다. 그들을 구해내기 위해 뭔가를 해야만 했던 것이다. 카브리니의 복지 개혁가들은 결국 궁극적인 해결책에 호소했다. 최근 이 단지의 대부분을 철거하고 주택들을 불도저로 밀어버린 것이다. 그 자리에는 이제 값비싸고 아름답기 그지없는 도시형 주택이 세워지고 있다.

사람들을 의존 상태에서 떼어놓으려는 충동은 이제 복지 개혁을 훨씬 넓은 영역으로, 즉 실업 수당, 의료 보험, 학교 교육, 노인 연금 등의 영역으로 이동시키고 있다. 과거의 복지 국가는 궁핍한 사람들을 단속했지만, 오늘날의 개혁가들은 빈민들을 국가에서 자유롭게 풀어주기를 원한다. 이제 사람들은 장기적으로 실업 수당을 받을 수 없고, 자신이 부담하는 의료 보험이나 선택한 학교 교육, 스스로 관리하는 연금을 받을 수도 없다. 이처럼 확대되는 개혁의 범위는 의존의 사적 측면과 공적 측면 사이의 당혹스러운 분할을 더욱 깊게 만들 뿐이다. 사랑과 우정, 돌봄이 필요한 타인의 욕구는 의존은 수치스러운 것이라는 신념에 의해 내적으로 억압된다.

'유아화 명제'

의존이 사람의 지위를 떨어뜨린다는 믿음은 성인기에 관한 자유주의의 규범적 개념에서 파생했다. 20세기 미국의 주요한 복지 개혁가인 대니얼 패트릭 모이니핸은 일찍이 이러한 견해를 잘 표현한 바 있다. 모이니핸은 당시 이렇게 믿었다. '가난하다는 것은 객관적인 조건이다. 반면 의존적이라는 것은 주관적인 조건이다.' '가난하다는 것은 종종 상당한 개인적인 특질과 연관된다. 의존적이라는 것은 그런 경우가 드물다.' 복지의 수혜자인 빈민들의 주관적인 타락에 관해 모이니핸이 도달한 설명은 "(의존은) 삶에서 불완전한 상태다. 어린이의 경우에는 정상적이지만 성인들의 경우에는 비정상적이다"였다.[2]

모이니핸은 정치사상에서 오래 이어져온, '유아화 명제'라 이름 붙일 수 있는 주장을 복지 국가에 적용했다. 자유주의 사상가들은 의존, 특히 정부에 의존하면 성인이 어린이처럼 행동하게 된다고 생각해왔다. 칸트가 극적이면서도 간결하게 제시한 유아화 명제는 오늘날 미국과 영국의 복지 개혁가들에게 생기를 불어넣는다.

> 계몽이란 인간이 스스로 초래한 미성숙에서 해방되는 것이다. 미성숙이란 다른 사람이 이끌어주지 않으면 자기가 깨달은 것도 할 수 없는 것이다. 이러한 미성숙이 스스로 초래한 것이라 함은 그 이유가 이해력의 결핍이 아니라 타인의 인도 없이는 자신이 이해한 바를 활용할 수 없는 결단과 용기의 결핍이기 때문이다. 따라서 계몽의 좌우명은 다음과 같다. 감히 알려고 하라Sapere aude! 너 자신이 이해한 바를 행할 수 있는 용기를 가져라![3]

그리하여 아동기와 성인기, 미성숙과 성숙은 정치적 범주가 된다. 의존이라는 현상이 양쪽을 나누는 것이다.

칸트보다 1세기 앞서 존 로크는 자유주의의 토대를 마련한 저서인 1690년의 《통치론》에서 왜 성인이 대중 앞에서 가난한 어린아이처럼 행동하는지를 탐구했다. 당시 로크의 적수였던 정치가 로버트 필머 경은 국왕의 절대 권력은 아버지가 자식에게 행사하는 권위와 유사하다고 주장했다.[4] 로크는 자식에 대한 아버지의 군림이 단지 지배와 복종에 불과하다는 사실을 받아들였다. 그러나 로크의 견해로는 그러한 권력은 정당한데, 그 이유는 단지 어린아이의 경우 독립적으로 판단을 내릴 수 있는 능력이 아직 발달하지 않았기 때문이다. 성인들은 자라나면서 이성적으로 판단하고 행동할 수 있는 능력을 키우며 따라서 스스로를 다스린다. 이리하여 성인들은 사적 삶에서 공적 삶으로 이동할 수 있다.

> 자기 자식에 대한 아버지의 명령은 한시적이다. (…) 자식의 교육에

필요한 규율일 뿐이다. (…) 또한 일단 자식이 사리 분별을 할 수 있는 연령에 이르면 (…) 아버지의 권력은 자식의 자유로까지 확대될 수 없다. 그렇게 되면 아버지의 제국은 소멸하며 그때부터 아버지는 타인의 자유에 대해서와 마찬가지로 자기 아들의 자유도 처분하지 못한다.[5]

정당한 국가는 젊은이들이 이러한 멍에에서 벗어날 수 있게 해주어야 한다.

만약 성인으로서 독립적이고 이성적으로 판단할 수 있는 능력을 국가가 가로막는다면 어떻게 될까? 심리학의 전문 용어로 표현하자면, 성인들은 사적 영역에서 경험한 것과 같이 아동기로 퇴화한다. 이러한 견해를 제출하는 과정에서 로크는 필머의 적수로서만이 아니라 궁정의 사회학적인 관찰자로서 발언한다. 찰스 2세의 악명 높은 영국 궁정 말이다. 로크의 관찰은 훗날 베르사유의 루이 14세의 프랑스 궁정에 훨씬 더 유력하게 적용할 수 있지만, 두 궁정 모두 놀이에 전념하는 공작과 공작 부인들로 가득 차 있었다. 궁정의 겉치레와 사소하기 그지없는 정실을 둘러싼 뿌리 깊은 음모, 어리석은 지루함, 유흥을 향한 끝없는 모색 등은 이성적인 자기 주권을 희생시킨 결과였다. 이들은 참으로 '국왕의 아이들'이었다. 이들은 국왕의 명령이 아니면 존재하지 않았고 국왕의 소망이 없으면 어떤 욕망도 가지지 않았다.

날카로운 식견을 지닌 독자라면 칸트와 로크 사이에 차이점이 있다는 것을 알아챌 것이다. 칸트에게 성인의 미성숙함은 '스스로 초래한' 것인 반면, 로크는 사람들이 사회적, 정치적 조건 때문에 어린 아이처럼 행동한다고 봤다. 이는 이후의 복지 정책에 커다란 중요성을 끼친 불일치다. 그러나 두 철학자는 의존의 수치에 대한 처방을 구상하는 데서는 뜻을 같이했다. 이는 개인의 행동에서 가능한 한 합리적인 자기 주권을 행사하는 데 있다. 특히 단지 힘 있는 자들에게 의존한다는 이유로 그들의 말을 진실로 받아들이지 않는 데 있다. 사람들은 스스로 이성적으로 판단하며 성인이 되는 것이다.

그리하여 사람들은 타인에게 존중을 얻는다. '유아화 명제'는 상호 존중에 관한 현대의 믿음의 토대를 형성했다. 왕의 신하는 기생적인 존재이기 때문에 경멸받는다. 반면 시민은 스스로를 부양하기 때문에 존경할 만한 존재다. 그러나 공적 명예에 관한 고전적인 자유주의의 규범에서 사용되는 '자아'라는 단어는 오늘날의 의미와는 달랐다. 자유주의의 시조들은 개인주의에 관해 말하지 않았다. '개인주의'라는 단어는 그 뒤의 시대에 속하는 것인데, 알렉시 드 토크빌이 미국에서 목격한 사회적 고립을 묘사하기 위해 1830년대에 만들어낸 신조어였다. 그 이래로 개인주의는 사회적 연결의 거부를 함축하기에 이르렀다. "사회는 존재하지 않는다. 오로지 개인과 그들의 가정만이 존재할 뿐이다"라는 영국 총리 마거릿 대처의 유명한 선언에서 정점에 다다른 거부 말이다.[6]

고전적인 자유주의는 이러한 견해에 결코 동의하지 않았다. 또한 이성적인 자아가 잘 균형 잡힌 욕망을 갖고 있다거나 잘 조정된 행동을 한다고 가정하지도 않았다. 존 스튜어트 밀은 어디선가 경험이란 가차 없이 울려대는 경종과 같은 것이라고 썼다. 경험이 아무

관계 없는 잡동사니로 전락하지 않도록 막아야 할 필요성은 아무리 합리적인 계획을 가진 사람들이라도 타인에게 의존하는 것이 아니라 자기 자신의 이성을 행사하는 것을 통해서만 충족될 수 있다. 자유주의의 성숙 개념은 실로 '뚜렷하다'. 자기 통제를 위한 노력 자체를 강조하는 것이다.[7]

성인처럼 행동할 기회를 부정하는 것이야말로 로크가 가장 우려한 문제다. 카브리니의 초기 상황으로 바꿔보면, 로크는 당국이 유리 전쟁이 발발하자마자 잠시도 주저함 없이 개입했다는 사실 때문에 우려했을 것이다. 주민들은 스스로 문제를 해결하기보다는 도움을 받아야 하는 존재였다. 주민들은 어린아이처럼 대접받았기 때문에 추락한 존재였던 것이다.

복지 국가라는 더 넓은 영역에서 자유주의의 이와 같은 확신은 시비의 여지가 없는 정의를 수반한다. 의사에게 아무 설명도 듣지 못하는 환자와 기계적인 명령에 따라 가르침을 받는 학생, 무시당하는 피고용인 모두는 우월한 권력이 작용하는 대상이자 자신들의 요구를 그저 바라보기만 하는 방관자가 되었다. 의존의 이러한 측면에서는 공산주의의 관습 역시 찾을 수 있다. 집단적 이데올로기라는 표면 아래에서 방관이 일상생활을 지배하고 있는 것이다.

자유주의자라는 딱지를 붙일 수 없는 사회 사상가들과 저자들 역시 자발적인 종류의 수동적 의존을 우려했다. 이러한 수치스러운 상황은 '자발적인 예속'에 관한 17세기의 철학자 에티엔 드 라 보에시의 환기에서 나타났다.

(…) 그토록 많은 사람, 그토록 많은 마을, 그토록 많은 도시, 그토록 많은 국가가 때로 자신들이 부여한 권력 외에는 아무것도 갖고 있지 않은 단 한 명의 폭군 아래서 고통을 겪는다. 그의 존재를 참는 대신 부정하기만 한다면 자신들에게 어떤 해도 입힐 수 없는 폭군 아래서 말이다. (…) 따라서 자신들의 예속을 용인하는, 아니 그러한 예속을 초래하는 것은 바로 주민들 자신이다.[8]

"사람은 반역자로 태어난다"라고 도스토옙스키의 대심문관은 선언하는바, 이는 상충하는 욕망들의 저주를 수반하는 반역이다. 오직 자기 자신을 추락시키는 자발적인 수동성만이, 맹목적인 복종만이 이 저주를 덜어줄 것이다.

인간은 논박의 여지가 없는 것, 참으로 명백한 것을 숭배하고자 하며 따라서 모든 사람은 그것을 즉시 숭배하는 데 동의한다. 이 가련한 피조물의 주된 관심사는 나 자신이나 다른 누군가가 숭배할 수 있는 무언가를 찾는 것이 아니라 모두가 믿고 숭배할 수 있는 무언가를 찾는 것이며, 여기서 가장 중요한 점은 그들이 모두 함께 그렇게 해야 한다는 것이다.[9]

의존의 수치를 불러낸 모든 사람이 원초적인 물질적 광경, 즉 어머니의 젖을 빨고 있는 아기의 모습에 두려움을 갖고 있다고 말할 수 있다. 그들은 강제나 욕망을 통해 성인들이 계속 젖을 빠는 것을 우려한다. 어머니의 젖가슴이 국가가 되는 것이다. 자유주의의 특징은 젖에서 입을 떼는 사람에 관한 견해에 있다. 그런 사람은 시민이 되는 것이다.

의존과 노동 윤리

고결한 시민을 노동하는 사람과 동등한 존재로 생각한 아메리카 공화국의 창건자들은 자기의 땅을 경작하는 튼튼한 자작농이나 독립적인 숙련 장인 등 특정한 종류의 노동자를 염두에 두었다.[10] 이러한 종류의 노동자들이 자유주의의 전통에 들어맞는 이유를 이해하기는 쉽다. 이 노동자들은 자기 자신의 노동을 통제하는 존재였다. 산업 노동과 기술은 18세기 말에야 시작되었으니, 가령 의류 직조나 유리, 못 등 일부 건축 자재의 생산으로 나타났다.

산업 자본주의가 진전되면서 노동자들이 자신의 노동에 대한 통제권을 잃었는데도 이러한 자유주의 전통이 계속 살아남은 사실은 아이러니로 보일 수도 있다. 그러나 이 전통은 이제 왕이 아니라 자본가들을 비난하는 역할을 했다. 자신의 일에 자부심을 갖고 오로지 자신의 기술에만 의존하는 독립적인 숙련 장인은 노동자를 짐 나르는 짐승 취급하는 체제를 비난하는 역할을 했다. 산업 체제에서 벌어진 노동자들의 추락과 대조적으로 자아를 실현한 장인들로 가득 찬 과거의 중세를 발명해낸 존 러스킨의 저술과 기획에서 볼 수 있듯이, 숙련 기능의 존엄성은 정서적인 주제가 될 수 있었다. 그러나 이와 동일한 자유주의의 이상은 더욱 실제적이고 날카로운 전환을 겪을 수도 있었으니, 노동자들이 자신들의 노동을 더욱 통제하도록 산업 기술과 관행을 재조직하려 한 윌리엄 모리스의 노력이 그러한 경우였다. 모리스가 고안한 벽지는 생산에서 혁신적일 뿐만 아니라 모양에서도 아름다웠으며, 대량 생산되었지만 단조로운 작업만은 아니었다. 모리스의 작업장에서 일하는 노동자들은 노동의 속도를 스스로 통제했으며 벽지와 안료의 질을 스스로 결정했다.

막스 베버가 불러낸 노동 윤리는 자유주의의 가치와 산업 자본주의의 충돌에서 한쪽으로 제거된다. 베버 자신은 산업 기술의 실험에 크게 관심을 보이지 않은 채 이를 노동의 '합리화'라는 더 광범위하고 추상적인 범주로 환원했다. 프로테스탄트의 노동 윤리 자체는 자유주의적 가치의 일종의 왜곡이다. 노동 윤리는 사람들이 자신의 가치를 입증하고 자신이 독립적이고 목적을 갖고 있으며 결단력 있는 존재라는 점을 보여주도록 몰아세웠지만, 이는 쾌락을 부인하며 이루어지는 것이었다. 그럼에도 어떤 증거도 불충분하게 느껴졌다. 이처럼 스스로를 몰아붙이는 사람은 자신의 가치에 새로운 증거를 부여하기 위해 끊임없이 노력했다.

산업 자본주의의 초기에 자본가들과 산업 노동자, 모리스 같은 사회주의자들과 더 완고한 제조업자들을 단결시킨 것은 노동 자체야말로 상호 존중과 자기 존중 모두에 가장 중요한 단 하나의 원천이라는 믿음이었다. 물론 나태함은 가장 오래된 성서에 기록된 죄악이다. 대부분의 가난한 사람들은 먹을 것을 원한다면 나태함을 피하는 것 말고는 선택의 여지가 없는 것이다. 그러나 역사학자 요한 하위징아가 상기시켜주듯이, 노동에 두어지는 절대적인 도덕적 가치,

여가에 대한 노동의 우월성, 시간을 낭비하는 것과 비생산적인 존재가 되는 것에 대한 두려움 모두는 19세기에 사회 전체를, 빈자뿐만 아니라 부자들까지도 사로잡은 가치다.[11] 자유주의에서는 노동하는 성인을 존중했다.

이러한 가치는 초기의 복지 국가에서도 번창했다. 19세기 초반 이래 줄곧 사회 개혁가들은 빈민 구호에 의존해 살아가는 빈민과 그와는 달리 일을 하는 빈민을 구별했다. 낸시 프레이저와 린다 고든에 따르면, 빈민은 "단지 가난한 것이 아니라 타락한 존재이며 자선에 의존해 구호를 받으면서 인성이 타락하고 의지 또한 무너진 존재"로 여겨졌다.[12] 바로 여기서 칸트의 견해가 복지에 적용되었다. '스스로 초래한' 완전성의 상실은 노동의 거부를 통해 일어난다. 따라서 영국을 필두로 한 복지 정책의 핵심은 어떤 노동이든 간에 빈민에게 노동을 강제해 그들의 인성을 강화하는 것이었다.

노동자와 빈민 사이의 대조는 긍정적인 측면이 있었다. '가난하다는 것은 객관적인 조건'이며 '종종 개인적인 특질과 연관된다'고 주장한 모이니핸 상원 의원은 19세기의 개혁가들과 마찬가지로 가난 자체에서 경멸의 아픔을 제거하고자 하면서 가장 천한 일자리에서라도 노동을 하는 빈민의 존엄성을 긍정했다.

현대 사회 복지학의 전문 용어로 하자면 빈민은 낮은 자존감에 시달릴 수 있는데, 이는 의기소침이나 시험받는 것에 대한 두려움 때문이다. 그렇지만 노동의 윤리화는 비생산적인 사람들이 거의 동정을 이끌어내지 못했다는 뜻이다. 자선에 의존해 살아가는 사람이 '나는 할 수 없다'고 할 때, 자선을 베푸는 사람은 '할 생각이 없는 거지'라고 생각할 수 있는 것이다. 그리하여 영국과 미국의 구빈원이 특히 징벌적인 특징을 띠었으며, 이들 나라의 구빈원을 방문한 지중해 지역이나 러시아 사람들은 놀라지 않을 수 없었다.

아동의 역사에 관한 유명한 저서《아동의 탄생》에서 필리프 아리에스는 인간이 아동기의 의존적인 상태 속에서 살아가는 기간이 어떻게 근대 역사를 거치면서 확대되었는지를 보여주고자 했다. 아리에스에 따르면, 로크의 시대에는 여덟 살이나 아홉 살 나이의 사람은 '이제 막 성인이 된 존재'로 간주되어 성인의 권한과 책임을 부여받았으며, 생물학적으로 아이를 낳을 수 있기 전에도 결혼을 했다. 반면 근대에는 아동기가 사춘기를 넘어서까지 확대되었다. 성인기가 시작되기 전의 기간을 채우기 위해 새로운 범주(청소년)가 발명되었다.[13]

부분적으로는 의학의 발달 같은 기초적인 사실로 이러한 변화를 설명할 수 있다. 로크의 시대에 오십 대의 남녀는 노인으로 간주되었지만, 오늘날에는 20년 동안의 아동기와 청소년기가 건강한 사람의 일생의 4분의 1에 불과하다. 그러나 이러한 변화는 노동에 대한 새로운 강조라는 문화적 요인으로 설명할 수도 있다. 일을 잘하기 위해서는 훨씬 더 오랜 기간의 훈련과 규율이 필요하다. 19세기에 제기된 보통 교육에 찬성하는 주장이나 아동 노동에 반대하는 주장 가운데 거의 어떤 것도 어린이를 노동 세계에서 보호한다는 사고에 호소하지 않았다. 오히려 이런 주장들은 어린이를 노동 세계에 진입하도록 준비시키자는 이야기였다. 교육 자체가 점차 이러한 과제에 맞도록 바뀌는 것이다. 옥스퍼드나 케임브리지 같은 곳에서 제공하는 고전적인 교육은 점점 엘리트주의라고 공격당하는 반면, 노동에 초점을 맞추는 학습은 대중 교육의 확산을 정당화한다. 계급의 거울에 비춰보는 독특한 놀이에 따르면, 자신이 다니는 옥스퍼드대학교에서 어슬렁거리는 젊은이는 타인의 노동에 의존해 살아가면서 생산적인 일은 하나도 하지 않고 쓸모 있는 것은 아무것도 배우지 않는 도덕적인 빈민이 된다.

빈민에 대한 혐오와 비생산적인 삶을 인성의 결함과 동일시하는 시각은 부르주아 자선 사업가와 교육 개혁가들과 마찬가지로 19세기의 혁명가와 급진주의자들까지도 지배했다. 룸펜 프롤레타리아트에 대한 마르크스의 경멸은 그 적수들의 빈민관(노예근성과 맹목적인 가난 때문에 타락한 룸펜 프롤레타리아트의 인성)에서 직접적으로 파생된 것이었다. 마르크스의 눈에 비친 이 비참한 영혼들은 오직 무질서하고 어리석은, 발작적인 폭력을 통해서만 자신들의 존재를 드러냈다. 효율적인 전투적 행동을 위해서는 룸펜 프롤레타리아트에게 결여된 극기가 필요했다. 혁명가는 기질상 베버의 '자기 자신을 몰아붙이는 인간'에 더 가깝다. 종종 청교도적인 마르크스 저작의 한계 외부에서 다른 사회주의자들은 노동의 결여, 삶의 한 방편으로서 자선의 불충분함에 초점을 맞추었는데, 노동의 결여는 한 사람의 영혼에서 무언가를 손상시키기 때문이다.

카브리니에서 구체적으로 볼 수 있는 것처럼, 노동을 가치와 동일시하는 데 경고를 해야 한다. 카브리니 단지의 초창기인 2차 세계대전 중과 그 직후에 흑백을 막론하고 건강한 남자들은 대부분 일을 했다. 의존에 대한 자유주의의 우려와 노동의 결합이 그들에게 적용되지 않았을까?

미국 사회에서 자기 집을 소유하는 것은 참을 수 없는 욕망이다. 아마도 이러한 욕망의 기원은 자영 농지법을 둘러싼 소동*으로까지 추적할 수 있다. 미국 개인주의의 역사에 어떤 실체가 있다면 그 상당 부분은 자신이 사는 곳을 소유하려는 충동에 있다. 19세기에 노동 계급 대부분이 이루고자 한 목표는 일을 해서 집을 장만할 만큼 충분한 저금을 하는 것이었고, 이는 임금을 절약하는 식으로만 가능했다. 당시 미국 노동자들에게 담보 대출을 해주는 은행은 거의 없었고 정부는 그런 일에 전혀 나서지 않았다. 카브리니 단지가 세워질 무렵에는 꽤 많은 노동자가 이러한 독립의 상징을 달성한 상태였다. 은행과 정부는 대출 규정을 어느 정도 완화했고, 시카고 노동 계급의 60퍼센트가 저당이나 무담보 대출을 통해 자기 집을 소유하고 있었다. 그러나 카브리니에 살던 사람들은 이런 자원을 누릴 수 없었고 주택 임대 시장 가격을 따라잡을 수도 없었다.

전통적으로 집을 마련하는 일은 남자의 몫이었고 따라서 남자의 능력을 보여주는 상징 가운데 하나였다. 그러나 카브리니 시절의 사람들은 편모인 여성들이 이 역할을 떠맡았다. 분석가들은 복지 체제 자체가 많은 흑인 가정을 파괴한 것인지, 아니면 노예제 시대 이래로 이 가난한 사람들이 핵가족과는 다른 경로를 밟아온 것인지를 둘러싸고 논쟁을 벌인다. 어떤 이유에서든 간에 1960년대에 이르러

* 1862년에 통과된 자영 농지법은 주인 없는 서부의 공유지를 경작하는 사람에게 인당 160에이커씩을 5년 동안 무상으로 임대한다는 내용이었다. 1에이커당 1.25달러의 가격으로 160에이커를 사들일 수도 있었다.

많은 여성이 집을 마련하는 책임에 직면해 있었고 또 혼자서는 그러한 책임을 떠안을 수 없었다.

여기 그런 여성 가운데 한 명이 공영 주택이 필요한 것으로 정의된 의존의 수치를 어떻게 느꼈는지를 보여주는 예가 있다.

> 나는 다른 누군가가 내게 제공하는 것에 의존하지 않을 겁니다. (…) 하지만 내게는 네 아이가 있고, 따라서 만약 그들이 내게 무언가를 준다면 그럴 가치가 있겠지요. (…) 그러니까 내 말은, 나는 이웃에 사는 사람과 마찬가지로 그럭저럭 살아나가려고 애쓰고 있다는 겁니다. 나는 그들에게 동냥을 요구하지 않는데, 왜 당신들은 사람들이 스스로 먹고 살 수 있는 자원을 가져야 한다고 말하면서도 내게는 기회를 주지 않나요?[14]

이 여성은 네 아이가 살 집을 마련하기 위해 도움을 받는 과정에서 자신이 맡은 역할을 혼란스러워하고 있기 때문에 혼란스러운 말을 하고 있다. 좀 더 일반적으로 보자면, 인종과 성의 문제로 미국의 공영 주택은 영국이나 북유럽의 사회 복지 주택보다 더 큰 낙인을 동반했다. 이 여성을 괴롭히는 것은 일이 아니라 의존이다.

그러나 이러한 경고는 자유주의의 공식적 서술 전체를 암시한다. 단순히 노동을 조건으로 삼는 것이 아니라 성인의 지위를 포괄적으로 강조하는 서술 말이다. 문제는 성인의 자기 주권이다.

그렇다면 존중에 관한 이와 같은 자유주의의 설명에서 무엇이 잘못된 것일까? 성인의 의존에 대한 자유주의의 공포는 노예근성을 요구하는 권력, 시민들을 자기 욕구의 구경꾼으로 간주하는 권력에 도전하는 데 이바지했다. 자유주의의 시조들은 성인인 시민들의 존엄성을 확립하고자 했다. 그렇지만 그들은 뛰어난 심리학자는 아니었다.

수치에서 분리된 의존

현대 심리학은 정치적 자유주의의 견해와는 매우 다른 방식으로 성숙을 이해한다. 자유주의의 시조들은 의존에 대한 사적 정의에서 공적 정의로 바뀌는 과정을 보여주기 위해 아동기와 성인기를 날카롭게 대비했다. 이 날카로운 대비는 성인이 공적 영역으로 들어서는 인간의 성숙이 유충에서 성충이 되는 나방과도 같다고 가정했다. 성교를 할 수 있는 승낙 연령이나 이성을 갖춘 성인이 갑자기 투표권을 부여받는 연령이 확립될 때, 이러한 견해는 법률로 제정된다.

프로이트주의자건 아니건 간에 현대의 심리학자들은 유충 이미지에 담겨 있는 과거에서 전적으로 탈피하는(또는 탈피해야 하는) 변화의 순간에 관한 암시를 논박한다. 대부분의 발달 심리학자는 아동기와 성인의 경험 사이에 끊임없는 왕복 과정이 존재한다고 가정한다. 기억이 바로 이런 일을 한다. 기억은 과거에 관한 사실들을 단순히 회복하기보다는 과거와 현재 사이를 왕복하면서 재가공하고 재해석한다. 미성숙 상태로의 '퇴행'은 다시 어린이가 되는 것이 아니라 자신이 살아온 나이를 회복하는 것을 의미한다. 자신이 한때 겪은 아동기에 의식적으로 연결되어 있는 성인은 현재를 더욱 깊게 이해한다.[15] 이러한 이유 때문에 아동기로의 퇴행은 로크와는 달리 프로이트에게 훨씬 더 풍부하고 긍정적인 의미를 갖는다. 퇴행은 이성의 정신 역학의 일부를 형성하는 것이다.

물론 자유주의 정치학자들을 고른 것은 퇴행에 관한 그들의 견해 때문이 아니다. 그들은 정부 재정을 절약하는 것뿐만 아니라 정말로 타락시키는 의존에서 사람들을 구출하고자 원할 수도 있다. 그러나 수치와 의존을 결부하는 것은 문화적으로 특수한 현상이며, 문화에 따라 어떻게 특수한가를 유념하는 것이 유용하다.

가령 아마에amae(응석)라는 일본어는 매우 다른 종류의 성인의 공적 의존을 표상한다. 일본 문화에서 사람들은 다른 성인에게 머리를 조아리면서 당연히 돌봄을 받을 것을 기대한다. 빈민뿐만 아니라 기업가와 정치인도 그렇게 행동한다. 가령 도시의 이방인들 사이에서 아마에는 타노무tanomu(부탁)의 관습이 된다. 타노무라는 행동은 자신은 완전히 무력하다는 사실을 극적으로 표현하는 듯하다. 희미하게 공손한 미소를 지으면서 애원하듯이 두 손을 약간 내미는 것이다. 그러나 일본 도시를 방문하는 이방인들은 길을 묻거나 쇼핑을 하거나 술집에서 주문을 하면서 타노무를 실천하는 과정에서 보답을 기대한다. 매번 머리를 조아리는 것은 서로 알지 못하는 사람들과 즉각적인 연결을 만들어낸다.[16] 정신 의학자 도이 다케오는 약간 우려를 표하면서 아마에를 '수동적인 대상애passive object-love'라는 서구 정신 분석학의 개념에 비유한다.[17] 우려를 표하는 이유는 일본에서는 머리를 조아린다고 체면을 잃는 것이 아니기 때문이다. 수치를 느껴야 하는 쪽은 이에 반응을 보이지 않는 사람, 무관심한 개인이다.

따라서 자유주의의 신념이 보편적인 진실이 아니라는 것은 전혀 놀랄 일이 아니다. 그러나 우리 문화에서 심리학자들은 수치와 죄악 사이에 또 다른 구별을 지어 의존과 수치를 떼어놓았다. 은행을 터는 데 성공한 범죄자는 자신이 한 일을 두고 나중에 죄의식을 느낄 수도 있다. 또 일을 망쳐버린 강도는 수치심을 느낄 수도 있다. 또는 은행 강도 대신 능력 측정에 비유해보자면, 시험에서 부정행위를 하면 죄의식을 느낄 것이고 시험에 떨어지면 수치심을 느낄 것이다. 여기서 차이는 죄의식을 낳는 범죄 행위와 수치심을 낳는 무능력 사이에 있다.

프로이트의 견해에서 죄악은 양면적이다. 모든 사람이 다른 사람, 특히 자신이 사랑하는 사람을 해칠 능력이 있기 때문에, 이러한 사실을 잘 알고 있다는 사실 자체가 양심을 괴롭히는 나머지 사람들은 타인에게 죄를 범할 것을 우려한다. 프로이트와 동시대 인물인 알프레트 아들러는 '열등 콤플렉스'라는 유명한 표현으로 수치심을 공식화했다. 결국에는 프로이트주의를 버렸지만 충실한 사회주의자였던 아들러는 시장 경제에서 겪는 경쟁의 경험이 성인 노동자에게 수치심을 낳을 가능성이 가장 크다고 믿었다. 시장에서의 실패야말로 이러한 자존심 상실의 원천인 것이다. 프로이트 이후의 정신 분석학은 아들러의 뒤를 따르지 않았다. 아들러는 수치가 외부에서, 즉 자본주의의 작동에서 기인한다고 가정했다. 반면 프로이트의 상속자들은 수치가 내부에서 발생한다고 가정했다.

게르하르트 피어스와 실반 톰킨스가 각각 다른 방식으로 구체화한 이러한 견해는 성에 관한 헤겔의 관찰로까지 그 연원을 추적할 수 있다. 헤겔은 '불완전한 사랑'에 관해 말하면서 "사랑이 완성과 완벽에 도달하는 것을 가로막는 그 자체로 적대적인 무언가가 여전히 존재한다"[18]고 말했다. 현대 심리학은 완성과 완결에 미치지 못하는 것처럼 느끼는 다른 형태의 경험으로까지 이러한 관찰을 확대했다. 가령 게르하르트 피어스는 성취감이나 만족감을 보여주는 엄연한 증거가 무엇이든 간에 수치를 내적인 불완전함으로 강조한다. '성취'를 이루는 데 실패한 사람은 자신에게 무언가 잘못이 있다고 상상하는 것이다.[19] 바로 이와 같은 무능함의 느낌은 이상적인 타자를 상상하는 것과 결코 분리할 수 없다. 다른 어느 곳에서 다른 누군가가 성취를 이루는 것이다.[20]

아들러나 피어스에게 수치는 의존보다는 완전함과 관계된다. 열등 콤플렉스는 분명 다른 사람들에 대한 깊은 의식을 함축하고 있지만, 이는 루소의 영역에서 환기된 것과 같은 종류의 의식으로 그 안에서는 시기심이 작동한다. 열등 콤플렉스는 그것이 외부에서 발생하느냐 내부에서 발생하느냐, 또는 객관적으로 발생하느냐 주관적으로 발생하느냐에 상관없이, 한 사람이 어떤 존재이든 그리고 그가 무엇을 가지고 있든 간에 충분하지 않은 것처럼 보이게 만드는 방식으로 시기심을 불러일으키는 비교를 만들어내는 것을 뜻한다.

이는 부모나 연인, 친구에 대한 의존은 말할 것도 없고 의사나 장교, 사회 복지사에 의존하여 일어나는 감정들과는 무관해 보인다. 이들이 필요하다고 해서 수치심이 생기는 것은 아니다.

열등 콤플렉스는 복지 개혁을 위한 현대의 노력에 의문을 제기한다. 복지 개혁가들은 사람들을 일하게 만들면 그들의 위신을 떨어뜨리는 인생의 장이 마감될 것이라고 상상했다. 그러나 또 다른 장이 열릴 수도 있다. 만약 아들러의 생각이 옳다면, 이 새로운 노동자들이 직업의 사다리에서 가장 아래쪽에 위치하기 쉽다는 바로 그 사실이 열등감을 낳을 것이다. 또 만약 피어스의 생각이 옳다면, 그들은 보다 '정상적인' 내면적 조건, 즉 자신들이 결여하고 있는 것에 대한 불가능한 열망으로 빠져들 것이다. 어떤 경우든 간에 불평등은 존중을 잠식한다. 시기심을 불러일으키는 비교가 곧궁 그 자체의 자리를 차지하며, 진정한 수치심이 발생하는 것이다.

심리학적 탐구는 수치의 두 번째 측면이자 마찬가지로 중요한 측면을 제기하는데, 이는 수치의 정서를 의존의 경험에서 분리한다. 이는 '체면 상실'이나 '무방비의 수치심'을 가리키는데, 이러한 은유들은 특정한 주관적 경험을 뜻한다. 이번에도 역시 프로이트가 이야기의 출발점이지만 종착점은 아니다. 《성욕에 관한 세 편의 에세이》에서 프로이트는 수치심을 벌거벗은 몸과 명쾌하게 연결한다. 프로이트가 이렇게 하는 이유는 수치심을 뜻하는 독일어 단어 Scham 자체 때문이다. 독일어 die Scham은 남자와 여자 모두의 음부를 가리킨다. 불두덩은 Schamberg, 음모는 Schamhaare이다.[21] 따라서 이 에세이에서 프로이트는 수치스러운 노출을 에로틱한 구경거리로 생각한다.

프로이트 이후 성적 요소의 중요성은 덜해진 반면 노출의 사회적 조건에 관심이 집중되었다. 그리하여 정신 분석가 에릭 에릭슨은 누군가가 "아직 타인의 눈에 보일 준비가 되어 있지 않은 상황에서 눈에 보이는 존재"로 간주될 때 수치심이 발생하며, 이는 가령 책을 읽으려고 애를 쓰는 학생을 선생이 잘못 읽었다고 꼬집어 지적할 때 명백해진다고 명쾌하게 공식화한다.[22] 실반 톰킨스는 노출의 경험에 관해 교묘한 무언가를 발견한다. 톰킨스는 "낯선 사람을 보고 얼굴을 가리면서도 그 사람 눈에 띄지 않도록 손가락 사이로 엿보는 아이"를 예로 든다.[23]

따라서 '무방비의 수치심'은 드러나는 것을 제어하지 못하는 상태를 의미한다. 성인에 비유하자면 거의 사람이 죽을 뻔한 유리 전쟁 이후의 카브리니의 백인 부모들을 들 수 있을 것이다. 부모들이 미처 만천하에 드러나는 일에 대비하기 전에 사회 복지사들이 몰려들면서 아이들의 행동이 공개적으로 폭로되었기 때문이다.

노출에 대한 두려움을 프라이버시와 동일시하는 것은 심리학적 오류일 텐데, 사적 영역은 사람들이 거리낌 없이 개방하는, 특히 자신들의 약점과 곤궁을 드러내는 공간이기 때문이다. 니클라스 루만이 지적한 것처럼, 친밀한 영역은 제도와의 관계에서 제자리를 찾지 못할 수 있는 개인들 사이의 신뢰 정도를 결정한다.[24] 또한 노출에 대한 두려움은 비밀스러운 죄를 숨기는 문제도 아니다. 내가 말하고자 하는 요점은 '내게는 도움이 필요하다'라는 언명은 다른 범주에 해당한다는 것이다. 이런 말을 하는 사람이 그럭저럭 헤쳐나갈 수 있는 한, 이 말 자체는 전혀 수치스러운 것이 아니다.

사적 영역에서 아이가 잘못된 행동을 한다고 아이 자체를 부끄러워하는 부모가 거의 없는 것처럼, 현명한 부모라면 자기 아이가 저지른 나쁜 짓을 남에게 숨기지 않는다. 감추면 결국 아이에게 해가 될 것이다. 어린이와 마찬가지로 성인에게 필요한 것은 자신이 보고 보이는 상황을 통제하는 것이다.

로크의 자유주의는 시민들의 세심한 관찰에 감춰진 비밀스러운 국가 권력을 우려하면서 정치적 관계의 투명성을 크게 강조한다. 가령 로크의 사고는 정보의 자유에 대한 현대의 요구를 뒷받침하는 중요한 자원이다. 그러나 로크의 유산은 사회적 관계를 정치적 관계만큼이나 투명한 것으로 만들려는 욕망을 통해 좀 더 역설적인 측면을 보여주었다. 사람들이 '정말로' 누구인가를 알고자 하는 것은 그들에게 수치심을 불러일으키는 위험을 제기한다. 이 때문에 사람들은 숨을 공간이 전혀 없다.

이러한 전통이 낳은 문화적 결과 가운데 하나는 사람들이 도움을 요청하거나 자신들이 약함을 드러낼 때 스스로를 미천한 존재로 느낀다는 것이다. 시카고에서 멘토와의 만남에 계속 참여하면서 나는 때로 내가 맡은 사람들이 로크의 탐욕스러운 독자들이라고 상상했다. 마치 자신의 약점을 인정하는 것이 실로 자신의 지위를 떨어뜨리기라도 하는 것처럼, 사람들은 "그 단어는 무슨 뜻인지 모르겠는데요"라거나 "제곱근이 뭔지 몰라요"라고 말하기를 꺼렸다. 선배에 대한 믿음은 후배가 거리낌 없이 도움을 요청하는 순간 시작된다.

이 경우에도 역시 자신의 약점을 드러내는 것에 대한 두려움은 문화에 따라 특수하다. 루이 뒤몽이 연구한 인도 촌락의 사람들은 나이가 많거나 병이 들었거나 어떤 일을 스스로 할 수 없는 상황일 때는 끊임없이 서로에게 도움을 호소한다. 뒤몽은 이러한 행동에 관해 '수치를 모르는'이라는 단어를 사용해서 보고서를 작성하는 것을 그만두는 순간 자신이 가진 서구인의 편견을 다루게 되었다고 말했다. 서구인의 한 사람으로서 뒤몽은 처음에는 그것을 경멸적인 단어로 사용했지만 인도인들이 보기에 도움 요청은 말 그대로 전혀 수치스러운 일이 아니었다.[25]

일터에서 노동하는 사람들을 연구하는 과정에서 나는 도움을 요청하는 것에 대한 두려움을 조직의 기능 장애를 보여주는 믿을 만한 징후로 점점 더 강하게 인식하게 되었다. 도움 요청은 너무 자주 그 노동자가 '곤경에 빠졌다'는 신호를 보낸다. 하지만 도대체 얼마만큼을 너무 자주라고 말할 수 있을까? 내가 연구한 한 첨단 기술 기업의 통상적인 답은 뭔가 잘못되기 전에는 도움을 요청하지 말라는 것이었다. 피고용인들은 당연히 곤경에 빠진 듯 보이는 것을 두려워했다. 당연한 일이지만 고용주는 뒤엉킨 문제를 정리해달라는 요청을 달가워하지 않았고, 또 자신이 '어머니처럼 돌볼' 필요가 없는 피고용인을 원했다. 그러나 도움을 요청하는 것, 그리고 곤경에 빠진 듯이 보이는 것에 대한 두려움은 해당 조직에서 정보의 흐름이 말라 버렸다는 의미였다. 정말로 뒤죽박죽이 된 뒤에야 문제가 명백해진 것이다.

이와 관련하여 우리는 제퍼슨이 이상적인 성인 시민으로 여긴 튼튼한 자작농과 독립적인 숙련 장인, 또는 오늘날이라면 컨설턴트에 대한 호소를 재고하고자 할지도 모른다. 이러한 이상에 대한 찬양은 도움이 필요한데도 차마 부끄러워 목소리를 내지 못하는 다른 사람들을 무력하게 만들 수 있다. 그 결과 첨단 기술 기업에서와 마찬가지로 사태가 뒤죽박죽이 된 뒤에야 곤경에 관한 논의가 이루어지는 체제가 나타난다.

자율

개인적인 특수성의 느낌을 보존하면서 튼튼한 자작농이 불러일으키는 문제를 피하기 위해서 심리학은 '자율autonomy'이라는 용어를 사용하면서 이를 독립과 대비시킨다. 그러나 '자율'은 정신 분석학에서 불화를 일으키는 단어라는 게 입증되었다.

에릭 에릭슨을 필두로 하는 한 학파는 자율이란 필요를 욕망으로 전환하는 과정이라고 이해한다. 어린아이는 배설을 통제할 때처럼 "자신이 하기로 되어 있는 일을 하기를 원하는" 문제를 처리해야 한다.[26] 필요를 욕망으로 전환하는 것에 대한 보상은 자기 존중이다. 에릭슨의 용어로 하자면, 어린아이는 "자존감을 잃지 않은 채 자기 통제"를 학습한다.[27]

D. W. 위니컷 같은 심리학자들은 자율이란 타인을 자신과 다른 존재로 간주할 수 있는 능력이라고 해석한다. 이러한 분리를 이해하면서 타인과 자신 모두 자율을 얻는다는 것이다. 위니컷이 보기에 다른 사람의 자율성에 대한 경험은 어머니의 몸에 손을 대보면서 그것이 다르다는 것을 느끼는 유아만큼이나 기본적이다. 동시대의 인물인 존 볼비와 마찬가지로 위니컷은 차이에 대한 이러한 지각이 사회적 결속을 만들어내는 데 긍정적인 역할을 한다고 믿었다. 가령 어린아이는 자기 스스로 하지 못하는 일을 어머니가 할 수 있다는 사

실을 배운다. 어린아이가 자라면서 그 아이가 신뢰하는 사람들의 삶은 자기의 삶과는 다른 것으로 훨씬 더 선명하게 새겨진다. 흔히 우리는 '자율'을 타인에게서 분리할 수 있는 능력으로 생각하는데, 이는 이 단어를 자기 참조적으로 사용하는 것이다. 위니컷은 타인들에 대한 지각에 토대를 둔 인성의 힘으로 자율을 묘사한다. 다시 말해, 자율은 서로를 고립시키는 차이가 아니라 사람들 사이의 관계를 확립한다는 것이다. 자율성을 키우는 어린아이는 자기 외부를 보고 관여할 수 있다.[28]

볼비와 위니컷의 견해는 타인을 존중하는 데 결정적인 요소(타인에 대한 자율성 부여라고 이름 붙일 수 있는 것)에 빛을 던져준다. 그러나 이러한 자율성의 부여는 재산의 부여처럼 고정되거나 취소할 수 없는 것이 아니다. 자율은 사회적 조건이 변화하면 주관적인 삶에서 잃기도 하고 얻기도 하는 등 끊임없이 갱신된다.

나 자신의 전문가 경험에서 묘사한 바와 같이 인터뷰 대상자와 동일시하는 면담자의 '오류'가 그 이유를 설명해준다. 성인들 사이의 첫 번째 정서적 연결은 자아와 타인을 혼동하면서 발생한다. 이러한 혼동이야말로 애덤 스미스가 '동정심'이라고 부른 것이다. 스미스는 《도덕감정론》(1759~1761)에서 어떤 사람이 "자기 자신을 타인의 상황에 놓고, 고통받는 사람에게 일어날 수 있는 모든 사소한 곤경의 상황 (…) 그가 겪는 아주 작은 사건까지도 자신의 것으로 인식하려고 (…) 노력할 때" 타인의 곤경에 동정심이 생겨난다고 단언한다.[29]

동정심은 결코 일반적인 감정이 아니다. 동정심을 갖기 위해서는 '아주 작은 사건'에서도 당신과 내가 똑같은 경험을 했다는 느낌이 필요하다. 자율성은 이러한 연결에 의지하는 한편 그 성격을 바꾼다. 당신의 경험은 어머니의 몸을 만지는 어린아이와 같아진다. 나는 점차 당신이 겪은 자세한 경험이 나의 경험과 어떻게 다른지를 지각하지만, 그렇다고 해서 내가 내민 정신적 손을 거둬들이지는 않는다. 동일시의 오류에 관해 면담자가 해야만 하는 자기비판 역시 다른 관계를 수반한다. 당신이 나와 어떻게 다른지를 지각하면서 나는 당신과 구별되는 인간으로서 내가 누구인지에 관해 더 많은 것을 알게 된다.

어린이와 마찬가지로 어른들 사이에서 끊임없이 갱신되어야 하는 과정인 자율의 과정을 특징짓는 것은 바로 이와 같은 동일시와 차별화의 반복 운동이다. 여기서 한층 중요한 결과가 나온다. 나는 내가 당신을 이해하지 못할 수도 있다고 인정하는 것이다. 서로 자율성을 부여하지 않으면 가족은 깨질 것이다. 모든 소통은 균질화되고, 부모나 아이들이 공유할 수 없는 경험에서 배운 것들은 배제될 것이다. 교육이나 의료도 마찬가지다. 우리는 설령 교사나 의사가 하는 일을 이해하지 못하더라도 그들이 그것을 잘 알고 있다고 받아들이면서 그들에게 자율권을 부여한다. 이와 똑같은 자율권이 학생이나 환자에게도 부여되어야 하는데, 그들은 자신들을 가르치거나 치료하는 사람이 추측하지 못할 때도 학습이나 치료에 관해 알고 있기 때문이다.

이런 식으로 이해되는 자율은 평등을 위한 강력한 처방전이다. 이해의 평등, 투명한 평등과는 달리, 자율은 우리가 이해하지 못하는 것을 타인에게 인정한다는 뜻으로 불투명한 평등이라고 할 수 있다. 이렇게 하여 우리는 타인의 자율성이라는 사실을 자기 자신의 자율성과 동등한 것으로 간주한다. 그러나 거장의 지배를 피하기 위해 자율성의 부여는 상호적인 것이어야 한다.

다소 놀랍게도 로크는 이를 받아들인다. 로크에 따르면, 사람들은 그들이 준수하는 법률을 이성으로 이해하고 거기에 동의해야만 한다. 이런 의미에서 로크는 권력이 완전히 투명하기를 바란다. 그러나 일단 동의가 주어지면 사태는 바뀐다. 로크에게 자율과 동일한 단어는 '대권大權, prerogative'이며, 《통치론》에서 그는 "대권이란 공공선을 위해서 재량에 따라 행동할 수 있는 권력"이라고 썼다.[30] 무릇 훌륭한 통치자라면 법률의 명백한 명령을 따라야 하지 않을까? 로크는 완전히 확신하지는 못한다. 인민들은 통치자를 믿고 신뢰해야만 한다. 인민들은 자신들의 통치자를 신뢰하면 지속적인 감사나 감시, 감독 없이 행동할 수 있는 일정한 자유를 통치자에게 부여한다. 이러한 자율성이 없다면 실로 통치자는 어떤 행동도 하지 못할 것이다.

자유주의의 지적 드라마는 부분적으로 이러한 자율성의 인정이 이성적 판단에 대한 믿음과 충돌하는 방식에 놓인다. 동정심은 이성적이고 투명한 동의의 행위에 들어맞는다. 또한 시민과 통치자는 타인의 경험을 동일시할 수 있어야 한다. 상호 이해의 결여는 권력의 남용을 낳는다. 그렇지만 시민이 통치자에게 자율성을 부여하지 않는다면, 국가는 가족과 마찬가지로 붕괴할 것이다.

타인에게 자율성을 부여하는 것은 자아에 대한 지각에는 어떤 결과를 가져올까? 몇몇 심리학자는 이 질문에 낙관적인 대답을 하는 경향이 있다. 타인을 인정하면서 자아가 강화된다는 것이다. 자신감을 결여한 개인이나 집단은 타인의 성취에 감탄을 표하기 쉽지 않다. 자신의 가치에 대한 불안감 때문에 사람들은 존중을 인정하기보다는 억제할 것이다. 제로섬 게임의 역학이 작동하는 것이다. 그리하여 위니컷은 임상 치료에서 환자들이 타인들의 진정한 가치에 초점을 맞추게 하여 이러한 게임을 중단시키고자 했다. 이렇게 하면 환자는 자기 자신의 가치를 더욱 편안하게 생각할 수 있다.

바로 이 지점에서 성인의 독립성을 주장하는 자유주의 사상가들이 합리적으로 이의를 제기할 수 있었다. 자본가의 부나 핵물리학자의 우월한 지식에 감탄을 표한다고 해서 사회적 존재인 가난한 사람의 자신감이 높아지지는 않는 것이다. 또 다른 합리적인 이의 제기는 숙련노동과 관계된다. 물론 사람은 자신이 존경하는 스승을 모방하며 기술을 배우지만, 진정한 자신감은 더는 그런 모델이 필요 없이 혼자 힘으로 일을 잘할 수 있을 때 얻을 수 있다. 이 경우 경의의 중요성은 줄어든다.

이제 심리학과 정치학 사이의 갈등은 과정의 문제로 돌려진다. 심리학자들은 사람들 사이의 필수적인 왕복 과정과 끊임없는 주고받기를 믿는데, 이러한 과정은 구별의 경험, 차이의 인식, 자율성의 부여(이는 개인적 상호 작용의 과정이 계속되는 한에서만 지속되는 주관적인 인식이다)를 낳는다. 반면 자유주의 정치사상가들은 독립과 자율이 인간이 상호 작용한 결과이기는 하지만 이러한 결과가 그것을 낳는 과정보다 오래 지속된다고 믿는다. 성인이 되는 것을 되돌릴 수 없는 것과 마찬가지로 사람들은 교육의 결과나 부의 축적을 되돌릴 수 없다. 어떤 시점에 이른 숙련 장인은 지도를 요청하는 일을 그만

둔다. 자유주의는 자유가 주고받기를 초월하는 어떤 것이기도 하다고 주장해왔다. 자유의 합리적인 형태와 공식화는 법률로 고정된다.

이 주장의 두 측면 모두 정당하다. 자유가 결여된 사회의 사람들에게 일상적인 교류 과정은 변화에 대한 큰 기대를 낳지 못할 수도 있다. 그러나 정반대의 오류는 가장 억압적인 사회에서도 사람들은 일상적인 관계와 사소한 변동, 상호 조정에서 아무것도 배우지 못한다고 가정하는 것이다. 이는 상호 존중의 경험의 경우에, 특히 억압적인 체제에서 더욱 들어맞는다. 커다란 법칙, 합리적인 설명이 결여된 상태에서 작은 행위가 타인의 가치를 인식한다는 신호를 보낼 수 있다. 너무 작아서 보이지 않는 행위이자 국가에 의해 너무 억압되는 행위 말이다.

19세기의 사회학자 에밀 뒤르켐은 후대 해석자의 말을 빌리자면, "사회적 응집은 한 개인이 완전성의 느낌을 획득하기 위해 항상 타인에게 의존하기 때문에 발생한다"고 믿었다.[31] 의존은 자기 자신의 불완전성을 가정한다. 완전성에는 자신이 이해하지 못할 수도 있는 타인의 자원이 필요하다.

불평등한 재능의 존중에 관한 뒤르켐 자신의 해답은 사회적 상호 작용의 복잡한 그물 속에서 모든 일은 균등하게 되며 모든 사람은 사회에 기여할 수 있는 특수한 뭔가를 갖고 있다고 주장하는 것이었다. 의존은 결국 상호 의존이 될 것이다. 이런 조건 아래서 타인에 대한 존중의 토대가 되는 자율성의 부여가 자유롭게 이루어질 수 있는 것이다.

카브리니를 보면서 나는 수많은 사회 복지사의 말처럼 로크와 같은 완고한 사상가들이 한편으로는 사람들이 유모 국가*의 손아귀에 사로잡혀 있다는 기본적인 사실을 은폐하면서 이러한 법칙을 어떻게 생각할지 쉽게 알 수 있다. 공영 주택 단지의 관리자들은 조금의 실제적인 자율성의 부여도 자신들의 책임으로 삼지 않았다. 게다가 자유주의적 주장이 갖는 활기의 어떤 측면은 인간의 특성에 관한 종종 순진하고 일차원적인 가정 때문에 약화되었다. 자유주의의 전통은 사적 영역에서 배운 인성의 교훈을 어떻게 공적 영역으로 이어갈 수 있는지, 그 과정에서 어떻게 진정한 심리학적 무게를 갖도록 정치학을 풍부하게 만들 수 있는지를 결코 이해할 수 없었다.

이는 의존에 관한 자유주의의 상상력에서 특히 그러하다. 의존은 사적인 면과 공적인 면을 갖는 양면의 동전처럼 나타났다. 한 측면에서 타자의 필요성은 존엄한 것으로 보이는 반면 다른 측면에서 보면 수치스러운 것으로 보인다. 자유주의의 시각에서 의존의 존엄성은 결코 가치 있는 정치적 프로젝트로 보이지 않았다.

나는 카브리니 단지 재건축 착수를 축하하는 기념식에 참석하기 위해 몇 년 전에 마지막으로 그곳을 찾았다. 도시의 날씨는 찬란하고 시원하고 밝았다. 깨끗하게 반짝이는 불도저들이 준비를 갖추고 주차되어 있었다. 주택 단지 위원은 연설을 통해 지역 사회를 다시 한번 새롭게 할 필요성을 환기하고 그때까지 남아 있던 입주자들

* 복지 국가를 경멸적으로 일컫는 표현

에게 도시의 다른 지역에 살 곳을 마련해주겠다고 약속했다. 그들은 이곳에서는 더는 살 능력이 없을 터였다. 불도저가 작업을 시작하는 순간 50년 동안의 결핍이 폐지될 수 있고, 이 황량한 기억이 도시의 의식 속에서 지워질 것만 같았다. 첫 번째 불도저가 어머니와 내가 살던 집으로 돌진하는 모습을 보는 순간, 나는 의존에 대한 참으로 수치스러운 '해결책'을 목도하는 듯 느꼈다.

5장

상처를 주는 동정

수녀와 사회주의자

시카고의 가장 유명한 사회 복지사인 제인 애덤스는 내 어머니 세대의 영웅이었다. 애덤스는 사회 복지를 여성의 전문적 직업으로 만드는 데 일조했다. 국제 사회주의 운동에 적극적으로 참여한 애덤스는 1931년에 노벨 평화상을 받았다. 그녀는 카브리니 그린이라는 명칭의 기원이 된 성자에 가까운 인물과 싸웠다. 프란체스코 자비에 카브리니는 1889년에 미국으로 이주해 온 이탈리아인 수녀로 미국의 가난한 이민자들의 우상이었다. 애덤스는 자제를 바탕으로, 자신의 동정심에 관해 침묵을 지키는 법을 배우는 것을 바탕으로 하나의 정책을 만들었다. 마더 카브리니가 보기에 이러한 침묵은 혐오스러운 것이었다.

19세기 당시 '빈민가 방문'은 종종 중간 계급 여성들의 취미였고, 가장 나쁜 경우에도 이들 여성은 빈민 여성들의 집으로 몰려가 육아나 의복 만들기, 요리 등(부르주아 가정에서 이런 일은 보통 방문자들 자신이 아니라 하인들의 몫이었다)에 대해 조언을 해주었다. 빅토리아 시대 자선의 역사를 연구한 거트루드 힘멜파브는 동정심을 정서적인 형태와 비정서적인 형태로 나누고 전자는 좋은 느낌을 목표로 하고 후자는 좋은 행위를 목표로 한다고 말했다.[1] 빈민가 방문은 정서적인 동정심이었다. 사회 복지를 전문적인 분야로 확립하려면 중간 계급 여성들이 정서적인 자선의 사고방식을 깨뜨려야만 한다고 애덤스는 믿었다.

마더 카브리니 또한 빈민가 방문을 개혁하고자 했다. 그러나 카브리니가 보기에 사회 복지사는 오로지 하느님을 섬기기 위해서만 빈민을 섬기는 존재였다. 미국을 향해 떠나기 전날 밤 마더 카브리니는 이렇게 공언했다.

"주여……. 제가 두 팔을 뻗어 주님께 드리는 선물로 세계를 끌어안을 수만 있다면 얼마나 좋겠습니까."[2]

이는 결국 전문가적인 태도라기보다는 정서적인 태도로 볼 수 있다. 그러나 1차 세계대전 전의 시카고에서 마더 카브리니식의 사회 복지는 현실적이라는 점이 입증되었다. 카브리니는 이민자 신도들이 무엇을 결여하고 있는지에 관해 아주 공공연하게 발언했다. 이민자들은 영어를 할 줄 몰랐고 교육도 전혀 받지 못했으며 위생 관념은 원시적인 수준에 머물러 있었다. 카브리니는 그들에게 교사와 의사, 그리고 돈을 제공했다. 카브리니는 이민자들을 부양해주었다. 그녀는 거의 드러내놓고 도움을 베풀었다.

자선의 연대기를 살펴보면 선善(힘멜파브의 표현을 빌리자면 '정서적인 동정심')에 대한 의심의 오랜 계보를 추적할 수 있다. 은혜를 베푸는 사람은 너새니얼 호손이 간결하게 제시한 이유('선행은 자만과 쌍둥이다[3]') 때문에 의심을 불러일으켰다. 19세기 영국에서 영향력 있는 조직이었던 자선 기구 협회의 모토는 '구호금이 아니라 친구를 주자'였다. 자선 기구 협회의 한 성원은 다음과 같이 이 모토의 의미를 설명한 바 있다.

> 오늘날 빈민에게 가장 필요한 것은 구호금이 아니라 진정한 우애를 통한 도덕적 지원이다. 교육과 경험, 영향력 그리고 생활에 관한 전반적인 지식이나 가정 경제에 관한 특수한 지식 등을 이용하여, 빈약한 자원을 가지고 최대한의 이익을 뽑아낼 수 있는 기회나 이해력, 요령이 없는 사람들에게 봉사하는 진정한 친구를 갖는 것 말이다.[4]

여기서는 한계가 있는 형제들을 돕는 '진정한 친구'에게 유리한 비교가 이루어지고 있다. 이러한 비교는 도움받는 사람들의 '빈약한 자원'을 일종의 무대 배경 막으로 만드는데, 진정한 친구는 이 배경 막에서 나와 무대로 걸음을 내디딘다.

애덤스는 무엇보다도 우선 동정의 행위가 도덕적인 이기심으로 변하는 것을 막아야 한다는 점을 알고 있었다. 애덤스는 시카고에 헐 하우스라는 사회 복지관을 만들었다. 사회 복지관은 영국에서 처음 생겨난 일종의 시민 회관으로 노동자들이 교육을 받고 음식을 배급받고 지역의 문제를 처리하는 곳이었다. 가장 유명한 사회 복지관은 1884년에 새뮤얼 바넷이 창설한 화이트채플의 토인비 홀이었는데, 이곳은 런던 이스트엔드*의 화이트채플 지역을 위해 활동했다. 제인 애덤스는 1887년에서 1889년까지 매년 이곳을 방문했다. 미국과 유럽 모두에서 사회 복지관은 빈민들을 위한 일종의 자발적인 복지 체계로 기능한 공제 조합들과 제휴를 맺었다. 이 공제 조합들은 보험의 역할도 했고 때로는 주택 구입을 위한 저당금을 제공하기도 했다.[5]

이러한 노력에서 사회 복지사들은 실제적인 조언자 역할을 했다. 사회 복지사가 주민들의 민주적인 결정을 압도하는 일은 전혀 없었다. 애덤스는 권위주의적인 자선 체제가 일으킬 수 있는 분노를 시카고에서 극적으로 목도한 바 있었다. 1894년의 풀만 파업 말이다.

철도 재벌이었던 풀만은 1880년대에 주택, 학교, 공원 등을 갖춘 노동자를 위한 도시를 조성했다. 일리노이의 풀만**은 로버트 오언이 자금을 마련해서 건설한 뉴 래너크의 노동자 공동체와는 전혀 달랐다. 일리노이의 풀만은 찰스 푸리에가 파리에서 건설하고자 한 생산자 공동체와도 달랐다. 이 도시는 노동 자체를 다시 계획한 것이 아니라 노동을 둘러싼 공동체에 불과했다. 그러나 어떤 이유에서인지 풀만은 자기 돈으로 도시를 건설했다. 그는 자선 때문에 거의 몰락

* 런던 동북부 템스강 북안에 있는 한 구역의 속칭으로 산업 혁명기부터 20세기 초까지 빈민가로 유명했다.

** 풀만의 이름을 딴 도시명

할 지경까지 이르렀다.

미국 노동사에서 가장 폭력적인 파업 가운데 하나인 1894년 파업 당시 풀만의 모범 도시 노동자들은 그와 그의 온화한 전제정 체제에 맞서 봉기했다. 1912년에 《서베이 매거진*Survey Magazine*》에 기고한 글에서 애덤스는 이 자본가를 셰익스피어의 리어왕에 비교하면서 노동자들의 분노를 설명하려고 했다. 반항적인 코델리아와 리어왕의 관계를 두고 애덤스는 다음과 같이 언급했다.

> 그로서는 자기 생각의 힘을 뛰어넘어 커나가는 아이를 조용히 바라보는 것이 불가능했다. (…) 자기 자식이 그 자신의 외부에 있는 어떤 원칙에 따라 움직인다는 것은 그에게는 처음 있는 일이었다.

풀만과 노동자들의 관계에 관해서 애덤스는 이 대기업가가 그들의 생각을 소유하기를 원했다고 말했다.[6]

돌봄과 통제 사이의 막에는 너무 구멍이 많아서 조금 건드리기만 해도 막이 찢어져버린다. 이러한 딜레마를 인식하고 있었던 애덤스는 자본주의적 자선가들 못지않게 사회주의자 자선가들에게도 양면적인 태도를 보였다. 1900년에 파리 대박람회에 참석한 애덤스는 "박람회의 노동 계급 주택 전시물 사이를 돌아다니면서 이 집들이 1894년에 시카고 전역을 (…) 휩쓴 폭력적인 열정에서 벗어나는 출구를 보여줄 수 있을 것이라고 기대했다".[7] 그러나 애덤스가 보기에 사회주의적 계획은 그 주창자들의 정치적 미덕을 찬양하며 리어왕이 직면한 문제를 구현하는 것에 불과한 듯 보였다. 이와 마찬가지로 애덤스는 영국의 페이비언 사회주의*자 비어트리스 웹에게도 의혹을 품었다. 제왕과도 같은 자신감에 차 있던 웹은 실제로 도움이 되는 것과 단지 그렇게 보이는 것 사이의 선을 넘어선 듯했다. 애덤스가 보기에 이는 웹이 결국에 가서는 조지 풀만이 그러했듯이 자신이 대변하는 대중에게 거부당할 것이라는 전조였다.

이러한 이유 때문에 애덤스는 자신이 창설한 사회 복지관에서 일하는 사회 복지사는 무대 전면에 나서기보다는 뒤에서 일해야 한다고 주장했다. 현대의 기업 컨설턴트처럼 행동하라는 것이었다.

제인 애덤스에게 마더 카브리니가 크게 거슬리는 존재였던 이유는 카브리니에게는 그러한 자제의 필요성이 전혀 없는 것처럼 보였기 때문이다.

프란체스코 카브리니는 이탈리아의 작은 마을에서 평신도 교사로 출발했다. 젊은 시절 수녀가 되고자 청원을 했지만 두 번이나 거부당했다. 교회 측은 카브리니가 수도원 체계의 바깥에서 일하기를 원했다. 카브리니는 전형적인 타입의 단순하고 훌륭한 수녀에 어울리지 않았다. 그녀는 평생 우울증과 신앙에 대한 회의로 고통받았다. 1883년에 보낸 한 편지에서 카브리니는 "주님에게서나 수녀원의 상급자들에게서나 내게 필요한 위안을 찾지 못한다"고 썼다.[8] 행동이야말로 그녀의 우울증을 치료하는 해독제였다. 관리 능력이 있었던 카브리니는 미국에서 새로운 모험을 벌이는 데, 즉 고향을 등진 수많은

* 의회 민주주의에 의한 점진적 사회주의

이탈리아 농민 출신 이민자를 상대로 목회를 조직하는 데 적합한 듯 보였다. 카브리니는 마침내 이러한 목적을 염두에 두고 조직된 수녀단에 들어갈 수 있었다.

마더 카브리니는 1889년에 시카고에 도착했다. 이 수녀의 가슴 속에 어떤 의혹이 자리 잡고 있었건 간에, 그녀의 전기를 쓴 작가의 표현을 빌리자면, 그녀는 "언제나 교회에 충성을 다하는 딸이었다".[9] 미국 각 지역 성당과 교구 부속 학교에서 카브리니는 로마에서 정한 규칙을 엄격하게 따르면서 활동했다. 중앙 당국에 순종한 마더 카브리니는 시카고의 가톨릭계 신문인 〈신세계*The New World*〉를 통해 헐 하우스와 제인 애덤스의 관용적인 태도가 해악을 불러온다고 비난했다. 〈신세계〉는 또한 노동조합이 사회주의적 전복 활동의 위험한 도구라고 공격하면서 파업은 하느님의 뜻에 도전하는 행위라고 주장했다. 교회의 입장에서 볼 때 동정심은 순수하게 친절한 행위가 아니었고 또한 반란의 토대도 아니었다.

얼마 지나지 않아 가톨릭 학교의 교육 수준이 시카고의 공립 학교들을 앞질렀다. 또한 교회에서 조직한 공제 조합이 사회 복지관에서 만든 것들보다 훨씬 강력한 힘을 발휘했다. 마더 카브리니의 이름을 딴 주택 단지에서 어린 시절을 보내면서 나는 이와 같은 엄격하고 위계적인 질서의 흔적을 느낄 수 있었다. 글로리아 헤이스를 비롯한 많은 이웃이 수녀들이 운영하는 학교를 다녔는데, 이 수녀들은 헐 하우스 모델에 입각한 협동적인 참여보다는 규율과 질서가 교육의 본질이라는 마더 카브리니의 주장을 그대로 이어받고 있었다. 그리고 비록 위계제와 동정심 사이의 연결을 혐오하기는 했지만, 제인 애덤스 역시 적어도 교육에서는 교회의 방식이 더욱 뛰어나다는 점을 기탄없이 인정했다.

물질적인 측면은 덜했지만 애덤스를 더욱 곤란하게 만든 것은 마더 카브리니가 구사하는 동정심의 언어였다. 종교적인 황홀경을 혐오했다는 점에서 애덤스는 참으로 마르크스의 후예였다. 애덤스가 보기에 종교적인 황홀경은 수많은 세속적인 악을 신앙이라는 천막 아래로 쓸어 넣는 방식이었다. 마더 카브리니는 실제로 하느님의 사랑을 말하면서 동시에 하느님에게 복종할 필요성을 언급했지만, 이렇게 하면서 그녀는 자신이 자선을 베푸는 모든 이민자(이탈리아인뿐만 아니라 폴란드인과 아일랜드인들까지)에게서 강렬한 애정을 이끌어냈다. 이에 대해서는 개인적인 설명뿐만 아니라 신학적인 설명도 있을 수 있다. 죄악에 관한 종교적 언어는 모든 인간에게 동일하게 적용되며, 가난한 사람들만을 골라내 낙인을 찍지 않는다.

민주적인 참여의 신봉자였던 애덤스는 다른 사람들을 돌보는 일에 침묵을 지킬 수밖에 없었다. 동정심을 감상의 영역에서 떼어낸 애덤스는 동정심에 관해 말하지 않았다. 그리고 이러한 침묵은 정치적 결과를 낳았다. 애덤스는 가톨릭교회가 실질적인 선행을 베풀고 있는 상황에서 교회에 '온정주의'라는 딱지를 붙이는 것만으로는 아무 관심도 끌지 못할 것이라는 점을 알고 있었다. 그러나 신중한 태도 역시 대중을 일깨우지는 못한다.

시카고에 뿌리를 내리고 있기는 했지만 애덤스는 진정한 세계인이었다. 그녀는 다른 사회 복지관 주창자들과 마찬가지로 사회 복지관을 통해 출신 국가, 인종, 민족 등의 차이를 가로질러 적용할 수 있는 사회 참여 모델을 제시할 수 있다고 믿었다. 반면 마더 카브리니는 자신이 운영한 자선 단체를 통해 특정한 사회적 차별 문제, 즉 이민자들의 이중적 정체성에 초점을 맞추었다. 말년에 쓴 글에서 카브리니는 젊은 이민자들에게 "이탈리아인이라는 사실을 부끄러워하지 않도록" 하면서도 다른 한편으로 "그들을 받아들이는 나라에 그들이 위험 요소가 아니라는 점을 입증"할 수 있도록 이민자들을 교육하고자 한다고 썼다.[10] 위계적인 지도를 하지 않는다면 가난한 이민자들이 이러한 두 힘을 균형 있게 유지할 수 있는 수단은 전혀 없었다.

아마 수녀와 사회주의자는 서로를 결코 이해하지 못했을 것이다. 마더 카브리니가 보기에 애덤스의 냉정한 태도는 헐 하우스가 사회주의적 전복 활동을 위한 수단이었던 것과 마찬가지로 일종의 중간계급의 오만에 불과했다. 반면 산업화된 시카고의 벌거벗은 자본주의에 갇혀 있던 가톨릭적인 동정심의 요소들(연민, 겸손, 죄악)은 제인 애덤스의 눈에 지겨운 것으로 비쳤다. 이러한 요소들은 기껏해야 이탈리아 농민들이 자국에서 고통받은 것과 같은 종류의 체념과 수동성만을 낳을 뿐이었다.

〈신세계〉 자체가 가톨릭교회 내부의 커다란 갈등의 한 극단을 대변했다. 기독교 사회주의라는 용어 자체가 모순인지의 문제를 둘러싼 갈등 말이다. 마더 카브리니와 그녀의 추종자들이 보기에 그것은 모순이어야만 했는데, 사회주의야말로 사회 질서의 적이기 때문이었다. 가톨릭 노동자 운동에 속한 도로시 데이를 비롯한 다음 세대의 가톨릭 사회 복지사들에게 사회주의는 자발적인 가난과 교회의 위계를 초월하는 약자 및 억압받는 자들과의 일체감이라는 영적인 충동과 일치하는 것이었다. 바로 여기에 미국뿐만 아니라 라틴 아메리카에서도 20세기 내내 가톨릭 좌파를 괴롭힌 어려운 문제가 자리 잡고 있었다. 급진적인 성직자들은 어린 양을 돌보는 목자인 동시에 자기를 내세우지 않는 상담자가 되고자 했다.

철학자 나탄 스나이더는 "유대 없이는 (…) 동정심"이 결코 있을 수 없다고 말한다.[11] 그러나 사회 복지의 기원을 살펴보면 동정심과 유대의 관계는 모호하다. 마더 카브리니가 주창한 가톨릭적 복종은 명백한 종류의 유대에 이바지했고('우리 모두는 하느님의 신민이다') 따라서 거리낌 없이 보살핌을 표현할 수 있었다. 그에 반해 좀 더 민주적인 형태의 유대는 자발적인 성격이 덜하고 주저하는 쪽이다. 불평등이라는 문제가 끼어드는 것이다. 가난하지 않은 누군가가 가난한 사람들과 유대하는 것은 생색내는 듯한 태도를 보일 위험이 있으며, 또는 보다 기본적으로는 그에게 가난하거나 불우한 사람들 사이에 있을 만한 정당한 자리가 있는가 하는 문제가 제기된다. 불평등이 유대를 어지럽히는 상황에서 '당신을 돕고 싶다'는 언명은 적대적인 반응을 불러일으키기 쉽다. 또는 마치 우물에 대고 소리를 지르는 것처럼 아무 대답도 없이 메아리만을 듣게 될 것이다.

제인 애덤스 같은(나중에는 우리 어머니 같은) 사회 복지사들을 괴롭힌 것은 바로 이와 같은 불평등한 사람들 사이에 있는 유대의 모호성이었다. 실제로 사회 복지사들은 그들의 동기를 두고 종종 오해를 받았다. 미국의 많은 노동 운동가가 애덤스를 체제 전복자라고 비난했다. 그렇지 않다면 도대체 왜 빈민굴에서 평생을 보내겠는가, 라고 말이다.

시카고에서는 역사적으로 볼 때 민권 운동 내부의 긴장에 앞서 동정심과 유대 사이의 의문스러운 관계가 존재했고 백인과 흑인 사이의 불안한 관계의 틀이 만들어졌다. 마더 카브리니와 마찬가지로, 공통된 종교라는 이름 아래 협력한 사람들에게는 자아와 타자의 이러한 모호한 분할 사이에 다리를 놓을 수 있는 자원이 있었다. 천상의 하느님을 섬기면서 그러한 분할을 건널 수 있었던 것이다. 그러나 흑인과 유대인 사이, 즉 세속적인 개인들 사이에 놓인 사회적 차별은 건널 수 없었다.

민주적인 조직보다는 위계적인 조직에서 보살핌의 경험을 얻기가 쉽기 때문에, 보수주의자들은 위계적인 보살핌이 내용 측면에서 더 우월하다고 주장하는 경향이 있다. 모든 당사자의 규칙과 의무, 행동이 명쾌하기 때문이다. 이는 가장 쉬운 것이 최선이라고 주장하는 것과 같다. 이보다 비공식적인 형태의 보살핌은 사실 하나의 투쟁인데, 다름이 아니라 현대 사회에서 평등 자체가 파괴적인 힘이라는 것이 입증되었기 때문이다. 프랑스 혁명 이래 줄곧 평등주의적인 유대의 교의야말로 사회적 억압에 대한 위대한 시금석 가운데 하나라는 게 드러났다. 이러한 위험이 구체제의 지속을 뒷받침한다고 볼 수는 없지만, 평등의 이데올로기를 동정적인 행위로 전환하고자 한 사람들은 평등에 담긴 정치적 위험성이라는 도전을 받아왔다. 그들은 경제적으로나 사회적으로 자신들과 평등하지 않은 사람들에게 가할 수도 있는 위해에 직면할 수밖에 없었다.

어머니는 사회 복지를 "어딘가 아주 가깝지만 자신의 힘이 미치지는 않는 곳에서 중요한 일이 벌어지고 있다는 느낌"으로 실천하고자 하는 바람을 설명하면서 이러한 난관을 잘 표현해주었다. 이 구절에서 핵심적인 표현은 '자신의 힘이 미치지는 않는 곳'이다.

너그러운 나눔과 기독교적 사랑

몇몇 생물학자는 이타주의가 인간 유전자에 기입되어 있다고 주장한다. 다른 사회적 동물들처럼 우리 역시 서로 협력하지 않는다면, 타인에게 무언가를 받을 뿐만 아니라 주지 않는다면 멸망할 것이다. 그러나 준다는 행위 자체에 반드시 협력 활동의 적극적인 책임이 동반되는 것은 아니다. 다른 사람들에게 무엇을 주는 행위는 그들을 조종하는 방편일 수 있으며, 또는 우리 자신 속의 무언가를 확인하고자 하는 보다 개인적인 욕구에 이바지하는 것일 수도 있다. 조종이라는 형태로서 주는 행위는 서구의 자선 역사 속에서 너그러운 나눔largesse이라는 범주에 속한다. 반면 더 개인적이고 반사적인 형태로서 주는 행위는 기독교적 사랑caritas이라는 범주에 속한다.

장 스타로뱅스키는 프랑스어에서 유래한 영어 단어인 'largesse'의 어원을 남아도는 풍요한 상태를 뜻하는 라틴어 largitio와 largus로 추적하고 있다.[12] 조르주 바타유는 너그러운 나눔을 멕시코 신화에서 묘사되는 압도적인 자양분인 빛과 같은 천지 만물의 풍요로 바라보며, 또한 인간이 소유하거나 통제할 수 없는 부富로 너그러운 나눔을 상상한다("마치 바다로 흘러가는 강처럼 그것은 우리의 영향을 받지 않는다."[13]) 장 폴 사르트르는 바타유의 이미지를 정치적 설명으로 바꿔놓으면서 좋은 사회란 결핍에서 벗어난 사회라고 주장했다. 워즈워스에게 정신의 너그러운 나눔은 세속적인 풍요를 함축할 필요가 없다. 워즈워스는 자선의 의무를 단순히 실행하는 사람들과 컴벌랜드의 걸인에게 아낌없이 베푸는 가난한 이웃 사람을 대비시킨다.

(…)스스로도 궁핍한 생활에
짓눌리고 있지만, 그녀는 저장해놓은 곡식 가루에서
크게 한 줌 집어내
이 늙은 동냥아치의 보따리에 넣어준다[14]

이 모든 사례에서 너그러운 나눔은 아낌없는 마음씨를 상징한다. 이는 적극적인 충동이다. 정신의 너그러운 나눔은 무언가를 주려는 충동, 단순하고 자연스러운 이타적인 행위를 뜻한다.

그러나 너그러운 나눔에는 다른 사람들을 조종하고 매수할 수 있는 능력이 담겨 있다. 수에토니우스는 흥청망청 너그러운 나눔을 베푸는 로마 황제 네로를 다음과 같이 묘사했다.

매일 백성들에게 온갖 종류의 하사품이 내려졌다. 하사품 목록에는 매일 온갖 종류의 새 천 마리와 여러 종류의 음식, 곡물, 의복, 금, 은, 보석, 진주, 그림, 노예, 짐 나르는 짐승, 그리고 심지어 길들인 야생 동물까지 들어 있었다.[15]

아르토는 '거세된 백성들에게 먹을 것을 주는' 헬리오가발루스

황제의 모습을 상상한다.

> 고래기름과 적포도주, 향유, 더없이 값비싼 향수 등이 끝을 모르는 관개 사업과 함께 헬리오가발루스의 관대함을 둘러싸고 있다.[16]

그리고 라 보에시가 너그러운 나눔과 노예 같은 굴종을 연결한 것은 바로 이러한 고대의 사례를 통해서였다.

> 전제 군주들은 너그러운 나눔을 베풀 것이며 (…) 그러면 모두가 한치의 부끄러움도 없이 '국왕 폐하 만세!'라고 외칠 것이다.[17]

그러나 너그러운 나눔에 관한 스타로뱅스키 자신의 생각을 체계적으로 정리해준 주된 이미지는 루브르 박물관에 있는 코레조의 그림 한 점인데, 이 그림은 겉으로 볼 때 아무 계산도 없이 거침없이 그은 선으로 가득 차 있는 것으로 코레조의 그림 가운데 가장 딱딱하지 않은 것이다. 그림은 왼쪽 모서리 너머에 있는 한 인물에게 선물을 내미는 여성을 묘사하고 있는데, 오른쪽 상단에 자리 잡은 그녀의 얼굴은 평온한 사랑으로 충만해 있다. 이 인물은 아담에게 독이 든 사과를 건네는 이브다.

너그러운 나눔의 두 가지 측면은 모든 복지 체제의 심장부에 있는 행위(선물하기)의 두 극단을 구현한다. 한 극단에는 아낌없이 베푸는 선물이 있고 다른 극단에는 조종을 목표로 하는 선물이 있다. 전자는 다른 사람에게 뭔가 결여되어 있다는, 그들에게 뭔가 필요하다는 사실 자체에 초점을 맞추는 인성의 측면을 구현한다. 후자는 이러한 사실을 다른 사람을 지배하는 권력을 획득하려는 수단으로만 활용한다. 코레조가 이브를 해석한 것처럼 유혹하는 선물을 내미는 것이다.

기독교 저술가들은 주는 행위를 완전히 다른 형태로 파악했다. 기독교적인 사랑은 선물을 주는 것을 통해 선한 사람이 되는 것을 의미한다. 증여 행위가 죄악을 저지르려는 성향과 싸우는 것이다. 선물의 가치는 무의미하며 심지어 어떤 경우에는 선물이 타인에게 도움이 되는지도 무의미하다. 비기독교인들이 보기에 이런 내부 지향적 상태는 종종 당혹스럽기까지 하다.

기독교적 사랑에 당혹감을 느낀 현대의 비기독교인 가운데 저명한 인물로 정치 철학자 한나 아렌트가 있다. 1929년에 쓴 성 아우구스티누스에 관한 초기 에세이에서 아렌트는 처음으로 기독교적 사랑에 관해 언급했다. 이 글은 학자적 중립성을 담은 것이라고 보기 어렵다. 제인 애덤스가 그러했듯이, 아렌트는 기독교 윤리가 사회 개혁을 가로막고 있다고 생각했다. 두 여성은 닮은 점이 상당히 많다. 아렌트 역시 1930년대에 히틀러 정권을 피해 도망 나온 난민들의 문제를 다루는 시온주의 조직에서 몇 년 동안 사회 복지사로 일했다. 애덤스는 가톨릭교회의 자선에 담겨 있는 사회적 위계를 비판했다. 아렌트는 기독교의 기본 교의 자체를 의심했다. 아렌트는 부분적으로는 성 아우구스티누스에 관한 사고에 기인하는 정신적 의구심을 지닌 채 사회 복지에 접근했다.

성 아우구스티누스는 어떤 특정한 이웃에게 따뜻한 감정을 품는 것과는 아주 다른 방식으로 이웃에 대한 사랑을 이해한다. 아렌트가 그의 《고백록》에서 한 구절을 바꿔 말하고 있는 것처럼, 이 기독교 철학자는 "나는 그 사람 자신이 아닌 (…) 그 안의 무언가를 사랑한다"고 믿었다.[18] 이웃은 어떤 특정한 개인으로서가 아니라 오로지 하느님과의 관계 속에서만 바라보아야 하는 누군가다. 이번에도 역시 아렌트는 우아한 공식을 제시한다.

> 기독교인은 모든 사람을 사랑할 수 있는데 그 이유는 각각의 사람은 오직 기회에 불과하기 때문이다. (…) 적, 그리고 심지어 죄인조차도 (…) 사랑을 발휘할 수 있는 기회에 불과하다. 이와 같은 이웃에 대한 사랑에서 실제로 사랑받는 사람은 이웃이 아니다. 사랑 그 자체다.[19]

여기서 인상적인 표현은 타인들이 '기회에 불과하다'는 것이다. 기독교적 사랑은 상대방을 아는 것보다는 사랑을 아는 것과 관련된다.

아렌트의 설명 속에는 기독교 윤리에 매우 중요한 겸손, 즉 예수가 산상 수훈을 통해 권고한 것과 같은 종류의 겸손이 부재한다는 사실을 지적해야겠다.

> 사람에게 보이려고 그들 앞에서 너희 의를 행하지 않도록 주의하라 (…) 너는 구제할 때에 오른손이 하는 것을 왼손이 모르게 하여 네 구제함을 은밀하게 하라[20]

그러나 아렌트는 '선행은 자만과 쌍둥이다'라는 너새니얼 호손의 말처럼 노골적인 주장을 펴지는 않는다. 아렌트가 이의를 제기하고자 하는 바는 증여를 통해 자아를 변형하려는 기독교의 욕망이다.

기독교에서 생각하는 (메마르고 공허하기 그지없는) 사막과도 같은 세상에서 동정심은 자아의 결핍을 메워준다. 이런 점에서 선한 사람이 된다는 것은 반사적이고 자기 관여적인 행위다. 동정심이 없다면 우리는 아무것도 아닌 텅 빈 존재가 된다. 아우구스티누스 자신도 "나는 나 스스로에게 의문스러운 존재가 되었다"라고 말했다.[21] 타인에게 무언가를 주는 능력을 발달시키는 것은 내면에 무엇이 잠재되어 있는가, 라는 의문에 답하는 데 도움을 준다. 물론 죄악으로 가득한 우리의 상황에서 무언가를 준다는 것은 탐욕에 맞서 싸우는 것이지만, 산상 수훈과 〈마태복음〉 곳곳에서 증여 행위는 그것을 넘어서는 무언가로, 즉 다른 종류의 인간이 되는 것을 탐구하는 일을 가능케 만드는 행위로 나타난다. 자신이 주는 선물이 타인에게 얼마나 가치 있는 것인가를 재는 행위는 타산적일 뿐만 아니라 요점을 벗어난 것이다.

아렌트가 향하는 실제적인 방향은 명확하다. 현대의 어떤 복지국가도 이와 같은 기독교의 원칙에 근거하여 작동해서는 안 된다는 것이다. 복지의 목표는 수혜자에게 도움을 주는 것이다. 시혜자의 감정이 관여해서는 안 된다. 내가 노년의 철학자가 된 아렌트를 알게 되었을 때 그녀가 자신의 이전 직업에 대해 그토록 신랄하게 말한 것은 이 때문이기도 하다. 아렌트는 사회 복지사들은 자기 치료에 열중하는 사람들로서 그와 같은 자기 관여를 포기하지 않는 이상 '왜 나를 돕는 겁니까?'라는 질문에 답할 수가 없다고 생각했다. 아렌트가 생각하는 최선의 사회 복지는 어떤 주관적인 관계도 포함하지 않는 회계상의 거래일 것이다.

정확한 설명인지의 여부와는 무관하게, 아렌트가 성 아우구스티누스에게 보인 반응은 우리를 잠시 멈추게 해 세속적인 복지 국가의 기본 원칙을 정의하게 만든다. 동정심 없는 시혜 말이다. 도대체 이것은 무슨 의미일까?

동정심 없이 타인을 돌보기

오늘날에는 다양한 방식으로 '기본 소득 보장 정책'을 옹호하는 여러 무리의 정력적인 복지 개혁가가 아렌트의 입장을 취하고 있다. 내 생각에 이들 모두는 국가가 국민에게 삶을 영위하는 데 필요한 돈을 주어야 하며 국민 스스로 적절하다고 생각하는 삶을 살도록 해주어야 한다는 신념을 갖고 있다.

이것이 가능한 가장 단순한 형태는 젊은이들에게 교육이나 주택 구입, 또는 단지 훗날에 대비한 저축에 필요한 돈을 지급하는 것이다. 이는 미국의 법학자 브루스 애커먼이 제시한 안으로 현재 영국에서 법률로 시행되고 있다. 더 급진적인 제안들은 진정한 소득 지원을 담고 있다. 네덜란드의 복지 개혁가 판 파레이스와 독일의 사회학자 클라우스 오페는 국가가 교육이나 의료를 받는 데 충분한 소득을 원하는 모든 시민에게 이를 지급해야 한다고 주장한다. 기본 소득은 한 개인의 일생 동안 계속 보장되며 따라서 국가 연금을 대체한다. 가장 급진적인 제안은 어떤 개인이 필요한지와는 무관하게 모든 사람에게 기본 소득 보조금을 지급해야 한다는 것이다. '생활 보호를 위한 소득 조사' 자체가 없어지게 되는 것이다.[22]

이러한 제안들에 담겨 있는 경제학을 살펴보지 않더라도(적어도 영국과 독일에서는 설득력 있는 수치가 나오는데, 실업자 지원을 비롯한 복지 예산이 크게 줄어들기 때문이다) 이들의 사회적 논리는 인상적이다. 자유주의 복지 개혁과는 달리, 이 제안들은 재정적 원조를 위해 국가에 크게 의존하는 상태를 그리고 있다. 그러나 자유주의 복지 개혁과 마찬가지로 이 제안들 역시 모든 정서적인 부조를 제거하고 복지 국가에서 의존의 주관적 측면을 최소화하고자 한다. 대면적인 인간적 상호 작용으로서의 '복지'란 이제 사라지는 것이다. 증여는 이제 더는 개인적인 증여가 아니다. 이제 사람들은 재무부 컴퓨터에 감사를 표해야 할 것이다.

돌봄을 제공하는 행위에서 동정심을 제거한다는 것은 사회적으로 어떤 의미를 갖는 것일까? 애커먼과 오페의 제안은 절대적 평등이라기보다는 물질적 궁핍의 종식을 목표로 삼고 있다. 그들은 이와 같은 소득 보장이 사람들을 사회적으로 더 평등한 존재로 만들어 진정한 상호 존중의 가능성이 높아질 것이라고 믿는다. 이와 가장 가까운 실제 세계로는 복지 국가가 건재하던 20세기 중반의 스칸디나비아 국가들을 들 수 있을 것이다.

나는 그들의 말을 믿고 싶지만 손을 다친 경험이 이를 가로막는다. 수술을 받을 당시 나는 수술에 책임질 사람을 원했다. 의사의 이름을 알고 싶었고 그에 관해 알고 싶었다. 나의 삶은 신체의 어떤 기능에 불과한 것이 아니기 때문이다. 그리고 손 수술이 실패로 돌아갔을 때, 나는 그것을 의사의 문제로 돌리고자 했다. 의사의 기술이 실패로 돌아간 뒤 그는 자기 자신에 관한 영혼 탐색으로 내몰려야 했고, 실제로도 그러했다.

비개인적인 돌봄은 인간의 조건에 관한 매우 비관주의적인 견해다. 이는 사람들이 타인을 개인적으로 돌볼 때 상처를 주기 쉽다는 가정에 뿌리를 두고 있으며, 따라서 곤궁에 대한 판단과 반응에서 인간적인 요소들을 제거하고자 한다. 하지만 만약 내 손을 수술한 의사가 내 이름을 알지 못했다면, 내가 음악가라는 사실을 알지 못했다면, 그에게 내가 단지 한쪽 손에 불과했다면, 자신의 일에 대해, 자신의 능력에 대해 다시 생각해야만 할 필연적인 동기가 있었을까?

내 생각에 아렌트 자신은 아우구스티누스가 염두에 둔 것과 같은 자기 탐색과 자기 변모를 파악할 수 없었다. 죽은 이를 애도하는 것에 관해 생각해보면 이를 완전히 세속적인 언어로 전달할 수 있다. 애도는 도저히 어쩔 수 없는 개인적인 상실감으로 시작된다. 그러나 시간이 지나면 사람들은 한 사람에 대한 사랑을 다른 사람에게로 돌릴 수 있다고 느낀다. 이와 마찬가지로 애도하는 사람은 누군가를 잃었다는 사실이 자기 내면에 무엇을 남기는지를 깨닫는다. 사랑 자체를 알게 되는 것이다. 이것이야말로 하나의 이야기처럼 전개되는 과정으로서의 애도다. 사랑은 그 대상에서 분리되지만, 사랑 자체는 그대로 남는다.

성 아우구스티누스를 읽은 뒤 돌봄을 동정심에서 분리하면서 아렌트는 그녀 자신의 정치적 신념의 경로를 확고하게 설정했다. 제인 애덤스가 그러했듯이, 아렌트는 특히 연민의 이름으로 주어지는 자선을 혐오하게 되었다. 빈민이나 약자에 대한 연민의 이면에는 멸시가 자리 잡고 있다. 아렌트는 마더 카브리니를 움직이는 동기였던 신학 이론, 즉 사람은 누구나 죄인이라는 기독교의 관점을 받아들이지 않았다. 아렌트에게 연민에 대한 혐오감은 특히 유대교적인 틀을 갖고 있었다. 아렌트는 젊은 시절 신봉한 시온주의를 평생 버리지 않았다. 그녀는 팔레스타인 땅을 되찾기만 한다면 유대인들이 연민의 대상이자 희생자로 대접받지 않을 것이라고 믿었고 또 그렇게 되기를 바랐다. 결국 유대 국가가 팔레스타인 사람들을 다루는 방식을 비판하는 인물이 되었는데도 말이다.

아우구스티누스의 교의에 대한 젊은 시절의 비판은 페미니즘과의 관계에도 영향을 미쳤다. 아렌트가 보기에 페미니즘은 그녀가 기독교적인 동정 행위로 바라본 자기 관여와 자기 탐색에 지나지 않았다. 아렌트가 활동하던 시대의 미국 페미니즘은 사실 종종 신앙 고백적이고 의식 고양에 집중하는 다양한 활동을 했지만, 이런 활동은 그녀의 취향에는 맞지 않았다. 그러나 주관적인 동정심과 젠더의 관계는 이런 상태로 남겨놓기에는 너무도 중요한 문제다.

아렌트의 비판은 아우구스티누스의 사상에 담긴 성모 마리아의 존재를 보지 못한다. 중세 시대의 성모 마리아 숭배는 역병이 횡행하던 때, 즉 이기심에 따른다면 다른 사람들과 접촉하지 말았어야 하는 때에도 사람들이 서로를 돌보게 만들었다. 역병은 주로 도시에서 일어난 현상이었고, 근대 과학이 탄생하기 전인 당시에도 사람들은 살기 위해서는 도시에서 도망쳐야 한다는 사실을 알고 있었다. 그러나 성모 마리아를 숭배하던 사람들은 거리에 그대로 남아 병자들을 돌보고 주검을 치우고 건강을 회복시킨다는 약초 다발을 건물 주변에 뿌렸다(동정심에서 우러나온 이러한 행위는 사상자 수를 늘리는 결과만을 낳았다).

성모 마리아는 이중적인 이미지를 가지고 있는데, 캐롤린 바이넘의 말에 따르면 하나는 아낌없이 돌봄을 베푸는 어머니의 이미지고 다른 하나는 아들의 죽음으로 슬픔에 압도당한 어머니의 이미지다. 두 번째 이미지는 동정심의 연대기에서 첫 번째로 중요했다. 성 아우구스티누스를 비롯한 초기의 교부들은 '그리스도의 성육신', 즉 보통 사람은 헤아릴 수조차 없는 하느님의 고난의 교의를 설교한 바 있다. '그리스도의 모방'에 바탕을 둔 중세 시대의 대중 운동은 성모 마리아의 슬픔을 본받은 것으로, 보통 사람들이 감정 이입을 통해 그리스도의 육신의 고난을 느낄 수 있으며, 따라서 그리스도에게 가깝게 다가갈 수 있고 이를 확대하면 서로에게 가깝게 다가갈 수 있다고 생각했다. 조르주 뒤비의 설명에 따르면, 그 결과 기독교는 공동체를 한데 결합해 "한 민족의 종교로서 모든 외관을 갖추게 되었다".[23]

이와 같은 대중적인 기독교 운동에서 동정심은 '성별화'되었지만 그럼에도 남성과 여성 모두를 포괄하는 것이었다. 고전적인 자유주의는 최초의 모성적 광경의 공포와 유사한 무언가를 느낀 반면, 현대의 페미니스트 심리학자들은 성모 마리아의 길을 좇아왔다. 비록 그들이 구사하는 언어가 처음에는 이 길과 단절되는 것처럼 보이기는 하지만 말이다. 페미니스트 심리학자들은 현재와 같은 상황에서 동정심의 경험 측면에서 여성이 남성과는 다른 발달 경로를 따른다고 주장하고 있다.

바로 이러한 정신 때문에 낸시 초도로우는 "소녀들은 타인의 욕구나 감정을 자신의 것으로 경험할 수 있는 강력한 토대를 갖추고 (사춘기를) 벗어나며" 따라서 내가 인성이라 지칭하는 것은 여성들의 몫으로 남겨지는 것처럼 보인다고 주장한다. 초도로우는 또한 소녀들이 "같은 성별에 의해 잉태되기" 때문에 "소년들보다 스스로를 덜 차별화된 존재로 경험하고 외부의 대상 세계와 더욱 지속적인 관련을 맺게 된다"고 주장한다.[24] 캐럴 길리건에 따르면, "여성들은 인간관계의 맥락에서 스스로를 규정할 뿐만 아니라 돌봄의 능력에 의거하여 스스로를 판단한다".[25]

이러한 주장은 하나의 전형으로서는 아무 의미가 없을 것이다. 사실 이렇지 않은 여성이 많기 때문이다. 그러나 두 저자는 여성적 동정심이 발달 가능성을 표상한다고 주장한다. 어떤 남성이나 여성이 타인에게 매우 민감한 존재로서 아동기를 벗어나면, 사회는 그 사람의 인성에 여성적이라는 딱지를 붙일 것이다.

아렌트는 이를 받아들이지 않을 터인데, 왜냐하면 기독교적 사랑에 대한 초기의 비판 이후에 그녀는 자아의 문제에서 해방된 공적 영역을 상상하는 평생의 탐구를 시작했기 때문이다. 그녀의 뒤를 따라 기본 소득 보장을 주창한 많은 후계자와 마찬가지로, 아렌트는 인간의 정신이 집단적인 무질서의 주된 원천이라고 믿었다.《혁명론》에서 아렌트는 심리학이 현대의 정치를 불구로 만든다고 주장했다. 그 대신 필요한 것은 낯선 사람들 사이의 유대였다. 아렌트의 저작에서 '세계애love of the world'가 종종 하나의 이미지로 두드러지기는 했지만, 여기서 '사랑'이란 성 아우구스티누스나 캐럴 길리건과는 완전히 다른 의미를 띠는 것이었다. 아렌트의 마지막 에세이 《의지*Willing*》를 평한 두 필자가 지적한 것처럼, 세계애란 "분명한 외부의 중재가 전혀 없는 내적인 구속력"을 뜻하며 자아나 하느님을 함축하지 않는 것이었다.[26]

동정심 없는 돌봄은 냉정하고 무정한 상호 존중인 듯 보이며 따라서 메리 매카시가 이 철학자와 주고받은 서신에서 전한 한 사건을 언급하는 것도 부적절한 일은 아닐 것이다. 1970년에 아렌트의 남편이 죽은 지 3주 뒤에 시인인 W. H. 오든이 갑자기 그녀에게 결혼을 청했다. 오든은 약물과 술로 나락으로 떨어진 상태였고, 얼마 전에 오랜 연인인 체스터 칼먼에게 버림받은 뒤였다. 아렌트는 단번에 오든의 프러포즈를 뿌리쳤다. 매카시에게 보낸 편지에서 아렌트는 이렇게 썼다.

> 나는 연민을 혐오하고 싫어합니다. 그리고 생각건대 나는 이 정도로 내 연민을 일으키는 사람을 본 적이 없습니다. (…) 그가 내게로 와서 안식을 청했을 때 나는 그를 돌보는 일을 거부했습니다.[27]

아렌트는 냉정하지 않다. 오히려 그녀는 오든을 경멸하고 싶지 않을 뿐이다. 그녀는 연민을 느낀다는 이유로 한 명의 인간이자 시인으로서 그에 대한 경멸을 품지 않기를 바랐다. 이와 같은 사랑 없는 존중은 제인 애덤스가 직면한 것과 똑같은 어려운 문제였다.

동정심 없는 돌봄의 마무리 장으로 흔히 '동정 피로'라고 불리는 문제를 고려해보고 싶은 마음이 든다.

동정 피로

'동정 피로'는 고통스러운 현실이 계속되면서 우리의 공감이 소모되는 것을 말한다. 고문의 희생자들, 전염병으로 목숨을 잃는 수많은 사람들, 홀로코스트의 어마어마한 규모 등이 우리의 감정에 많은 것을 요구한 나머지 결국 우리가 느끼기를 중단하는 것이다. 동정심은 화재처럼 다 타버리고 만다.

동정 피로는 또한 심리 치료식 복지 국가를 비판하는 사람들에 의해 보다 비개인적인 방식을 추구해야 하는 이유로 거론되기도 한다. 자원봉사 단체에서 일해본 사람이라면 누구나 증명할 수 있듯이, 이 견해에는 강력한 논리가 있다. 시간이 경과하면서 자원봉사자들은 너무 많은 스트레스와 그들의 감정에 가해지는 너무 많은 요구 때문에 지치게 된다. 이 책의 뒷부분에서 나는 자원봉사자들의 이직률에 관한 통계 수치를 제시할 것이다. 여기서는 동정 피로라는 현상이 불러일으키는 몇 가지 의문에 주목해볼 필요가 있다.

가령 사회학자 스탠리 코언은 고문 희생자들에 대한 대중의 반응에서 드러나는 동정 피로를 연구한 바 있다. 코언이 관찰한 바에 따르면, 고문 희생자들을 보거나 그들의 이야기를 듣는 사람들은 피로를 일으키는 과도한 반응을 보이는 대신 그들과 동일시하는 데 두려움을 갖는다고 한다. 사람들은 영화를 통해 육체적 고통을 일상적으로 보고 즐기지만 실제 고문을 직면하는 상황은 참지 못한다고 코언은 지적한다. 코언은 이런 사람들을 환자가 죽을 때마다 신경 쇠약에 걸릴 수는 없는 의사에 비유한다. 이 경우 의사는 참으로 압도적인 현실에 직면하지만, 수술을 계속하려면 자기 보호를 위해 자제심을 갖춰야 한다.[28]

'동정 피로'라는 표현에 사람들은 아마도 더욱 보편적인 의문을 떠올릴 것이다. 다른 사람들이 얼마나 많은 존중을 받을 자격이 있는가 하는 의문 말이다. 이런 의문은 주관적인 관여와 관계되는 모든 문제에 잠복해 있다. 우리가 육체적 고통에 대한 공감만큼이나 다른 사람이 일자리에서 직면하는 곤란에 느낄지도 모르는 관심의 한계 속에 말이다. 사람들이 가능한 많은 관심을 받을 자격이 있다고 말하는 것은 전혀 답이 되지 못한다. 누구든지 어떤 시점에서는 '나는 한계에 도달했다'라거나 '당신은 더는 기대할 권리가 없다'고 말하게 된다.

피터르 브뤼헐의 유명한 그림에 대한 반응은 이러한 한계의 문제를 제기한다. 〈추락하는 이카로스가 있는 풍경〉이라는 그림이 바로 그것이다. 이 그림은 젊은 이카로스가 하늘에서 바다로 고꾸라지는 모습을 보여주지만, 처음 그림을 보면 도무지 이것이 이카로스에 관한 그림인지를 알아보기가 어렵다. 브뤼헐은 이카로스의 이야기(하늘을 날기 위해 밀랍 날개를 단 젊은이가 태양을 향해 날아오르자 밀랍이 녹아버린 이야기)에 관해서는 아무것도 묘사하지 않는다. 오직 이카로스가 바다로 떨어지는 순간의 두 다리만이 캔버스 위에 작고 사소한 모습으로 그려져 있을 뿐이다. 이와 대조적으로 브뤼헐은 밭을 가는 농부, 양을 돌보는 양치기, 그물을 던지는 어부 등의 목가적 풍경을 대담한 구도와 생생한 색채로 그렸다. 그들 뒤로 보이는 만灣에서 배 한 척이 멀리 떨어진 곳에 펼쳐져 있는 도시를 향해 항해하고 있다. 사람들은 자신들이 사는 곳 한가운데서 펼쳐진 드라마는 안중에도 없다는 듯이 일상을 맴돌고 있다.

시인 W. H. 오든이 보기에 브뤼헐은 스탠리 코언이 '보고 있지만 보지 않는 것'이라고 부른 실제 고통에 대한 완전한 무관심을 극적으로 표현한 셈이다. 오든은 이 그림을 다음과 같이 해석했다.

> 가령 브뤼헐의 〈이카로스〉를 보면, 어쩌면 그렇게 모든 것이
> 그 재난을 아주 유유히 외면하고 있는가, 농부는
> 아마 첨벙 떨어지는 소리를, 버림받은 고함 소리를 들었으리라,
> 그러나 그에겐 그게 중요한 실패가 아니었다, 태양은
> 평상시처럼 녹색 바닷속으로 사라져가는 두 하얀 다리 위에
> 비쳤다, 그리고 놀라운 무엇을, 하늘에서 떨어지는
> 소년을 본 게 틀림없는 값비싸고 호화로운 배는
> 가야 할 곳이 있어 고요히 계속 항해해 갔다.[29]

그러나 다른 사람들은 다른 무언가를 보았다. 브뤼헐의 그림 속에 있는 인물들은 그저 현실주의자들이었을지도 모른다. 당대 네덜란드의 한 속담은 이렇다. '사람이 죽는다고 쟁기질을 멈출 수는 없

다.'[30] 농부가 밭 가는 일을 멈췄더라도, 배가 항로를 바꿨더라도, 물에 빠진 소년을 구할 수는 없었을 것이다. 그렇게 했더라도 전혀 도움이 되지는 않았을 것이다.

그러므로 고통을 인정하는 것에 대해 사람들이 느끼는 혐오감에 붙여지는 부정적인 색조는 덜어질 수 있다. 타인의 고통에 대한 민감성은 사람들이 일상적인 삶을 영위하는 것을 혼란스럽게 할 수 있다. 단지 생존을 이어가는 데만도 고통이 존재하는 것이다. 아마도 성자들만이 하늘을 날고자 하는 소년에게 아무 거리낌 없이 반응을 보일 것이다.

이 그림에 대한 이와 같은 상식적인 해석은 이 그림에서 가장 놀라운 시각적 요소를 포착하지 못한다. 이 그림 속에는 고통의 흔적이라곤 전혀 없다. 화가는 이카로스의 공포를 드러내 보이지 않는다. 연민 또한 전혀 요구하지 않는다. 그림을 보는 사람은 거의 눈에 보이지 않는 세부 묘사에서 무언가가 근본적으로 잘못되어 있다는 점을 직관으로 깨달아야 하는데, 이는 신화의 이야기를 알지 못한다면 그 자체로는 아무 의미도 없다. 그림을 보는 사람들에게 브뤼헐이 제시하는 것은 남몰래 고통을 겪는 사람들이 제기하는 문제와 다소 유사하다. 그들 역시 타인이 그것을 채우도록, 해석하도록 해야 하는 것이다.

브뤼헐의 그림에 담긴 인물들처럼, 일상생활에서는 그냥 자기 길을 가는 게 가능할 것이다. 하지만 이 그림을 보면서 경험한 것처럼, 무관심은 종종 사회적으로 억제된다. 무언가가 아주 옳지는 않은 것처럼 보이며, 사람들은 그 이유에 당혹감을 갖기 시작한다. 이러한 환기에는 일정한 자유가 존재하는데, 성 아우구스티누스가 기독교적 사랑이라는 개념으로 정교화한 것과 유사하다. 그것은 현실이 마땅히 그래야 할 것과는 다르다는 인식이며, 바로 여기서부터 동정심이 싹을 틔운다. 그러나 이러한 해석적 행위는 위험 또한 제기한다. 자발적으로 자유롭게 만들어진 상황에서 사람들이 발견할 수 있는 타락과 고통에는 아무런 한계가 없다. 자신이 발견하고 느낄지도 모르는 것에 통제력을 잃을 위험이 있는 것이다. '동정 피로'는 이 통제력의 상실로 귀결되는 이러한 환기의 징후다.

사회학적으로 볼 때, 위계적인 체제는 자유로운 발견과 해석의 요소를 없애면서 이러한 위험에서 동정심의 표현을 제거한다. 오직 규칙과 명령과 의무가 자유라는 이름 아래 억압될 때만, 동정심의 위험이 제어하기 어려운 것이 된다. 자원봉사자들에게 의존하는 재난 구호 프로그램이 일단 도우려는 최초의 충동이 사라지자마자 종종 무로 돌아가는 이유는 바로 이 때문이다. 구호 활동가들이 자기 자신의 반응에 압도되는 것이다.

동정심에 적용되는 진실은 존중의 경험을 통합시키는 인정과 배려의 행위에도 더욱 들어맞는다. 주관적인 해석에서 생겨난 자유로운 행위로서 이루어지는 타인에 대한 존중은 어떤 한계도, 경계선도 갖지 않기 때문에 소모적인 행위가 될 수 있다. 간호사와 사회주의자 사이의 갈등을 영속적인 우화로 만드는 것은 바로 이와 같은 중압감의 가능성이다. 제인 애덤스가 생각한 것처럼 위계적 질서가 한 개인의 해석의 힘에 사회적 형상을 제공하는 그릇된 방식이라면, 어떤 대안적인 사회 형태가 타인들에게 자유롭고 개방적으로 반응하는 데 잠재해 있는 주관적인 부담을 덜어줄 수 있을까?

너그러운 나눔은 증여 행위의 조작적 힘을 보여주기 때문에 이에 대한 어떠한 대답도 복잡하게 만든다. 아낌없이 베푸는 선물조차도 그것을 받는 개인의 자기 존중을 손상시킬 수 있는데, 인류학자 메리 더글러스의 말처럼 '자선은 상처를 주기' 때문이다. 복종 말고는 보답할 것이 아무것도 없을지 모르는 받는 사람에게 이러한 행위는 감사를 표해야 한다는 막중한 부담을 준다. 동정심이 연민의 형태를 띠면, 이는 또한 받는 쪽의 품위를 떨어뜨릴 수 있다. "동정심 자체가 정의의 대용물이 될 수 있다"고 아렌트는 주장하는데, 왜냐하면 연민이란 "언제나 불평등을 의미하기 때문이다".[31] 이것은 너그러운 나눔에 반대하는 주장이다.

이러한 이유로 일부 복지 개혁 전략가들은 동정심의 정서와 분리된 돌봄의 제공을 그려보려고 애써왔다. 그들은 동정심이 다하여 돌봄의 제공이 굴복하지 않기를 바란다. 일상생활의 행실이 의무를 지우는 것보다 고통에 거리낌 없이 대응할 때 실로 부자연스러운 무언가(오직 성자들에게만 들어맞는)가 있을 수 있다. 이것은 기독교적 사랑에 반대하는 주장이다.

그렇지만 내 손을 수술한 외과 의사와 나의 관계와 마찬가지로, 대부분의 사람들은 돌봄의 제공을 중립적인 기능으로 받아들일 수 없다.

3부 복지에 관한 제언

복지 국가 개혁가들은 엉터리 사회학자들이다. 그들은 정부에서 지급하는 상품 교환권보다 노동이 더 나은 자기 존중의 원천이라고 믿는다. 또 그들은 가능하면 언제나 지역 공동체와 자원봉사자들로 기관과 전문가들을 대체해야 한다고 믿는다. 이와 같은 사회적 포부 이면에는 복지 국가가 이윤을 추구하는 기업처럼 운영되어야 한다는 신념이 자리 잡고 있다.

이러한 종류의 개혁은 순진한 사회학이다. 민영화나 지역 사회의 관리로는 재능과 의존, 돌봄의 복합적인 측면을 없앨 수 없기 때문이다. 게다가 이 개혁가들이 사회 기관을 바라보는 시각 자체에도 결함이 있다. 이러한 그릇된 지식에 근거하여 행동하는 것은 존중의 불평등을 확대하고 복지 수혜자들을 사회의 다른 구성원들과 분리할 뿐이다.

6장

관료적 존중

청소년 노숙자들

1975년에 이르러 나는 오로지 자동차를 타고, 그것도 낮에만 카브리니를 돌아다닐 수 있었다. 이 지역은 너무 위험한 곳이 되었기 때문이다. 나는 흑인 경찰관 두 명에 둘러싸여 카브리니를 두 차례 돌아보았다. 경찰 상급자들은 이 두 명을 인자한 경찰관으로 생각하고 있었는데, 그들은 주택 단지 주민들을 어쩔 도리가 없는 적으로 대접하지 않았기 때문이었다. 경찰관들은 카브리니를 잘 알고 있었고 그곳에 사는 젊은이들을 정확하게 분류해놓고 있었다.

한편 카브리니 바로 옆의 로버트 테일러 단지에서 또 다른 젊은 의사가 배출되었다. 아마 그의 성공은 안과 의사보다도 훨씬 더 놀라운 사건이었을 것이다. 그는 청년 시절에 몇 달 동안 노숙자 생활을 했기 때문이다. 십 대 중반 무렵에 그는 아버지와 어머니 모두 약물에 중독된 상태였던 집을 뛰쳐나왔고, 허물어져가는 빈 아파트를 무단 점거하고 살다가 고아원에 들어갔다.

거리를 돌아다니면서 경찰관들은 불운한 어린 노숙자들을 가리켰다. 범죄를 저지르고 소년원에 들어갔다가 자기 집이 아닌 다른 가정으로 복귀한 젊은이들이 있었다. 이 아이들은 거친 모습이었지만 경찰관들이 내게 가리킨 다른 아이들은 그렇지 않았다. 가정 폭력이나 마약을 피해 가출한, 또는 그들 자신이 마약에 중독되어 가출한 아이들이었다. 경찰의 말로는 공영 주택 단지와 그 주변에 어린 노숙자들이 점차 많아지고 있었다. 내 어린 시절에는 카브리니에서 노숙자 아이들을 보기 어려웠다.

경찰관들이 가리킨 아이들은 이 말이 흔히 쓰이는 의미(즉, 한데서 잠을 잔다는 의미)에서 노숙자는 아니었다. 복지 시스템은 시카고의 겨울 추위를 견디지 못하고 목숨을 잃었을 것이 분명한 안식처가 없는 젊은이들을 보호소로 수용하는 훌륭한 일을 해냈다. 더 많은 노숙자가 주택 단지의 빈 아파트에 들어가 살거나 친구네 집을 전전하면서 무단 점거자로 살아남았다.

노숙자 문제는 개인의 고통에 불과한 것이 아니다. 노숙은 가정의 문제이며 여러 이유로 사회적인 동시에 경제적인 문제다. 인구 조사 통계를 근거로 볼 때, 가장 전문적인 수치는 1년 동안 미국 전체 인구의 약 1퍼센트가 노숙을 경험한다고 한다. 노숙 가정의 절반 이상은 4세 미만의 아이를 가진 독신모가 차지한다. 가정에 관해 다른 나라와 정확한 비교를 하기는 쉽지 않다. 청소년의 경우 영국과 독일에 관한 최근의 한 통계치는 한 해에 약 4만 명의 가출 청소년이나 버려지는 아동이 발생한다고 한다.[1] 통계적으로 볼 때, 청소년 노숙자 문제는 상대적으로 소수이기는 하지만 결코 하찮은 숫자라고 할 수는 없는 사람들이 겪는 극단적인 문제다.

1970년대에 이 유동하는 인구 문제를 해결하려고 노력하는 기관들이 변화를 겪기 시작했다. 2차 세계대전 이후에 시카고에 새로 고아원이 설립되는 일은 거의 없었고, 양부모를 연계해주는 시스템은 공격받았다. 돌봄 급여를 받는 양부모들은 대부분 약물에 중독된 청소년을 다루는 기술이나 많은 청소년이 자기 부모를 저버리게 만든 아동 학대의 결과에 대처하는 기술을 갖고 있지 않았다.

이 시절에는 정부 정책을 가리키는 점잖은 전문 용어로 '탈기관화'라는 말이 유행하고 있었고 따라서 '공동체를 통한 돌봄'이 강조되었다. 노인이나 정신 질환자, 아동을 위한 보호소를 '전체주의적 기관'이라고, 즉 안식처라기보다는 감옥에 가까운 엄격한 관료제라고 고발한 저작인 어빙 고프먼의 《수용소》(1961)나 피터 타운센드의 《최후의 도피처*The Last Refuge*》(1962) 등의 분석은 아동을 공동체에서 떼어놓는다는 관념을 공격한 바 있었다.[2] 1970년대 말에 이르자 이와 같은 공격은 미셸 푸코의 《감시와 처벌》에서 절정에 달했는데, 이 책에서 피수용자들은 수용 기관이나 교정 기관의 침투하는 권력에 의해 자아 관념을 박탈당한, 따라서 자기 존중까지도 박탈당한 존재로 묘사되었다.[3]

보호 시설과 소년원, 공영 요양원 등의 폐쇄가 공동체에 대한 자원 제공보다 빠르게 진행되었다. 게다가 지역 공동체가 수용 시설을 통한 보호를 대체할 수 있다는 믿음은 두 영역 사이의 필수적인 공생을 간과한 것이었다. 가령 아동 입양의 경우에 어린이들은 살 곳을 옮기는 동안에 주거지가 필요하다. 영국의 한 연구에서 추산한 바에 따르면 매년 3만 8천 명의 어린이를 입양 양육하기 위해서는 어린이들의 가정에 2천 850개의 주거 공간이 필요하다고 한다.[4] 그러나 탈기관화를 옹호하는 정부 당국자들은 비용과 책임을 축소하려고 노력하면서 이러한 공생을 무시했다.

그러나 탈기관화라는 이념은 비용을 절감하려는 인색한 입법가들의 바람보다 더욱 폭넓은 여지를 갖고 있었다. 이와 같은 종류의 모든 개혁 중에서 가장 유명한, 1979년에 이탈리아 정부가 통과시킨 제180호 입법은 이탈리아의 수많은 정신 요양원을 뒤덮고 있던 끔찍한 상황을 종식하려는 좌파의 압력에 따른 성과물이었다. 게다가 공동체의 사회 복지사와 의사들의 급여를 지불할 충분한 액수의 돈이 지역 당국에 제공되었다. 그러나 이처럼 자원이 충분했는데도 이 계획을 통해 보호 시설 외부에 있는 환자들과 지속적으로 접촉을 유지할 수 없다는 게 드러났다. 환자였던 사람들은 자유를 부여받은 뒤에도 복합적인 요구를 충족할 수 없었다. 노숙자와 거리를 헤매는 사람들('버림받은 사람들'이라는 적절한 이름이 붙은 사람들)의 수가 극적으로 증가했다. 사회 복지사들은 이른바 관료주의적인 기구를 다시 만들어내야 했다.[5]

시카고에서는 미국의 다른 도시들과 마찬가지로 어린이들을 탈기관화하는 정책이 한층 더한 난관에 봉착했는데, 이 나라에는 부모의 학대가 매우 많기 때문이었다. 4만 명의 가출 청소년과 노숙자 청소년을 연구한 최근의 한 보고서는 여자 어린이의 8퍼센트가 가정에서 성적 학대를 경험한 반면 남자 어린이는 그 비율이 2퍼센트라고 밝혔다. 신체적 학대를 겪은 비율은 남자 및 여자 어린이가 각각 16퍼센트와 20퍼센트였다. 부모 역할 방기(대부분 아이를 굶주리게 하는 것이지만 일주일 이상 아이를 보살피지 않고 방치하는 것도 포함된다)의 비율은 남자 어린이와 여자 어린이가 각각 20퍼센트와 18퍼센트였다.[6] 이 아이들은 차라리 노숙자 생활이 낫겠다는 믿음에서 가출한 상태였다. 아이들은 종종 가정을 등진 것처럼 지역 공동체에서도 도망친다. 이 아이들이야말로 학대(특히 성적 학대)를 당한 과거를 밝히려 하지 않기 때문에 사회 복지사가 마음을 터놓고 접촉하기가 특히 어렵다.

거리의 청소년 범죄자들에 대한 공동체 돌봄은 아마 탈기관화에 의해 제기되는 모든 문제 가운데서도 가장 어려운 문제일 것이다. 지난 40년 동안 카브리니 같은 곳에서 감옥에 가는 젊은이들의 수는 급격하게 증가했다. 미국에서 이러한 증가는 마약을 얻거나 판매하기 위해 이루어지는 범죄를 의미한다. 영국과 미국 모두에서 교도소 역시 가득 차고 있는데, 이는 존 피츠가 사법의 '탈청소년화'라고 부른 현상, 즉 청소년 범죄자들에게 성인의 형량 기준을 적용하는 현상에 따른 것이다.[7] 공동체 자체도 잠재적 범죄자나 범죄 전력이 있는 청소년들에게 무자비한 태도를 보이고 있다. 빈민가 주민들이 범죄자들과 악행에서 '거리를 되찾고' 싶어 하는 것이다. 영국 노동당 지도자들이 작성한 1996년의 한 문서는 이러한 욕구를 잘 표현하고 있다.

기강에 대한 이와 같은 커다란 강조는 (법적으로) 지역 공동체와 결합되어야 한다. 무분별한 젊은이들의 저급하고 사소한 범죄적 행동을 지나치게 용인하면, 법의 지배에 대한 일반적인 존중이 훼손되고 환경이 악화되며 수많은 무고한 국민의 삶에 불행이 닥칠 것이다.[8]

범죄 전력이 있는 청소년은 옴짝달싹할 수 없게 된다. 다시 범죄를 저지를 것이라고 가정되는 것이다. 재범을 방지하기 위한 사업은 계속 축소되고 있다. 청소년 범죄자를 대상으로 하는 가석방 감독에 필요한 자원이 줄어드는 것은 시카고만의 문제가 아니다. 전과자가 손쉽게 시야에서 사라지면서 노숙자 문제는 공동체에서 '새로운 삶을 시작하는' 것을 가로막는 어려움을 더욱 가중시킨다. 지난 30년 동안 특히 미국과 영국, 네덜란드에서 청소년 노숙자를 대상으로 한 자원활동이 크게 증가했다. 그러나 이 자원봉사자들은 제도적 틀의 뒷받침이 없이는 그들 역시 제대로 활동을 할 수 없다는 사실을 자각하고 있다. 자원봉사자들의 이탈률은 높은 경향이 있으며, 어려움에 처한 아이들과 일주일에 한 번 접촉하는 것으로는 매일 필요한 지원을 제공하기에 부족하다.

복지의 탈기관화는 현대 사회의 더 폭넓은 변화(노동과 정치의 경직된 제도들에 대한 공격)를 보여주는 상징이다. 복지에서 그러하듯이, 이 광범위한 변화를 이끄는 것은 공동체가 관료 조직보다 사람들의 사회적 요구를 더욱 잘 충족시킬 수 있다는 믿음이다. 그리고 복지에서 그러하듯이, 공동체의 가치는 이를 기준으로 평가된다. 공동체는 종종 이러한 요구를 충족시킬 수 없기 때문이다.

관료적 피라미드

'경직된 관료제'라는 표현이 관료제의 고유한 해악을 나타내는 듯 보이는 것은 사실이지만, 노동과 복지 국가 모두에서 경직된 제도들이 발흥한 데에는 그럴 만한 이유가 있었는데, 산업 자본주의 초기의 공포와 혼란으로 그 기원을 추적해볼 수 있다.

발자크의 《잃어버린 환상》 같은 19세기의 소설들에서 이와 같은 경고를 뚜렷이 볼 수 있다. 가령 발자크는 자신의 손이 가진 지식을 대규모 산업으로 조직하지 못하는 뛰어난 숙련 장인 다비드를 묘사했다. 발자크의 독자들 역시 어떻게 기관을 효율적으로 만들 수 있는지에 관한 실제적인 지식이 없었다. 당시의 많은 경영자가 사무실의 일을 미세하게 나누면 나눌수록 생산성이 떨어지는 것을 두고 당혹스러워했다. 이는 프랑스의 은행들이나 미국의 무역 회사들에게는 풀기 어려운 난제였다. 트롤럽은 《지금 우리가 사는 법*The Way We Live Now*》의 주인공인 금융업자 멜모트를 통해 자신이 가진 돈은 이해하지만 국제 금융업의 논리는 이해하지 못하는 인물을 만들어냈다. 트롤럽의 독자들 역시 차입 투자의 방식을 이해하지 못한 것은 마찬가지였다. 새로운 자본주의의 중심부였던 도시 자체가 이해 불가능한 존재였다. 1906년에 헨리 제임스는 갑자기 뉴욕을 뒤덮기 시작한 마천루를 바라보면서 그 건물들이 "이미 너무 많이 핀을 박아놓은 방

석에 꽂힌 핀"과도 같다면서 "어둠 속에서 어디에나 아무렇게나 서 있다"고 지적했다.[9]

이런 상황에서 흔히 우리가 생각하는 복지 국가는 전혀 존재하지 않았다. 노인 연금이나 의료 보험, 안전 기준, 실업 수당, 보통 교육 등은 전혀 없었다. 가난한 사람들이 받는 그런 도움은 개인적이고 자발적인 자선 행위에서 나왔다. 그러나 갑자기 출현한 이 자본주의의 한 가지 문제점은 국가의 보호에 관한 논쟁을 자극했다. 오늘날 제삼세계에서 그러하듯이 1830년대의 런던에서 힘들고 고통스러운 일이었던 아동 노동 문제가 그것이었다. 이 시대의 '개혁'은 일하는 어린이들을 보호하는 데 초점을 맞추었다.

복지 국가의 부재는 부분적으로는 자본주의의 비판자들과 그 적들을 괴롭힌 조직적 구조의 부재 때문이었다. 노동조합들은 미미한 존재였다. 산업 현장에서 가장 흔한 항의 형태는 국지적인 살쾡이 파업*이나 조업 중단이었는데, 이는 갑작스럽게 분출하고 또 갑자기 마무리되곤 했다. 19세기 말이 되어서야 노동조합과 사회주의 지도자들은 자신들이 누구를 이끌고 있으며 어떤 목표를 지향하는가를 명확하게 정의할 수 있었다.

이 모든 이유 때문에 1938년에 당시 영국 하원의원이었던 해럴드 맥밀런은 과거를 돌아보면서 "어느 누구도 자본주의 사회를 발명하지 않았다"고 회고하며 자유 시장 경쟁은 어떤 제도적 질서도 낳지 못했다고 주장했다.[10]

* 노동조합 본부의 승인 없이 기층 조합원들이 벌이는 파업

초기 자본주의의 혼란은 모순으로 점철된 자기 존중과 상호 존중의 규범을 낳았다. 사회는 부분적으로는 여전히 사회적 지위가 극명하게 구별되는 구체제의 그늘에 놓여 있었고, 국가와 군대, 교회 등에서는 딛고 올라가야 할 사다리가 존재했다. 스탕달은《적과 흑》을 통해 구체제가 드리운 그늘을 환기하는데, 소설의 주인공 줄리앙 소렐은 출세의 계단을 하나씩 오를 때마다 의복과 말투, 몸가짐을 그에 맞게 재조정하는 법을 빠르게 배워나간다.

그러나 줄리앙 소렐은 자신을 둘러보면서 이런 것이 모두 허상에 불과하다는 사실을 깨닫는다. 자기 자신을 몰아붙이는 사람과 탐욕스러운 사람들은 갖은 노력을 다해서 출세할 수 있지만, 그들이 추락할 때는 어떤 관습이나 예의범절도 그들을 보호해줄 수 없다. 그리하여 소렐은 사회학자 에밀 뒤르켐이 '무규범 상태'라고 정의한 아노미를 겪는데, 이는 아무 방향도 없이 자유 낙하하는 사람이 겪는 경험이라고 할 수 있다.

따라서 역사학자 로버트 위브는 19세기 말에 있었던 자본주의의 무정부 상태에 대한 반응을 '질서를 향한 모색'이라고 규정했는데, 이는 제도의 구축과 사회적 연계의 형성으로 이루어진 것이었다.[11] 18세기의 재능의 위계제는 하나의 모델을 제공했지만 이는 그 범위가 충분히 넓지 않았다. 질서를 형성하는 제도는 성공하는 사람들뿐만 아니라 실패하는 사람들까지도 포괄해야만 했다. 비참한 현실에 맞서는 반란을 진정시키기 위해서는 모종의 복지를 제공해야 했던 것이다. 그러나 무엇보다도 먼저 자유 시장으로부터 거대 기업들을 보호해야만 했다.

1880년대와 1890년대의 자본가들은 단순한 사실을 발견했다. 당대의 시장이 이윤 축적에 적대적이라는 사실 말이다. 주식 시장의 규제 결여에만 어려움이 있었던 것은 아니었다. 철도 건설 같은 기반 시설 프로젝트에서도 수많은 이해 당사자 때문에 일관성 있는 계획을 수립하고 투자 자본을 축적하는 일이 어려웠다. 이윤은 동등하게 분배되어야만 했다. 그리하여 1880년대와 1890년대에 자본가들은 경쟁으로부터의 보호를 추구하기 시작했다. 록펠러의 스탠더드 석유 회사 같은 트러스트*들은 경쟁자들을 흡수하거나 생산비를 밑도는 수준으로 가격을 낮추어 그들을 몰락시키려고 노력했다. 제조업에서는 독립 공급업자들을 제거하며 이윤을 효율적으로 증가시킬 수 있었다.

이러한 합병 물결을 보여주는 몇 가지 수치만을 보도록 하자. 1881년에서 1929년 사이에 미국 기업의 평균 규모는 종업원 여섯 명에서 여든네 명으로 증대되었다. 또 1천 명 이상을 고용한 기업이 처음으로 등장했다. 이와 같은 시기에 안정성의 척도로 보자면 중간 규모 사업체의 수명은 세 배로 증가한 반면, 열 명 이하 사업체의 수명은 절반으로 줄어들었다. 생산업체 수가 기하급수적으로 줄어들면서 가정용품 가격의 변동으로 측정된 시장 경쟁이 감소했다.[12] 1차 세계대전 종전 이후 1970년대까지 서유럽 전역의 기업들은 북미에서와 마찬가지로 합병되었다. 사업을 나누기보다는 한데 결합하려는 충동이 지배적이었다.

* 기업이 경쟁을 피하고 더 많은 이익을 얻기 위해 자본에 의해 결합한 독점 형태

이러한 변화에는 또 다른 변화가 내포되어 있었다. 기업들의 규모가 증대하면서 기업의 직원으로 근무하는 관료들의 권한도 확대되었다. 베버는 생애 막바지에 쓴 한 짧은 에세이에서 관리자들의 권한을 다음과 같이 요약한 바 있다.

> 현대 국가에서 진정한 규칙이 일상생활에서 효과를 발휘하게 되는 것은 의회 연설이나 군주의 포고문이 아니라 행정의 일상적인 관리를 통해서다. 이 규칙은 반드시, 그리고 불가피하게 군대 및 민간 관료들의 수중에 놓인다.[13]

민간 조직과 군사 조직을 비교한 것은 의미심장하다. 시장에서 벗어난 기업들은 군대처럼 기능하기 시작했다. 특히 기업들은 상층부의 소수가 고안한 명령이 하층의 대중에게 전달될 수 있도록 하기 위해 분명한 지휘 체계를 고안해냈다. 경직된 관료제가 현대적인 모습을 드러내는 것은 바로 이와 같은 자본주의를 위한 군사적인 모델을 통해서다.

스탠더드 석유 회사가 시장의 무정부 상태를 벗어나려는 욕망을 보여주었다면, 포드 사동치는 어떻게 군사적인 명령을 내부적으로, 즉 조직 내에서 부과할 수 있는지를 보여주었다. 포드는 위계적인 지휘 체계를 통해 엄격하게 운영되었다. 노동자들이 하루 노동 시간의 매 순간을 어떻게 소비하는지에 관해 강박적으로 관심을 기울인 포드의 설계자들은 경직된 명령에 신성한 지위를 부여하기까지 했는데, 이를 통해 회사 경영자들은 이 거대한 조직에서 일하는 모든 사

람이 어떤 주어진 순간에 무엇을 하고 있는지를 정확하게 알고 지시했다.[14]

군대와 기업의 비교는 관료적 피라미드의 이미지를 통해 구체화된다. 이 이미지는 너무나도 익숙한 것이어서 그것이 지닌 급진적인 의미를 놓치기 십상이다. 이 이미지는 재능과 능력에 대한 노골적인 권력을 자임한다. 록펠러가 수익성 좋은 경쟁자들을 짓밟았을 때와 마찬가지로 경제적으로 말이다. 록펠러의 경쟁자들은 자신의 능력을 보여줄 기회를 얻지 못했다. 관료적 피라미드는 또한 내적인 경직성을 통해 개인의 모험심과 지능을 짓밟을 수도 있다. 정신을 마비시키는 포드의 기계적인 작업은 그러한 예로 유명하다. 그렇다고 해서 관료적 피라미드가 영혼이 없는 기계인 것은 아니다. 이 피라미드는 특정한 종류의 사회적 관계를 규정한다.

군대에서와 마찬가지로 기업에서도 '리더십'은 순수하게 기능적인 것이라기보다는 카리스마적인 특질을 띤다. 흔히 이야기되는 나폴레옹과 록펠러를 비교하는 것은 이런 점에서 정확한 비교라고 할 수 있다. 두 사람 다 비밀스러운 인물로 자기 자신을 설명하거나 정당화하지 않았다. 두 사람의 명령에 권위가 담겨 있었던 이유는 다름이 아니라 아랫사람들이 이 지도자들이 더 멀리 볼 수 있고 자신들이 이해하지 못하는 것을 이해할 수 있다고 믿었기 때문이다. 그들은 거장이었다. 관료적 피라미드가 분업의 구체화로 보이기는 하지만, 기업 중역들은 고위 군 장교들이 그러하듯이 다방면의 전문가, 종합적인 전략가로서 작용한다. 이들에게는 분업이 적용되지 않는다. 최상위 직급의 전문가들은 앞장서 이끌기에는 너무 편협하다. 게다가 최상층에 자리 잡고 있는 이러한 종류의 권위자들은 아랫사람들의 의존의 경험에 영향을 미친다. 우리는 우리를 지휘하는 사람이 자신이 하고 있는 일에 관해 잘 알고 있다고 믿으면서 복종하기 때문이다.

또한 경직된 조직이 아주 효율적으로 성장하는 것도 아니다. 병사나 노동자들의 수는 장성이나 사장들을 위한 안성맞춤의 자리보다 훨씬 빠르게 늘어난다. 한 사람이 혼자서 수행할 수 있는 일을 세 사람이 하는 경우처럼, 관료제는 밑바닥에서 벌어지는 세포 분열에 의해 조직의 기능적 필요를 넘어서서 불규칙하게 확대되는 경향이 있다. 베버는 하층부의 비중이 큰 당대의 관료제를 관찰하면서 이러한 불규칙한 확대가 단지 관료들 자신의 권력욕의 결과라고 설명했다. 군 장교들처럼 관료들 역시 더 많은 사람들을 지휘하고자 한다는 것이다. 그러나 불규칙한 확대는 포섭이라는 한 가지 임무를 달성한다. 설령 쓸모없는 직위일지라도 훨씬 더 많은 수의 사람을 위해 여러 직위가 생겨나는 것이다. 록펠러의 스탠더드 석유 회사는 이러한 임무를 잘 수행했다. 괴멸당한 경쟁자들은 종종 사무식 자리를 부여받았고, 이를 통해 거의 아무 권한도 행사하지 못하면서도 자신들이 받는 급여에 만족했다.

시간이야말로 경직된 조직을 사회적으로 묶는 가장 유력한 힘이다. 한 조직에서 오랫동안 일할수록 사람들은 조직의 문제와 음모에 더욱 연루된다. 기업은 실재하는 세계의 극장과 같은 것이 된다. 시간이 지나면서 제도는 사회학자 로베르트 미헬스가 레벤스퓌룽 Lebensführung이라고 부른 것, 즉 '기관 속의 생활 서사'라고 번역할 수 있는 것을 제공한다. 이러한 기관의 서사는 원칙적으로 뒤르켐이 제기한 아노미 문제를 해결해야만 한다. 자유 낙하의 경험, 즉 갑자기 휘둘리거나 시간이 지나면서 아무 지향 없이 전진하는 경험 대신에 각 개인은 세계 속에서 일관된 자리를 부여받는다.

이러한 조직들에서는 '봉직'이 사회적 명예의 상징이 되지만 이 상징에는 대가가 따른다. 명예로운 자리에 대한 한 사람의 의식은 스스로 형성하는 것이 아니다.

따라서 '전체주의적 기관'의 기원은 경쟁 자본주의의 이해 불가능성과 혼돈을 해결하기 위해 한 세기 전에 시작된 노력에 있다. 고프먼과 타운센드처럼 이러한 기관들의 책임을 복지 국가로 돌리는 것은 이 기관들의 진정한 기원과 현대 사회에서 이들이 행사해온 경제적 지배력을 간과하는 결과를 낳는다. 또한 전체주의적 기관을 자본주의와 동일시하면 20세기의 커다란 역설(혁명 이후 국가 사회주의의 전체주의적 세계로까지 포드주의와 관료적 경직성이 확산된 현상)을 놓친다. 베버는 자기 시대의 경직된 관료제의 형성을 '쇠 우리iron cage'의 탄생이라고 묘사했다.[15] 그러나 이러한 이미지 역시 다소 오해를 일으킬 수 있다.

관료제라는 쇠 우리는, 그것이 자본주의적인 것이든 공산주의적인 것이든 간에, 단순히 감옥으로 구축될 수는 없었다. 사람들을 안으로 끌어들이기 위해 무언가를 제공해야 했기 때문이다. 관료적인 '기관 속의 생활 서사'는 한 사람의 생활 서사를 조직하기 위한 기본적인 욕구를 만족시켜주었다. 사람들은 기관에 봉직하면서 타인들에게 존중을 얻을 수 있었다. 1950년대에 이르자 경직된 관료제의 신격화를 연구한 학자들(《화이트칼라*White Collar*》의 저자 C. 라이트 밀스나 《조직 인간*The Organization Man*》의 저자 W. H. 화이트 같은 연구자들)은 피고용인들이 기업의 삶이라는 무대에 관객이 아니라 배우로서 깊이 관여한다는 사실을 밝혀냈다. 물론 제도가 사람들에게 행복을 가져다주지는 못하지만, 쇠 우리가 그 안에 갇힌 사람들을 끌어들인다는 사실은 이러한 관료적 모델이 복지 국가에 적용되는 현상을 설명하는 데 도움을 준다.

복지 국가의 창시자들은 자본주의라는 기계 장치를 고치는 데는 종합적인 관료적 도구가 필요하다는 사실을 조금도 의심하지 않았다. 1930년대에 대공황이 시작되었을 때, 미국 노동자 가운데 실업 보험에 가입해 있는 비율은 100명에 한 명이었고, 퇴직 연금이 있는 비율은 여덟 명 중 한 명 미만, 의료 보험 가입자는 스무 명 중 한 명 미만이었다. 영국 노동자 중 병원에 갈 형편이 되는 이는 보기 드물었고 거의 단 한 명도 대학에 갈 수 없었다.[16] 이와 관련하여 사람들은 종종 미국과 독일 및 영국을 대조적으로 바라보는 오류를 범하곤 하는데, 미국의 복지 체계가 그 기원부터 훨씬 더 허약하다는 주장이 그것이다. 사실 사회학자 시다 스코치폴이 보여준 것처럼, 미국인들은 연금 제도를 제공하는 복지 기구의 정당성을 오래전부터 인정해왔다. 이는 남북 전쟁에서 싸운 병사들이 요구한 연금으로까지 그 기원을 추적할 수 있는 정당성이다.[17]

그러나 복지 국가에는 서로 매우 상이한 국가들이 포함된다. 사회학자 요스타 에스핑앤더슨은 이들 국가를 세 종류로 구분하고 있다. 개인들에게 국가의 혜택을 베푸는 데 인색한 자유주의적 복지 체제, 국가 부조에 대한 보편적인 권리를 강조하는 사회 민주적 체제, 국가 원조를 개인보다는 가족과 지자체로 전환하려고 노력하는 보수적 복지 체제가 그것이다. 2차 세계대전 이후 미국 복지 체제의 발전은 첫 번째 체제를 대표하며, 스칸디나비아식 복지 체제와 이탈리아식 복지 체제는 각각 두 번째와 세 번째 체제를 대표한다.[18]

그러나 이 모든 체제는 국가가 일관성이 없는 사적인 자선을 대체하거나 시장이 만들어내지 못하는 서비스를 제공했다는 의미에서 어느 정도는 공적인 카르텔과 독점으로 발전되었다. 하지만 공적 부문과 사적 부문은 따로 떨어져서 성장하지는 않았다.

경제적으로 볼 때, 사적 부문은 복지 국가 속으로 깊이 말려들게 되었다. 빈민들에 대한 돌봄뿐만 아니라 교육, 보건, 연금 등까지 포괄하는 것으로 광범위하게 이해된 것이다. 현재 1천만 명의 미국인이 보건 의료 분야에 종사하고 있으며, 사적인 대인 서비스에 5백만 명, 교육 및 사회 복지에 5백만 명, 국가 및 정부 서비스 부문에 7백만 명이 종사하고 있다. 이를 모두 합하면 전체 피고용인의 22퍼센트에 달한다.[19] 비영리 노동과 영리 추구 노동을 가르는 단순한 구분선은 존재하지 않는다. 가령 대부분의 민간 병원은 비용을 감당하기 위해 정부 자금에 의존하고 있다.

게다가 복지 국가에서 '국가'는 종종 단지 하나의 민족 국가로 가정되곤 한다. 풍부한 복지를 발전시켜온 국가들에서조차 이러한 가정은 근거가 없다. 스웨덴의 사례를 연구한 한 분석가는 "스무 개 지방 의회가 지방 소득세를 통해 전체 보건 의료 지출의 65퍼센트 이상을 부담하고 있으며, 보건 체계의 거의 모든 측면에 대한 관리를 직접적으로 책임지고 있다"고 지적한다.[20] 외견상 중앙 집중화된 복지 국가의 또 다른 사례로 보이는 독일에서는 지역의 각 주가 보건 및 교육에 대한 커다란 통제권을 갖기에 이르렀다. 지방 당국이 전체 학교 지출의 20퍼센트를 부담하고 있는 것이다.

그러나 기업과 군대에서의 경직된 관료제의 사회적 특성들은 이러한 왜곡에도 불구하고 복지 피라미드에 적용되었다. 카리스마적 지도력은 가장 적게 적용된 경우이다. 19세기의 비스마르크와 20세기의 프랭클린 루스벨트는 권위를 가지고 지도한 인물로 두드러지지만, 복지 국가를 만들어낸 대다수의 이름은 오직 전문가들에게만 알려져 있다.

미국의 부양 자녀 가족 지원 제도에 의존하는 싱글 맘이나 이탈리아의 영구 실업자 등 제도화된 복지 수혜자들의 '경력', 즉 고프먼의 표현을 빌리자면 교도소와 보호 시설에서 그들의 생활 서사는 훨씬 더 익숙한 사회 현상이며 훨씬 더 멸시받는다. 복지 체계 하층부의 확산은 사회적 포섭이라기보다는 기생의 상징이다.

그러나 군대, 기업, 복지 등의 피라미드의 가장 두드러진 유사점은 사람들이 어떻게 사회적으로 포섭되었다고 느끼는가에 있다. 군대에서, 그리고 기업의 생활에서 쇠 우리 속의 존중은 기관에 근무하면서 이루어진다. 기관은 한 개인에게 소속되어 있다는 승인을 부여한다. 복지 피라미드에서도 이와 비슷한 일이 일어날 수 있지만, 의존의 환경 때문에 복잡해진다.

내 어린 시절은 관료적 피라미드에 의해 모양 지워진 세계였다. 이 세계는 형성 중인 복지 피라미드의 구체적인 표현이었다. 루스벨트 시대는 대규모 공영 주택 단지를 포함할 정도로 '복지'의 범위가 확대된 첫 번째 시기였다. 적절하게 자리 잡은 피라미드는 입주자들을 시장의 작동에서 떼어놓았다. 그들을 돌본 이 체제는 관료적 규칙과 관료들로 어느 때보다도 더욱 규모가 커졌다. 물질적인 욕구는 충족되었지만 비물질적인 요구 또한 다루어졌다. 남부에서 경멸적인 대접을 받은 흑인 입주자들에게 관료제가 그들을 인간으로서 인정한다는 사실은 중요한 것이었다.

어린 시절 친구였던 글로리아 헤이스 모건은 이렇게 썼다.

> 수입이 많지 않은 가족들에게 시카고 주택국의 심사를 통과했다는 사실은 일종의 승인의 보증과도 같은 것이었다.[21]

주택 단지에 입주할 수 있는 사람, 즉 '승인 도장'을 받을 수 있는 사람들의 자격 요건을 규정한 두꺼운 규정집은 미국 남부뿐만 아니라 북부 도시로 이주한 발붙일 곳 없는 이주자들, 소설가 랠프 엘리슨의 표현을 빌리자면, '보이지 않는 인간'으로 대접받은 사람들의 상황과도 대조를 이루었다.

내가 카브리니에서 살던 시절의 대기업 중간 계급 구성원을 연구한 윌리엄 화이트는 기관의 '승인 도장'이 그만큼 중요하다는 사실을 밝혀냈다. 화이트칼라 노동자들은 대기업이 자신들을 온전한 인간으로 대우할 것이라고 믿었다. 가령 IBM은 공장 내부에 기술 훈련원을 설립하고 의료 및 주택 자금 특혜를 제공했으며 직원들을 위한 골프장을 건설했다. 그 결과 피고용인들은 조직이라는 가족의 성원이 되었다.

시간은 이러한 결과를 낳은 강력한 요인이었다. 카브리니에 계속 산 사람들은 스쳐 지나간 사람들보다 훨씬 더 이곳을 아꼈다. IBM도 마찬가지였다. 화이트는 중간층 직원들이 종종 업무의 진행 절차나 동료, 사장 등에 비판적이라는 사실을 발견했다. 그들이 목소리를 높인 이유는 이 조직에 자신의 삶을 바쳤기 때문이다. 카브리니에서도 가장 비판적인 목소리는 가장 깊이 연루된 장기 입주자들 사이에서 나왔다.

왜 이러한 일이 벌어지는가에 관한 고전적인 설명은 경제학자 앨버트 허시먼에게서 들을 수 있다. 허시먼은 기관 속에서 충성, 발언voice(말 그대로 목소리를 높이는 것을 의미한다), 떠남exit(육체적 죽음뿐만 아니라 참여의 철회까지도 뜻한다) 사이의 삼각관계를 본다. 그는 피라미드식 관료제에서 오랜 시간을 보내면 충성과 발언 사이에 확고한 상관관계가 생긴다는 사실을 알아냈다.[22] 이러한 상관관계야말로 고프먼과 푸코를 비롯한 전체주의적 기관의 비판자들이 우려한 것이었다. 이들은 정서적인 '떠남'의 옹호자들이다. 관료적 승인은 자유로운 자아에 대한 위협인 것이다.

카브리니가 초기 시절에 흑인 주민들에게서 강력한 충성을 불러일으켰다면, 나중 세대는 관료적 통제의 해체를 유감스럽게 생각했다. 수많은 빈민의 집을 불태운 1968년의 인종 폭동 이후에 당국은 집이 필요한 사람은 누구든지 그저 주택 단지로 밀어 넣었다. 카브리니의 좋은 시절과 나쁜 시절을 모두 겪었던 로셀 샤첼은 다음과 같이 회상했다.

> 여자애들과 남자애들이 있었는데 그들이 바라는 거라곤 싸움뿐이었습니다. 악몽과도 같은 일이었지요. (…) (지금은) 그런 심사는 없지만 시카고 주택국이 이곳에 입주할 가정을 심사하는 데 활용한 방법이란 그냥 받아들이는 것뿐이었어요.[23]

1968년은 공영 주택 단지의 아이들에게도 결정적인 순간이었다. 바야흐로 여러 요인(결손 가정, 마약의 급증, 청소년 범죄자들을 그들의 가정 아니면 공동체로 돌려보낸 탈기관화 등이 입주 희망자들의 자격을 심사하기를 중단한 복지 체제에 결합되었다)이 한데 겹치면서 갈 곳 없는 아이들이나 노숙자 아이들이 거리에서 쉽게 볼 수 있을 정도로 늘어났다.

내 세대와 다음 세대 사이에 이루어진 카브리니의 변화는 경직된 관료제의 장점을 보여주는 내용은 아니다. 오히려 이러한 변화는 그러한 기관들의 진정한 사회적 힘(모든 인간을 심사하고 승인을 부여해 자기 존중과 공동체의 존중을 조절하는 능력)이 무엇인지를 예증한다. 포드의 생산 라인에 입각한 무정하고 비인간적인 거대 관료제의 이미지는 기업 세계에 썩 들어맞지는 않으며 확실히 복지 기관에서의 관료제 경험을 적절하게 설명해주지도 않는다.

복지가 단지 도움이 필요한 사람들에게 현금을 이전하는 것이라면, 관료제는 존중을 조절할 수 있는 힘을 갖지 못할 것이다. 또한 국가는 단순히 사람들에게 필요한 돈을 계산해서 전달하고는 사람들 스스로 꾸려가도록 내버려둘 것이다. 그러나 회계 절차가 복지의 특정한 수요를 충족시키는 경우는 드물다. 단순한 현금 이전은 성적으로 학대받는 노숙자 소녀들에게 도움이 되거나 주택 단지가 하나의 공동체로서 기능하도록 만들거나 병원에 위탁된 노인들의 고독감을 해결해주지 못한다.

관료적 피라미드가 굳건하게 자리 잡고 있던 내 어린 시절의 카브리니에서는 아파트 건물을 어떻게 사용할 것인지 그리고 거리에서 적절한 행동은 무엇인지를 엄격한 규제를 통해 관리했다. 그 결과, 유리 전쟁 이후에 그랬듯이 감시 체제가 가정 문제에 개입했다. 카브리니는 사람들이 어떻게 살아야 하는가에 대한 규제적 접근이라는 측면에서 독특하다고 볼 수 없는 곳이었다. 영국의 피바디 주택 단지의 입주자들은 "주택을 재임대하거나, 외부 세탁물을 반입하거나, 다른 부업을 하거나*, 반려동물을 키우거나, 새로 도배하거나, 벽에 액자를 걸거나, 오후 11시 이후에 외출할 수 없었다". 마지막 조항을 확실하게 하기 위해 매일 밤 아파트 입구를 걸어 잠그고 가스 공급을 차단했다.[24] 현대의 한 관리 사무소 노동자는 입주자들과 자신의 관

* 1864년에 런던의 스피탈필즈에 처음 건설된 피바디 주택 단지는 원래 미국의 사업가 조지 피바디가 자신의 공장에서 일하는 노동자들을 위해 세운 곳이었다. 피바디는 노동자들에게 상대적으로 호화스러운 주택을 제공하고 그 대가로 열심히 일하기를 기대했으므로 이런 조항이 포함되었다.

계에 관해 자신은 “입주자들에게 어떻게 하면 세입자가 될 수 있는지 (…) 훌륭한 세입자가 될 수 있는지를 이야기해주는 사람”이라고 말한다.

“나는 아파트가 깨끗이 청소되어 있는지를 살펴봅니다. (…) 일일이 체크하지요.”[25]

《조직 인간》의 세계에서 이러한 규정에 필적하는 중간 계급의 규율은, 예를 들자면, 모든 직원에게 흰색 와이셔츠와 짙은 색 양복을 입도록 한 IBM의 복장 규정이나 외제 차 소유를 금지하는 여러 기업의 내규, 또는 좀 더 중대한 것으로는 동성애자 직원들이 자신의 사생활에 관해 거짓말을 하도록 만드는 압력 등을 들 수 있다.

공영 주택 단지와 기업 모두에서 제도는 누군가에게 의존한다는 사실을 남부끄럽지 않은 것으로 만들지만 그러한 관계 내부에서 자율성에 명예를 부여하지는 않는다. 에릭슨과 위니컷이 상상한, 의존과 자율성을 결합하는 심리적 가능성은 이러한 경우에서 조직적인 표현을 찾지 못한다.

복지를 하나의 권리로 간주하지 않는 미국에서처럼 복지 체제에는 그에 덧붙여진 심리적 관계가 존재한다. 인터뷰나 진찰 기록에 대한 심사는 사람들에게 정말로 도움이 필요하다면 어떤 도움이 필요한지를 알아내기 위해 사람들의 공적인 가면을 구성하는 허위나 침묵의 이면을 꿰뚫어 보고자 노력한다. 내 세대에서는 곤궁에 처한 사람들을 찾아내는 데 강조점이 두어졌지만, 이는 곧 좀 더 적대적인 관계에 길을 내주었다. 국가가 더욱 부유해지면서 여전히 가난한 사람들에 대한 의심이 늘어난 것이다.

따라서 복지 분석가인 리처드 클로워드와 프랜시스 폭스 피븐이 미국의 복지 수혜자들이 심지어 자신들이 정말로 가난하고 도움을 받을 만한 '자격이 있음'을 입증할 때조차도 '야유를 받는다'는 의미에서 존중받지 못한다고 불평하고 있다는 점을 발견한 것도 이상한 일은 아니다.[26] 그들은 온전한 인간으로서 심판받고 있다. 심판받는 당사자가 벌거벗겨진 듯 느끼는 적대적인 심판 말이다.

'야유를 받는 것'에 대한 이러한 두려움이야말로 고프먼과 푸코 같은 전체주의적 기관의 이론가들이 포착한 것이다. 벌거벗은 노출에 대한 두려움은 자유주의 사상가들이 의존 자체로까지 그 기원을 추적한 사실인 수치스러운 노출의 범위에 속한다. 그러나 여기에는 일종의 역설이 존재한다.

로크식 자유주의는 명예(작위, 특권, 계급의 의식儀式)의 허구를 벗겨내고자 했다. 아마도 몽테스키외가 그 결과를 로크보다 더 잘 이해했을 것이다. 누가 덕이 높고 자족적인 시민인가를 정의한다는 것은 한 개인의 내적인 존재 상태를 평가하는 것을 의미한다. J. S. 밀이 말한 것처럼, 이는 한 인간이 어떻게 일관된 논리적 판단 행위를 통해 자신의 삶을 결합할 수 있는지 평가한다는 의미다. 이러한 내적인 덕을 탐구하는 과정에서 공화국은 불가피하게 공적인 것과 사적인 것 사이의 선을 위반하고 시민의 인성 내부 깊숙한 곳에 있는 무언가를 '공격한다'. 개인적인 의존의 언어는 바로 이러한 것이다. 매우 개인적이고 적나라한 판단 말이다.

그리하여 피라미드식 복지 제도의 창설자들은 이 제도의 인간적인 측면을 다른 방식으로 풀고자 했는데, 왜냐하면 그들이 보기에 의존은 그것이 물질적인 것이든 사회적인 것이든 간에 현대 사회의 기본적인 사실로 보였기 때문이다.

그러나 영국의 현대 복지 국가 창설자들은 복지 수혜자들의 자율성을 존중하면서도 그들을 곤궁한 인간으로 다루는 데 문제가 있다는 점을 애초부터 알고 있었다. 1939년에 존 메이너드 케인스는 자신이 영국에 수립하고자 한 복지 국가를 다음과 같이 묘사했다.

> 이는 우리가 개인(개인의 선택의 자유, 개인의 신앙, 개인의 의견과 의견의 표현, 개인의 진취적인 기업가 정신과 자산)을 존중하고 보호하면서도 동시에 공동의 목적을 위해, 그리고 사회적, 경제적 정의를 증진하기 위해 조직된 공동체로서 행동할 수 있는 체제다.[27]

케인스의 미래상에서는 '동시에'라는 단어가 연결어 노릇을 한다. 관료적 보호를 제공하면서도 '동시에 개인과 (…) 개인의 선택의 자유 (…) 개인의 진취적인 기업가 정신을 존중'해야 하는 것이다.

이 위대한 경제학자가 보기에 회계 절차는 어떤 해결책도 제시하지 않는 듯했다. 밀의 자유주의 역시 마찬가지였다. 통치받는다는 사실에 대한 동의는 다른 사람들이 어떻게 의존하는 사람들을 통치하는가의 문제를 여전히 남겨둔 것이다. 케인스가 만들어내고자 한 복지 제도는 오히려 의존하는 사람들이 그들 자신의 의존 상태에 참여하도록 허용해야 하는 체제였다. 케인스는 민주적인 의존의 형태라고 이름 붙일 수 있는 바를 열망했다. 케인스의 지적인 성실성은 궁극적인 해결책을 자임하지 않은 채 제도의 문제를 예리하고 정확하게 다듬는 데 있었다.

해럴드 맥밀런 역시 1938년에 《중도*The Middle Way*》를 쓰면서 그가 좀 더 전 지구적으로 정의한 파괴인 관료주의의 자율성 파괴를 우려했다. 소련에서 맥밀런은 주관적 삶의 심층부에까지 뻗치는 관료제를 목격했는데, 이 관료제는 자신이 발견하는 현실에 따라 징벌적이기도 하고 온정주의적이기도 한 것이었다. 서구 공산주의에서 혁명적 전위는 기간 요원들의 삶의 내부에까지 영향을 미치면서 부르주아 사회 복지사들의 기능과 유사한 인성 개조 기능을 수행하는 듯 보였다. 그렇다면 관료주의의 침입은 그 자체로 나쁜 것이었을까? 맥밀런은 국가가 국민들을 굶주리고 병들고 미치도록 내버려두는 영국과 미국을 보기만 하면 되었다.[28]

공영 주택의 역사는 의존을 자율성과 결부하는 문제에 대한 하나의 해답을 제공했다. 앞선 세대의 자선 활동가들과 마찬가지로 영국 복지 국가의 시조들은 그들이 돌보는 사람들의 독립성을 강화하기를, 복지 수혜자들이 경제적 조건이 허용하는 경우에 자립할 수 있는 준비를 갖추기를 정말로 원했다. 혼성 소득 공영 주택*은 하나의 전범을 제시해주었다. 역사학자 고든 버크는 19세기 개혁가들이 "빈민들이 자신들보다 사회적 지위가 높은 사람들이 상승하는 사례를 옆에서 보면서 (…) 빈민가에 거주하면서 근면성을 잃은 가난하고

* 저소득층 대상 무상 임대 주택과 노동자 대상 유상 임대 주택을 한데 모아놓은 형태로 공영 임대 주택의 슬럼화를 막기 위한 방안으로 고안되었다.

사기가 저하된 사람들이 될 사태"를 우려했다고 쓰면서 이를 부정적으로 표현하고 있다.[29] 20세기 초에 영국의 오래된 도심부를 원형으로 둘러싸는 전원 도시에 관한 에벤저 하워드의 계획에서는 더 긍정적인 표현이 나타났다. 하워드는 혼성 소득 주택 단지가 빈민층에게 중간 계급 이웃들의 행태를 보여주어 자립할 수 있는 모델을 제공할 것이라고 생각했다.

혼성 소득 주택 단지의 근저에 놓인 논리는 악구樂句를 거꾸로 연주하는 것과 비슷하다. 정책은 우선 의존의 심리적 결과, 즉 장기간에 걸친 자기주장과 자존심의 저하를 다루어야 한다는 것이다. 이를 위해서는 규율을 불어넣거나 보다 독립적인 행동 능력을 강화하는 역할 모델과 길잡이를 제공하는 제도가 필요하다. 이러한 논리는 19세기 극빈층에게 부과된 피바디 주택 조합의 주거 규정에 어떤 의미를 부여하는 것과 마찬가지로 에벤저 하워드의 상승 욕구를 품은 노동자들에게 힘을 주는 것이었다. 미국의 군대식 청소년 범죄자 수용소의 논리와 마찬가지로 독립성을 낳는 엄격성은 오늘날에도 계속되고 있다.

그러나 이러한 공식에는 어떠한 참여도, 민주적인 의존도 존재하지 않았다. 제인 애덤스 같은 사회 복지관 활동가들은 오래전부터 빈민들이 자신들의 곤궁한 상황에 참여해야 한다는 것을 알고 있었다. 그러나 애덤스의 해답, 즉 수혜자들의 참여를 유도하는 기제로서 개인적인 자제심을 발휘한 것은 케인스나 W. H. 베버리지가 안정적이고 지속적이며 포괄적인 제도를 만들어내는 데 도움을 줄 수 없었다.

의존 내부에 자율성을 부여하는 것은 사회 민주주의적인 복지 국가 창설자들이 직면한 관료주의의 커다란 딜레마였다. 병원이나 보호소, 주택 단지, 시민 회관의 수혜자들에게 이 문제는 어떻게 보살핌의 수동적인 수혜자가 되는 상황을 피할 수 있는지로 전환되었다. 의존이 아니라 수동성이 문제였던 것이다. 고전적인 자유주의는 이에 대해 어떤 해결책도 제시하지 못했고, 전체주의적 기관에 대한 현대의 비판자들 역시 마찬가지였다.

청소년 노숙자들은 자신의 곤궁한 상황을 바라보기만 하는 방관자가 되는 것에 저항하는 사람들의 극단적인 사례다. 노숙자로서 그들에게는 스스로 마련할 수 없는 도움이 필요하다. 또 청소년으로서 그들은 성인들이 부과하는 권위와 통제에 반발하고 있다. 청소년들이 대개 그러하듯이 그들은 자신에게 필요한 길잡이를 불신하고 그에게 냉소적인 태도를 보인다. 가족에게서 도망치거나 가족에게 거부당하거나 버려지면서 그들은 살아남기 위해 무엇보다도 시급하게 자신의 삶을 조직화해야 한다. 어떤 종류의 제도가 그들이 그들 자신의 의존 상태에 참여할 수 있도록 해줄까? 어떻게 하면 그들이 지원과 자율성을 모두 경험할 수 있을까?

이것은 내가 풀지 못하는 하나의 수수께끼지만, 여기에는 한 가지 중요한 요소가 빠져 있는 듯 보인다. 우리가 보아온 자율은 단지 하나의 행동이 아니다. 이를 위해서는 한쪽이 상대방에 관해 이해하지 못하는 무언가가 있다는 사실을 인정하는 관계 역시 필요하다. 상대방에 관해 이해하지 못하는 점이 있다는 사실에 대한 인정은 관계에 지속성과 평등을 제공한다. 자율성은 연결과 낯섦, 친밀감과 비개인성을 동시에 가정하는 것이다.

복지 관료제의 역사는 바로 이와 같은 자율성의 요소가 배제된 역사다. 복지 국가의 창설자들이 보기에 곤궁한 사람들을 지원하기 위해서는 그 수혜자들에게 무엇이 필요한지를 정의하는 기관이 필요했다. 사용처를 정확히 규명하지 않고 자원을 제공하는 것은 분별없는 행위로 보였을 테지만, 그 결과 관료제는 자신이 봉사하는 사람들의 자율성을 인정하는 방법을 알지 못하게 되었다. 십 대 노숙자들은 노숙 생활에 관해 어떤 전문가적 식견도 갖고 있지 못한 존재로 여겨졌다.

순찰차의 경찰관들을 보고 인상 깊었던 점은 그들이 정말로 노숙자 아이들에게서 뭔가를 배운 것처럼 보였다는 사실이다. 비록 이 아이들이 쉽게 속거나 정에 약한 학생들은 아니었지만, 두 경찰관은 아이들에게 정신적인 신뢰를 주는 것을 통해서만 이들을 다룰 수 있다고 생각했다. 적어도 그 시절에는 경찰서 간부들이 아이들이 제공한 정보를 활용하기는 했지만, 거리에서 살아남을 수 있는 가장 좋은 방법에 관해 그들이 제공한 해석까지 활용하지는 않았다.

경직된 관료제에 관한 빅 브라더식의 설명은 이러한 맹목성을 설명하는 데 필요하지 않다. 경제에서 그러하듯이 복지에서도 관료적 피라미드는 자본주의 사회 내부의 '질서를 향한 모색'으로서 생겨났다. 이 카르텔을 추진한 것은 권력이지만, 음식과 주거, 의료 보호의 부족은 복지 국가의 질서를 향한 모색을 추진했다.

그리고 경제에서와 마찬가지로 복지에서도 질서를 위한 제도들은 의존하는 사람들의 내면 깊숙이 접근하고, 그들의 충성심과 그들의 생활 서사, 그리고 그들의 모든 가치 감각을 건드릴 수 있는 권력을 갖게 되었다. 거대 기업들은 파업을 방지하거나 생산성을 짜내기 위해 그렇게 했다. 이와 마찬가지로 복지 국가가 자신이 돕는 사람들을 만족시키는 것을 목표로 삼는다고 믿을 수 있는 것은 오직 과대망상증 환자들뿐이다. 그러나 수혜자들을 온전한 인간으로 대우하고자 한 이 제도들은 실제로 수혜자들이 그들 자신의 의존에 관한 타협에 참여할 자격이 있다는 사실을 부정하는, 눈에 띄는 커다란 오류를 저질렀다.

7장 자유로워진 복지

1908년에 젊은 존 메이너드 케인스가 인도부India Office에서 사직하자 그의 상관은 동정하는 태도로 답장을 보냈다.

> 나는 정부 관직이 (…) 정력과 제대로 된 야망을 지닌 젊은이에게 어울리는 가장 좋은 일이라는 점을 결코 납득할 수 없었다네. 정부 관직이란 편안한 생계 수단이고 또 비록 느리기는 하지만 꽤 확실하게 현대적인 능력과 노후 연금을 보장받는 계단이기도 하지. 그렇지만 흥미롭거나 불굴성을 요하는 일은 드물고 인간 본성 가운데 투쟁적이고 자기 주장적인 요소를 충분히 불러일으키지는 않는다네.[1]

경직된 피라미드는 그 출발점에서부터 가장 야심적인 구성원들의 '투쟁적이고 자기 주장적인 요소'를 억압했다. 원래 '재능에 따른 성공'을 위해 자리 잡았던 관료적 틀은 더 많은 사람들을 포괄하면서 진취적인 모습을 잃었다.

케인스는 그만두었다. 안정된 삶이 자기만족으로 변질되었기에 야심이 적은 다른 사람들은 자신을 몰아세워야 했다. 인도의 작가 아미트 초두리는 '차 마시기, 뒷공론, 시간 끌기 등 오랜 시간을 통해 입증된 문화'에 푹 빠진 관직을 묘사하면서 이러한 변질을 환기한다.

> 그것은 어떤 의미에서는 더 넓은 세계의 운동에서 단절된 변경 식민지로 철수하는 것처럼 편안한 공간이었다.[2]

한 세대 전에는 수많은 사람이 복지라는 쇠 우리 외부에서 날뛰거나 궁지에 몰렸다. 경직된 관료제를 대체한 기관들은 그 내부에서 일하는 사람들에게 사회적 요구를 많이 하지 않았다. 바로 이 가벼운 기관들이 복지의 제공을 변화시켰다. 날뛰던 사람들과 궁지에 몰린 사람들 모두 이 변화된 세계가 제공하는 자유가 무엇이든 간에 그 속에서 뭔가를 잃었다는 점을 깨달았다. 상호 존중을 조직화할 수 있는 길을 잃은 것이다.

디스크

스탠더드 석유 회사가 막을 연 시장 경쟁에 대한 억압은 20세기의 마지막 30년에 이르러 경제적인 역할을 다하게 되었다. '세계화'는 과거의 질서를 고갈시킨 힘들을 지칭하는 이름 가운데 하나다. 세계화는 모든 것을 포괄하는 단어지만 몇 가지 부분에서 제도의 사회적 변화와 관계된다.

1980년대 초반에 이르자 전 세계적으로 생산물과 서비스에 대한 억압된 수요가 어마어마하다는 사실이 분명해졌다. 통화 이동을 통제하기 위한 브레턴우즈 체제가 1973년에 붕괴된 뒤 엄청난 양의 자본이 투자 기회를 찾고 있었다. 한데 결합된 공급과 수요는 기업들이 시장 수요와 통화 공급의 변화에 신속하게 적응하도록 자극했다. 컴퓨터를 통한 기술 혁신은 '전 지구적인 실시간', 즉 전 세계적인 통신과 금융 거래의 동시 발생을 가능하게 만들었다. 마지막으로, 그리고 가장 중요한 것으로 권력상의 변화가 일어났다. 주식 소유주들은 투자에 대한 단기 수익을 거듭 요구하기 시작하면서 기업 상황이 전과 크게 다르지만 않다면 만족하던 경영 관료들에게 문제를 제기했다.[3]

어떤 종류의 조직이 이러한 요구를 충족할 수 있었을까? 자동차 제조업은 이러한 변화를 잘 보여준다. 포드의 관리자들은 조업 현장에서와 마찬가지로 사무실에서도 반복적이고 틀에 박힌 노동을 요구했다. 일본 자동차 제조업체들은 1970년대부터 줄곧 포드주의의 군사적 논리에 도전했다. 이 기업들은 수요가 변동하고 초점이 바뀌는 데 맞춰 여러 직무와 생산물 사이를 이동하는 노동자 팀 체제로 생산 과정을 재설계했다. 스바루의 새로운 관리자들은 공장에서 일하는 노동자들에게는 어떤 고정된 적소適所도 없다고 주장했다. 일본 자동차 제조업체들은 해외 공장에 자본을 투자했다. 이 기업들은 매우 정교한 컴퓨터 정보 처리 시스템을 통해 매월, 아니 심지어 매주 시장의 변동을 추적하면서 수요와 공장 운영을 모니터했다. 또한 재고를 낮은 수준으로 유지하기 위해 부품의 적시just-in-time 납품을 활용했다. 처음에 헨리 포드는 이렇게 공언한 바 있다.

"여러분은 검은색 가운데서 어떤 색상이든 우리 회사가 만든 차를 살 수 있습니다."

오늘날의 제조업체들은 '플랫폼 디자인*'을 채택하고 있는데, 이는 똑같은 기본적인 기계를 이용해 손쉽고 신속하게 수많은 각기 다른 자동차를 주문 제작하기 위한 것이다.[4]

이와 같은 변화의 뿌리에는 두 가지 원칙이 있다. 형태에서는 관료적 피라미드보다 평평하고 시간에서는 더 짧은 조직을 만들어야 한다는 것이다.

'평평하다'는 것은 피라미드식 조직에서 관료제의 중간층을 제거한다는 의미다. IBM의 조직 구성표는 이러한 근본적인 수술을 생생하게 보여준다. 1965년에는 지휘 계통에 스물세 개의 표준화된 연결 고리가 있었지만, 2000년에 이르면 최하층과 최상층 사이에 공식적으로 일곱 개의 직위만이 있게 되었다. 조직의 수직적 통합은 또한 하층부의 확대를 억제하는 것을 목표로 한다. 외주와 하청은 이를 줄이는 한 방편이다. 포드의 전성기에도 흔한 일이었던 외주는 전혀 새로운 현상은 아니다. 변화된 것은 이러한 관행의 규모와 전 세계에 확산되어 있는 하청 업체와 재하청 업체의 망이다.

* 하나의 차대車臺를 가지고 여러 가지 스타일의 모델을 만들어내는 방식

'짧다'는 것은 한 조직에서 고정된 역할을 좀 더 일시적인 직무로 대체한다는 의미다. 하버드 경영 대학원의 한 권위자는 "사업 개념, 생산물 디자인, 경쟁 업체 정보, 자본 설비 등 모든 종류의 지식의 신뢰할 수 있는 수명이 더욱 짧아진" 조직들에 관해 말한다.[5] 새로운 방식의 노동은 어떤 직무를 수행하기 위해 결합되었다가 흩어지는 팀 체제로 피고용인들이 새로운 집단을 형성하는 것을 강조한다. 하지만 유연한 기업이 외부의 새로운 시장 기회에 신속하게 반응하기 위해서 이 팀들이 서로 경쟁하면서 상층부에서 설정한 목표에 효과적이고 신속하게 부응하기 위해 노력하는 것은 당연하다. 오늘날의 자동차 산업에서는 똑같은 자동차의 다섯 가지 변형 모델을 만드는 다섯 개의 팀이 있을 수도 있다. 그 결과 효율성의 의미는 바뀐다. 혁신을 자극하기 위해 의도적인 중복이 생겨나는 것이다.

'짧다'는 것은 또한 장기적인 이윤보다는 시장에서의 단기적인 수익과 관련된다. 1965년에는 기관 투자자들이 평균 46개월 동안 주식을 보유했다. 반면 2000년에는 그 기간이 평균 8개월이었다. 그 결과 앞선 세대보다 분기별 주가가 훨씬 더 중요한 의미를 갖게 되었다. 분기별 수익을 자랑스럽게 내세울 수 있는 경영자들은 성공을 거둔다. 장기적인 목표를 추구하는 경영자들은 자기방어에 급급하다.

베버와 미헬스는 무질서를 피하는 데 중점을 두는 조직에서 관료들이 갖는 권력을 환기했다. 오늘날 주주와 '이해 당사자stakeholder*'

* 주주뿐만 아니라 기업의 경영과 이해관계를 공유하는 노동조합, 시민 조직, 지역 사회 등을 포괄적으로 가리키는 용어

들은 경영에 대한 권한을 거듭 주장하고 있다. 또 기업 소유주들은 기업 관료들을 관리하기를 바란다. 오늘날에는 연기금이 기업 이사회의 적극적인 참가자다. 세계화는 전 세계의 주주들, 즉 경영진의 자리와는 거리가 먼 이방인들이 기업 조직에 대한 판단을 내릴 수 있다는 의미다. 부패하거나 무능한 경영자들은 항상 자신들의 유죄를 입증하는 자료를 숨기려고 노력해왔다. 엔론의 사례 같은 스캔들에서 새로운 점은 외부의 '호시탐탐 엿보는 눈'의 수가 많다는 사실만이 아니라 기업의 신용 사기가 밝혀지는 속도가 빠르다는 사실이다.

기업들이 피라미드 구조에 반기를 들기 시작했을 때, 그들은 이 새로운 평평하고 짧은 구조, 즉 느슨하고 재결합이 쉬운 조직 형태를 설명하기 위해 '네트워크'라는 이미지를 떠올렸다. 아울러 몇몇 경영학 권위자들은 네트워크의 지휘 체계에는 연결 고리가 적기 때문에 네트워크 조직은 군사적이기보다는 민주적이라고 주장해왔다. 그러나 이는 다소 오해를 불러일으키는 주장이다. '네트워크'라는 말은 그와 같은 짧고 평평한 조직에서 권력이 어떻게 작동하는지를 실제로 설명해주지 못한다. 오히려 기업 구조의 두 유형은 각기 다른 종류의 불평등을 낳을 뿐이다.

로버트 프랭크 같은 경제학자들은 현대 기업들이 만들어내는 소득 불평등을 지적해왔다. 보너스와 스톡옵션, 연봉 등을 통해 저절로 늘어나는 부를 향유하는 기업 엘리트들과 하층 대중 사이에 격차가 커지고 있다는 것이다. 프랭크는 이를 '승자 독식'의 결과라고 부른다.[6] 이와 같은 점증하는 불평등은 경영자 탐욕의 산물만은 아니다. 이는 현대 기업이 기능하는 방식 자체에서 생겨난다. 이러한 기능적 불평등은 현대의 노동 조직이 디스크 플레이어의 내부 구조와 유사하게 작동한다는 사실의 결과물이다.

CD 플레이어 안에 있는 중앙 처리 장치(원추형의 빛을 방출해서 디스크 표면의 자료를 판독하는 레이저 장치)는 디스크에 담긴 여러 형태의 노래를 검색하고 재생하고자 하는 곡이나 자료의 순서를 선택할 수 있다. 평평하고 짧은 관료제 역시 중앙 처리 장치를 갖고 있다. 소수의 관리자가 결정을 내리고 직무를 설정하고 결과를 판정하는 등 지배할 수 있는 것이다. 디스크 위의 여러 요소는 신속하게 다시 정리되고 프로그램될 수 있다. 정보 혁명은 전체 조직을 즉각 판독할 수 있는 힘을 중앙 처리 장치에 부여했다.

그러므로 유연성은 특정한 종류의 불평등 행사를 용인한다. 피라미드식 기업과 마찬가지로 상층부는 아래부터의 의결을 거치지 않고도 투자나 사업 전략에 관해 갑작스러운 결정을 내릴 수 있다. 그러나 피라미드식과는 달리 이러한 결정의 실행은 신속하면서도 정확할 수 있다. 피라미드에서는 명령이 지휘 계통을 따라 내려가면서 각 연결 고리에서 약간씩 바뀌는 경향이 있다. 또 역으로 상층부의 사람들이 아래쪽의 두터운 관료제 층에 의존할 때는 정보가 상향으로 이동하면서 바뀐다. 나쁜 뉴스는 종종 최상층까지 올라가지 않는다.

지휘 계통의 연결 고리를 없애면 이러한 해석상의 변화를 줄일 수 있다. 하지만 그 대신 상층부의 감시와 지휘 권한은 증대될 수 있다. 현대의 테크놀로지가 여기서 결정적인 역할을 한다. 정보화 덕택에 최상층 지도부는 휘하 군대가 잘하고 있는지, 시장이 어떤 행태를 보이는지를 매일, 아니 매시간 측정할 수 있다. 투자자들은 해석보다는 투명한 정보를 원한다. 진정한 민주주의는 언제나 느리다. 심사숙고하고 털어놓기 때문이다. 디스크식 기관에서 느리다는 것은 기능 장애가 된다.

이와 같은 유연한 조직은 미세하게 등급이 매겨지는 불평등 대신에 엘리트와 대중 사이에 더 날카로운 구별을 가능케 한다. 유연한 조직은 효율적인 지휘권이 상층부에 있기 때문에 전통적인 관료적 피라미드보다 더욱 '전체주의적인 기관'으로 기능할 수 있다.

20세기 마지막 몇십 년 동안의 호황기에 평평하고 짧은 조직들은 아미트 초두리가 환기한 공동체(사람들이 일보다는 서로에게 더 관심을 갖는 공동체)보다 기회를 잡는 데 더 나은 모습을 보여주었다. 전지구적인 제조업과 금융 서비스, 언론, 컴퓨터 소프트웨어 기업 등에서 평평하고 짧은 조직이 승승장구했다. 구식의 관료적 피라미드는 다른 종류의 사업(꽤 안정적인 수요 원천을 가진 경우나 장기적인 이윤을 목표로 하는 경우)에서 계속 제대로 기능했다. 피라미드는 또한 가족소유 기업이나 공개적으로 거래되지 않는 생산물을 강력하게 지배하고 있다.

1990년대의 호황이 끝나면서 평평하고 짧은 조직의 실험은 위험에 빠진 듯 보였다. 곤란에 처한 기업들은 사업체가 어려운 시기를 헤쳐 나가도록 헌신하는 피고용인들과 인내심 있는 투자자, 공급업자 등과 안정적인 관계를 맺어야 했다. 인터넷 거품의 붕괴는 '신경제 new economy'의 기관들에 대한 회의론을 일깨웠다. 그러나 평평하고 짧은 기관들은 이미 입지를 굳힌 상태였다. 그들 없이는 어떤 전 지구적 사업도 행해질 수 없었고 어떤 기업도 종신 고용의 원칙에 입각해 세워지지 않을 터였다. 더욱 불길한 점은 유연한 기업이 복지를 위한 모델이 되어버린 것이었다.

디스크식 복지

사회학자 밥 제솝은 새로운 기업 모델을 복지 국가에 적용하는 것을 일컬어 사회 복지사와 감독관의 수뿐만 아니라 관료제 층까지도 축소하여 관료제라는 복지 국가 건물의 '속을 파내는 행위'라고 지칭한다. 물론 의사, 교사, 사회 복지사 등의 대열의 '속을 파낸다'고 해서 병자나 학생, 빈민의 수를 줄이지는 못한다. 그러므로 복지 관료제의 개혁을 위해서는 복지의 소비자들이 자신들이 받는 보살핌에 대해 재고해야 할 필요가 있다. 기간은 더 짧아지고 내용은 더욱 유동적으로 바뀌는 것이다.

미국의 일부 지역에서 분명히 볼 수 있는 최선의 개혁에서 '평평한 복지flat welfare'는 관료제의 연결 고리를 축소하면서도 현장 직원의 수는 적절한 수준으로 유지한다. 위스콘신주와 뉴욕주는 불필요한 감독 인원을 줄인 모델이라고 할 수 있다. 이보다 덜 숙련된 평평한 전략에서 개혁가들은 국내 시장의 기업 관행을 좇으려고 애써왔다. 이러한 노력은 영국의 국민 건강 보험에서 일어난 첫 번째 '개혁' 물결 당시, 그리고 학부모들이 아이들을 놓고 경쟁하는 학교들 가운데서 자유롭게 선택할 수 있도록 등록금 바우처*를 제공하자는, 미국과 유럽에서 현재 제기되는 제안에서 볼 수 있다.

위계질서를 깨려는 이러한 노력은 다소 서투른 시도인데, 왜냐하면 기업 시장에서는 가격이 핵심이지만 교육이나 보건에서는 비용만이 질의 척도가 아니기 때문이다. 한층 어려운 문제도 있다. 가난한 사람들이나 교육 수준이 낮은 사람들은 여러 학교를 놓고 '비교 평가'하기가 특히 어려운데, 그들이 자신들의 경험을 아이들이 원하는 바의 모델로 삼을 수 없기 때문이다. 환자들이라면 누구나 의사나 병원을 비교 평가하는 데서 이와 유사한 어려움을 겪는다. 복지의 소비자들에게는 제삼자의 사심 없는 조언이 필요하다. 그러나 시장에서는 어떤 판매자도 사심 없는 제삼자가 아니다. 외과 의사를 선택하려고 애쓰는 암 환자가 최고의 판매자를 선택하는 문제에서 이득을 볼 리는 만무하다.

* 미국의 공립 학교는 학군별로 나뉘어 있으며 학군에 해당하는 지역에 거주하는 학생들은 무시험 추첨으로 해당 학군 내의 학교로 진학한다. 이 학군의 공립 학교들은 지역 주민들의 세금으로 운영되며 학비는 무료다. 그런데 지역 간 경제적 격차 때문에 학군에 따라 학교의 재정 수준, 교육 수준에 크게 차이가 난다는 문제가 발생한다. 지역 주민의 직접 교육세로 교육비를 충당하기 때문에 부유층이 사는 곳과 저소득층이 사는 곳의 학교 간 격차가 매우 커지는 것이다. 이 때문에 학생과 학부모의 학교 선택권을 보장하기 위해 제기된 등록금 바우처 제도란 공립, 사립을 불문하고 학생이 지원하는 학교에 재정을 투입하는 제도다. 어떤 학생이 사립 학교에 지원하는 경우, 그 학생이 공립 학교에 다녔으면 지원받았을 만큼의 돈을 학생이 다니는 사립 학교에 지원하는 것이다. 가령 학생은 정부에서 등록금 바우처를 받아서 사립 학교에 등록금 대신 납부하고 사립 학교는 정부에 이 바우처를 제출하고 재정을 지원받는다.

복지 개혁에서 '짧다'는 것은 영구적이거나 고정된 보장을 제한하고 이를 더 일시적인 도움 행위로 대체하여 복지 국가의 책임성을 축소하는 상태를 뜻한다. 미국과 서유럽에서 이를 가장 극적으로 보여주는 사례는 실업 급여를 받을 수 있는 기간을 줄이는 것이다. 사실 짧은 복지는 현실적인 필요성 때문에 생겨난다. 이탈리아의 고정된 퇴직 규정은 정부 재정을 바닥나게 만들었고, 독일과 스웨덴의 고정된 실업 급여 역시 마찬가지의 위협을 제기했다. 국내 시장과 마찬가지로 정부의 책임을 축소하는 짧은 복지는 운명의 제어를 개인에게로 이전시킨다.

평평하고 짧은 기업들처럼 그 결과 불평등이 생겨난다. 가령 정책 분석가 패트릭 던리비는 개혁이 수동적으로 의존하는 사람들과 자립적인 복지 소비자들 사이에 만들어내는 분열을 연구한 바 있다.[7] 전자의 사람들은 길잡이를 필요로 하는 데 반해 후자의 사람들은 오직 자원만을 요구한다. 자신의 연기금 투자를 관리하려고 애를 쓰는 아흔 살 노인이 전자의 범주에 해당한다면, 이 노인이 40년 전이라면 후자의 범주에 해당했을 것이다. 또 런던에서 자기 아이가 다닐 학교를 선택하기 위해 애쓰는 당황한 이민자 부부가 전자에 속한다면, 평생 런던에 거주한 부모들은 후자에 속할 것이다.

던리비는 개혁가들이 스스로 결정을 내리는 사람들보다는 수동적으로 의존하는 사람들에게 더 빈약한 질의 서비스를 제공하는 경향이 있다고 지적한다. 던리비와 마찬가지로, 제솝 역시 "개혁"은 "모든 시민에게 하나의 권리로서" 혜택을 제공하는 것에서부터 "특권층에게는 재정을 스스로 조달하는 보너스를 주고 불우한 계층에게는 낙인과 함께 규율적인 자선을 베푸는" 두 국민 정책two-nations policy으로의 변화를 뜻한다고 결론을 지었다.[8] 이러한 결과는 민간 부문의 승자 독식 시장과 다소 유사하다.

마지막으로, 노동 관료제와 마찬가지로 복지에서도 평평하고 짧은 구조는 권력을 집중시킬 수 있다. 복지에서 레이저 장치는 누가 자원을 할당받을지를 결정하는 중앙 집권화된 정책 결정자들로 구성된다. 민간 보험 회사인 미국의 HMO가 의사가 환자들을 치료할지 또 얼마나 많은 의사가 치료할지를 결정하는 것이다. 더 넓게 보자면, 이른바 '이전된' 복지 체계에서 중앙 정부는 모든 시민에게 필요한 것이 무엇인지보다는 지자체가 얼마나 많이 지출할 수 있는지를 결정한다. 복지 관료제의 '속을 파내는 행위'는 기업에서와 마찬가지로 관료적 피라미드의 특징인 여러 층 사이의 해석적 소통을 축소한다. '필요'는 교섭이 가능한 인간관계라기보다는 상층부에서 즉각적으로 산정할 수 있는 하나의 추상적 개념이자 수치, 자료가 된다.

노동을 통한 복지

기업에서 공급보다 수요가 많으면 이윤이 늘어난다. 그러나 복지 국가에서는 공급보다 수요가 많으면 빈곤이 생겨난다. 이 때문에 복지 수혜자들을 일하게 하여 복지 수요를 줄이려는 움직임이 생긴다. 노동을 통한 복지는 경제적인 만병통치약은 아니다. 이는 복지 국가에 소요되는 비용의 대부분을 이루는 의료나 교육, 연금 등을 줄이지는 않는다. 그러나 돈이야말로 이러한 개혁을 추구하는 단 하나의 이유다.

오래전부터 노동은 자부심과 타인에게서 오는 존중 모두를 향상시키는 인성 형성의 기제인 듯 보였다. 노동 기회는 청소년 노숙자들에게 실제로 물질적인 지원뿐만 아니라 심대한 정서적인 지원까지도 제공해왔으며, 노동이 자부심을 북돋아주는 기능을 한다는 사실은 수많은 연구에서 입증되었다. 복지에 의존해 살아가는 성인들 가운데 일할 능력은 있지만 기회를 찾지 못한 사람들 역시 노동을 통한 복지 프로그램에 이와 비슷한 반응을 보인다. 그러나 노동을 통한 복지가 개인적인 전략으로 추구되면 가족에서 문제가 생길 수 있는데, 여성이 일을 하고 남성은 여전히 실업자인 경우가 그러하다.

게다가 이 새로운 노동자들이 하는 일은 상호 존중과 사회 일반의 존경이라는 문제를 또 다른 방식으로 복잡하게 만든다. 복지 수혜자였던 사람들이 할 수 있는 일은 보통 유연한 방식을 채택한 기업에서 행하는 저숙련 서비스 노동이다. 패스트푸드 식당 일자리나 계약직 경비원, 임시직 병원 보조원 등이 그것이다. 복지 수혜자들이 평평하고 짧은 조직의 밑바닥으로 유입되는 현상에 변화의 여지가 있다는 점을 지적하고 넘어가야겠다. 노동을 통한 복지를 실험하는 미국 정부의 일부 분야는 이 새로운 빈민 노동자들이 미래가 보장되는 숙련직 일자리를 얻을 수 있도록 직업 훈련에 시간과 비용을 투자해왔으며, 노동조합들 역시 동일한 방식으로 복지에 의존하던 사람들을 받아들이고 있다. 대부분의 새로운 노동자들이 직면하는 더 큰 사회적 문제는 그들이 진입하는 조직(그 작동 방식이 빈민뿐만 아니라 중간 계급에게도 응집력을 갖지 못하는 조직)들에 있다.

피라미드식 조직에서 조직에 충성을 바친 사람들은 충성에 대해 보상받을 수 있었다. 이제 연공이나 근무, 충성 등으로 기업에 권리를 주장할 여지가 줄어들었다. 인텔 회장은《편집광만이 살아남는다》라는 적절한 제목의 책에서 다음과 같이 선언했다.

> 경쟁에 대한 두려움, 파산에 대한 두려움, 실패에 대한 두려움, 패배에 대한 두려움 등이 모두 강력한 동인이 될 수 있다. 우리는 어떻게 우리 직원들에게 패배에 대한 두려움을 심어줄 것인가? 우리 스스로 그러한 두려움을 느낄 때만이 직원들도 그렇게 될 수 있다.[9]

이와 같은 조직에서는 초연한 태도가 당연지사다. 최근에 IBM의 인원 감축을 지휘한 한 컨설턴트는 일단 피고용인들이 "(회사에 의존할 수 없다는 사실을) 이해하기만 하면 그들의 시장성이 높아진다"고 공언했다.[10] 이제 사람들은 노동을 일시적인 활동으로, 이곳저곳으로 옮겨 다니며 수행하는 일련의 직무로 생각해야 한다.

평평하고 짧은 노동 형태는 노동자들 사이에서 우애의 결속력을 약화하는 경향이 있다. 가령 사회 분석가 로버트 퍼트넘은 미국인들의 우정 관계에서 동료 노동자는 10퍼센트 이하를 차지한다는 사실을 밝혀낸 바 있다. 중요한 문제를 논의하고 싶을 때 누구와 이야기를 나누는지 질문받은 사람 가운데 동료 노동자라고 답한 응답자는 절반 이하였다.[11] 동료애의 약화는 6개월 내지 8개월마다 순환되는 팀 체제의 사례처럼 특히 노동자들이 함께 보내는 시간이 줄어든 일자리가 낳은 필연적인 사회적 결과다. 이제 사람들은 서로를 알 필요가 없는 것이다.

게다가 유연한 노동 세계는 사다리의 맨 밑바닥에서 수동성을 조성하는 경향이 있다. 자신의 지속 가능성을 주장할 수 없는 불안정한 조직에서 사람들은 살아남기 위해 복지부동하는 경향이 있다. 사회학자 찰스 헥셔는 감량 경영과 기업 구조 혁신에서 살아남은 사람들조차 다음 차례의 감원 태풍을 두려워한 나머지 무서운 경영진의 눈에 띄지 않기를 바라면서 복지부동한다는 사실을 밝혀낸 바 있다.[12] 사회학자 질 안드레스키 프레이저는 이를 '생존 전략으로서의 정서적 무관심'이라 이름 붙였다.[13]

평평하고 짧은 조직의 이와 같은 사회적 결점들은 특히 하층부의 새로운 가난한 노동자들에게 적용된다. 외부의 개입이 없다면, 새로운 노동자들은 이러한 작업장에서 지원 네트워크를 형성하는 데 어려움을 겪는다. 무관심한 환경, 제도적 불신, 수동성 등은 일하는 법을 배우는 데 좋지 않다. 마지막으로 고용된 사람이나 가장 낮은 직책에 고용된 사람들이 흔히 맨 먼저 해고되기 때문에 이들의 문제는 더욱 심화된다. 값비싼 비용이 드는 고용 지원이 없다면, 이 수습 일자리들은 과거에 복지에 의존한 노동자들의 사기를 특히 떨어뜨릴 것이 분명하다.

노동을 통한 복지로 일자리를 얻은 사람들이 직면하는 문제들은 모든 유연한 조직에 관한 근본적인 사실을 환기한다. 이 조직들의 사회적 결속력은 허약하다. 이러한 노동 세계를 관찰한 제러미 리프킨이나 로버트 하워드 같은 사람들은 노동의 스트레스가 진정한 사회적 결속에 이바지하는 일은 거의 없다고 주장해왔다. 유쾌함, 허울뿐인 협력, 일터에서 '사교 기술'이라는 이름 아래 장려되는 원초적인 공격성에 대한 억제 등도 마찬가지다. 상냥한 태도는 있을 수도 있지만 많은 헌신을 기대하기는 힘들다. 앨버트 허시먼이 묘사한, 헌신적이기 때문에 명료하게 표현할 수 있는 일터에서의 '발언'은 침묵으로 빠져들었다.[14]

따라서 리프킨과 하워드를 비롯한 많은 노동 비평가가 공동체의 삶이 평평하고 짧은 조직의 사회적 결점을 메워주어야 할 것이라고 결론지었다. 노동에 대한 보상으로서 기능하는 공동체 말이다. 이것은 과연 어떤 종류의 치유책일까?

공동체의 치유

내 어린 시절에만 해도 공동체의 치유는 분명하게 보였을 것이다. 전쟁이 끝나 병사들이 고향으로 돌아오고 시카고의 군수품 생산 공장들이 문을 닫았을 때, 카브리니에 살던 남자들은 새롭게 일자리를 찾아야 하는 문제에 직면했다. 언제든지 가사도우미로 취직할 수 있었던 부인들과 달리 말이다. 남자들은 매일 아침 주택 단지의 서남쪽 모퉁이에 모여들었고, 인력 업체 사장들이 그중 몇 명을 선발해서 트럭에 태워 도시의 일용직 노동을 맡겼다. 남자들은 대부분 자신들이 일용직 노동자에 불과한 이런 유연한 노동을 증오했다. 그런 증오심은 카브리니에 대한 애착으로 더욱 커질 뿐이었는데, 질서가 제대로 잡힌 카브리니에서 그들은 일용직 노동자가 아니라 다시 남자가 되었던 것이다.

고전적인 사회학은 이익 사회Gesellschaft와 공동 사회Gemeinschaft를 구분한다. 이익 사회는 단순한 기능을 지칭하는 데 반해 공동 사회는 사람들 사이의 정서적으로 충만한 관계로 이루어진 것이다. 이러한 대조는 이방인의 행동과 이웃의 행동, 거대한 공간과 좁은 공간, 규칙을 강조하는 행동과 본성상 자발적인 행동을 대비시키면서 풍부해진다. 카브리니의 노동자들이 공동 사회를 선호한 것처럼 현대의 많은 복지 개혁가도 공동 사회에 호의적이다. 공동 사회가 보살핌의 환경을 타락시키는 정도가 덜한 것처럼 보이는 것이다.

그러나 이런 단순한 대조는 설득력이 부족한데, '공동체에서의' 성공적인 복지는 종종 비개인적이고 엄격한 규칙에 따라 작동되어야 하기 때문이다. 가령 공동체에서 활동하는 훌륭한 거리 청소년 선도원들이 실제로 가장 어려운 경우(청소년 범죄)에 어떻게 성공을 거두는지를 생각해보라.

시카고의 가장 효율적인 청소년 조직 가운데 하나인 시카고 지역 프로젝트는 청소년 범죄를 줄이기 위한 노력의 일환으로 1930년대에 시작되었다. 몇 세대에 걸친 기간 동안 이 조직은 비행 청소년 선도 활동을 벌였는데, 이는 아주 숙련된 기술을 요하는 일이었다. 청소년 범죄자들은 종종 사회 복지사들을 '좌절'시키려고 애쓰는데, 가령 가능한 최대한 무뚝뚝하거나 공격적인 성향을 보여 이 성인들이 자제력을 잃도록 도발한다. 여기에 감정적으로 대응한다면 파국이 초래될 것이다. 게다가 거리에서 이런 일에 대처하는 법을 배운 성인들은 현지 토박이가 아니라 오랫동안 다른 사람들이 축적한 지식에 의존하는 이방인들이었다.

이런 활동과 같은 프로그램을 만드는 데 필요한 시간은 일상적인 삶의 시간이 아니다. 파리 도심의 버스 정류장 근처 거리를 배회하는 청소년 마약 중독자들을 대상으로 하는 오늘날의 한 프로그램은 마약 중독자들의 공동체와 효과적인 접촉망을 형성하는 데 약 8개월이 필요하고, 그 뒤 한 사람 한 사람 마약을 끊도록 만드는 데 5년 정도가 소요된다고 추정한다.

파리와 마찬가지로 시카고에서도 훌륭한 거리 선도 활동을 통해 마약 중독은 아니더라도 범죄에서 손을 떼도록 하는 데는 계획된 서사가 필요하다. 외부인의 눈에 시카고 지역 프로젝트는 아주 관료적인 것으로 비치는데, 그 이유는 이 오랜 교정 과정에 의사들의 지원과 법률 부조, 범죄자 자신을 위한 그리고 때로는 그들의 가정을 위한 경제적 지원이 필요하기 때문이다. 거리에서 활동하면서 형식적인 관료주의를 삼가는 도움을 가정한다는 것은 거의 도움을 주지 않겠다는 뜻이다.[15] 무릇 진지한 보살핌이란 유연성의 시간 틀을 넘어서는 것을 뜻한다.

그러나 우리는 공동체적 복지의 더 자발적이고 자연스러운 형태를 보면서 공동체의 경험에 대한 우리 자신의 욕망을 표현하고 있다. 그리고 이러한 욕망은 아주 특정한 위치를 갖는다. 그 기원은 특정한 종교의 과거에 있다. 공동체를 향한 욕망은 시간의 경과에 따라 특정한 종교의 경험과 교차하면서 독특한 모습을 띠게 되었다.

전통적인 유대교와 이슬람교에서 공동체의 복지는 개인들에게 신성한 법에 복종하면서 타인들에 대한 의무를 실행하라고 요구했다. 중세 시대에 이르자 유대교의 구약 주석가들은 매년 가정에서 얼마만큼의 자선을 행해야 하는지(대략 가계 전체 재산의 10퍼센트), 그리고 누구에게 얼마나 베풀어야 하는지(가령 사촌의 고아들에게는 얼마를 주어야 하는지)에 관해 매우 구체적인 수치를 제시했다. 코란도 이와 비슷하게 구체적이었다. 이슬람의 자선 제도인 와크wacq*는 중세의 코란 주석가들에게서 개별 가족을 돕는 일종의 확대 가족으로 나타났다. 가톨릭 역시 동정심을 의무로 공식화했다. 로마 교황의 회칙인 1871년의 레룸노바룸**은 근대 경제에 억압당하는 사람들에 대한 교회 자체의 의무에 초점을 맞추었다.

그러나 개신교는 타인에게 도움을 제공하는 행위의 자발적이고 자연스러운 성격을 강조했다. 루터는 자선은 명령할 수 없는 것이라고 썼다. 칼뱅에게 동정심은 '자아의 아낌없는 선물'이다.[16] 워즈워스의 시 〈컴벌랜드의 늙은 걸인*The Old Cumberland Beggar*〉은 의무로서의 동정심이라는 가톨릭(그리고 유대교 및 이슬람)의 믿음을 공격한다.

(…) 자신이 사는 땅에 확립된
도덕률을
엄격하게 따르는 사람들.

* '기부'라는 뜻의 아랍어

** '새로운 사태'라는 뜻의 라틴어로 교황 레오 13세가 1891년에 발표한 노동 문제에 관한 회칙. 1871년이라고 한 것은 세넷의 착오로 보인다.

이처럼 악행을 냉정하게 자제하는 가운데
그리고 피할 도리가 없는 이러한 자선 가운데
무엇으로 인간 영혼을 만족시킬 수 있는가?[17]

1540년대에 크랜머 대주교는 성직자들에게 '큰 소리로 말하고 사람들이 들을 수 있도록 (십자가가 아니라 회중에게) 몸을 돌리라고' 명령하는 식으로 교회의 의사소통을 개혁하고자 했다.[18] 가톨릭의 고해실에서는 사람들이 서로 몇 센티미터 떨어진 곳에 앉아서도 얼굴을 맞대고 말하지 않는 반면, 신교의 집단 대화는 목소리뿐만 아니라 눈초리까지도 모으고자 했다. 온전한 인간으로서 참여한 것이다. 그리고 이는 온전한 인간을 드러내기 위해서였다. 공동체 안에서는 어떤 것도 다른 사람들에게 숨길 수 없다.

얼굴을 맞대는 행위가 반드시 친밀성을 전제로 하는 것은 아니라는 점을 지적해야겠다. 가령 18세기 파리와 런던의 카페와 커피 하우스*에서는 모르는 사람들끼리 서로 자유롭게 얼굴을 맞대고 이야기를 나누었다. 그저 카페나 커피 하우스에 들어가서 아무 탁자에나 앉아 같은 탁자에 앉은 상대방을 알건 모르건 커피를 마시면서 대화를 나눈 것이다. 사람들은 집에서라면 적절치 못했을 연극적인 언어와 몸짓을 구사하며 이야기했다. 커피 하우스 대화의 다소 작위적인 성격 덕분에 이방인들도 지방이나 다른 나라에서 도시로 와서 공통의 언어를 나누거나 정보를 교환하거나 무슨 일이 벌어지고 있

* 둘 모두 17~18세기에 문인, 정치인 등의 사교장이었다.

는지를 알아낼 수 있었지만(런던의 로이드 같은 보험 회사들이 커피 하우스에서 시작된 것은 바로 이 때문이다) 이들이 개인적으로 서로 더 잘 알게 되지는 않았다.

청교도들은 커피 하우스에서 좋은 말동무가 아니었을 것이다. 신교는 대면적인 의사소통을 친밀한 드러냄의 방향으로 밀어붙였다. 자기를 드러내고 타인이 자신을 드러내는 일을 경험하는 것은 상호 존중의 일종의 결정적인 시금석이 되었다. 1830년대에 이르러 토크빌은 이와 같이 자신을 드러내는 친밀성이 얼마나 확대되었는지에 주목했다. 미국의 자원봉사자가 선행을 통해 얻는 것은 개인적인 관계였던 것이다. 토크빌이 보기에 자선은 소규모 지방 공동체를 만든다는 목적을 위한 수단이 되어 있었다.

여기에 자선을 우정으로 혼동할 위험이 있었고 지금도 이러한 위험은 여전하다. 19세기에 영국과 미국의 '빈민가 방문'에 수반된 혼동 말이다. 부르주아 '후원자Friend'들은 종종 자신이 방문하는 빈민들과 대면적인 관계를 맺고자 했다. 아버지가 없는 아이들에게 역할 모델과 아버지 대역을 제공하는 '빅 브라더' 조직들에서 알 수 있듯이, 좀 더 현대적인 형태인 미국의 자원봉사 활동도 마찬가지로 개인적이다.

청소년 범죄자를 대상으로 한 활동이 분명히 보여주는 것처럼, 도움과 우정을 혼동할 위험은 구조적인 위험이다. 지속적이거나 효율적인 도움을 제공하는 부담을 견딜 수 있는 우정은 극히 드물다. 도발이나 조작에 대응을 거부하는 행위가 비인격적이고 전문적인 기술인 것과 마찬가지로, 수혜자에게 장기적이고 집중적으로 시간을 할애하는 행위도 우정의 친밀성의 심화 뒤에 일어날 수는 없다. 사회 복지사는 결국 수혜자가 결속을 약화할 수 있기를 기대한다.

토크빌의 시대 이래로 미국 복지 체제의 독특한 특징은 현지 토박이인 자원봉사자들이었는데, 자원봉사의 사회사는 자원봉사자들 자신이 도움과 우정의 혼동을 깨닫고 그에 대처해야 했던 방식을 대부분 외면해왔다. 최근 들어 거대한 피라미드식 기관들의 '개혁'이 진척되면서 이러한 혼동이 자원봉사자에게 어떤 의미를 갖는지를 가려내는 일의 중요성이 커졌다. 자원봉사자들의 어깨에 어느 때보다도 많은 짐이 지워지고 있기 때문이다. 그러나 공동체의 봉사라는 사고를 훨씬 더 중요하게 보이도록 만드는 것은 현대 노동 세계의 대부분에서 사회적 관계가 갖는 피상성과 불안정성이다.

그렇다면 자원봉사자의 보살핌은 얼마나 효율적일까?

'누가 나에게 이방인인가?'

오늘날 미국에서 자원봉사는 매우 뚜렷한 사회적 특징이 되었다. 사람들의 평균 수명이 길어지고 이들이 더 건강한 삶을 살게 되면서 노인들은 많은 여유 시간을 갖게 되었고 자원봉사 의지도 실제로 높아졌다. 이와 마찬가지로 고무적인 사실은 학생과 젊은이들이 점차 교육의 일환으로 공공 봉사 프로젝트에서 일하게 되었다는 것이다. 그러나 30~50세 연령 집단의 개인들, 특히 삼십 대의 사람들은 1975년에 비해 1998년 현재 상당히 적은 시간을 자원봉사에 할

애하고 있다.[19]

중년 집단의 이러한 갭은 때로 노동 압력의 증대로 설명되기도 하는데, 이 집단에 속한 사람들의 노동 시간이 지난 30년 동안 상당히 증대되었기 때문이다. 그러나 이런 설명만으로는 충분하지 않다. 신문에 독자 투고를 하는 것 같은 다른 시민 참여 활동의 경우를 보아도 중년 미국인들의 참여는 줄어들었다. 영국에서도 투표에 참여하거나 정치 뉴스를 보는 젊은 유권자의 비율이 꾸준히 떨어지고 있다.[20] 공동체를 개인의 욕망과 분리시켰다는 점에서 이슬람과 유대교의 창시자들은 현명했다고 볼 수 있다.

토크빌은《미국의 민주주의》2권에서 '개인주의'라는 용어를 만들어내 이러한 문제를 가장 극적인 방식으로 끌어냈다. 개인주의란 가족과 친구에 대한 사랑에 있으며, 이러한 친밀한 영역을 넘어서는 사회적 관계에 대해서는 완전히 무관심한 것이라고 토크빌은 주장했다. 평등은 개인주의의 문제를 더욱 악화할 뿐이다. 대부분의 사람들은 취향과 신념, 욕구의 측면에서 자기 자신과 같아 보이기 때문에, 자신의 문제를 처리하는 일을 남들에게 맡길 수 있고 맡겨야 하는 것처럼 보인다는 것이다.

자원봉사 조직은 타인에 대한 개인적이고 평등주의적인 무관심의 제도적 평형추다. 오늘날 미국에서 비영리 자선 단체와 재단에 기부되는 부의 총량은 영국의 기부금 비율의 열두 배에 달할 정도로 경이적이다. 미국의 세법은 비영리 부문에 낸 기부금 액수와 거의 동일한 액수를 면세해주어 이와 같은 자선기금의 축적을 장려해왔다. 유럽 대륙의 국가들 역시 비영리 시민 사회 활동을 위한 재정 기반을 상당히 축적하고 있다. 이러한 자원에는 순전히 개인적인 기부뿐만 아니라 연금 자선 사업과 '시민 조직에 필적하기 위한' 정부 기부금도 포함된다.

그러나 한편으로는 미국과 유럽 모두에서 비영리 부문에 주어지는 금액이 늘어나고 있기는 하지만 개인당 기부하는 액수는 줄어들고 있다. 극소수 부유층만이 자선 재원을 부풀리고 있다. 1990년대의 거대한 경제 호황의 막바지에 미국인들의 1인당 기부금 액수는 대공황 직후인 1940년보다도 적었다.

따라서 개인의 기부 충동은 여전히 문제로 남아 있다. 기부 행위에 가장 열성적으로 참여하는 개인은 공동체 봉사에 자원하는 사람들이다. 로버트 워스너는 미국에서 가장 큰 '제도적인 호의'는 기능적이거나 합리적인 관계라는 냉정한 세계에서 찾을 수 없는 무언가를 자기 자신과 타인에 대한 경험에 덧붙이면서 자신의 인성에 모종의 변화를 가져오기를 바라는 자원봉사자들에게서 나온다는 사실을 밝혀낸 바 있다.[21] 셰릴 클라인먼과 게리 파인은 자원봉사 조직이 어떻게 사람들의 '가슴속 깊이 자리한 자아'의 변화를 약속하면서, 아니 그러한 변화를 요구하면서 사람들을 끌어들이는지를 보여주었다.[22]

정치 분석가 로버트 퍼트넘은 사회적 관계의 '결속bonding'과 '다리 놓기bridging'를 구분하는 식으로 이러한 호소력을 규명하고자 했다. 관계의 결속은 "배타적인 동일성과 동질적인 집단을 강화하는 경향이 있는 내향적인" 교제로 이루어진다. 이는 대면적인 영역이며 계속 그 힘을 유지한다. 관계의 다리 놓기는 "외향적인 것이며 다양한 사회적 분할을 가로질러 사람들을 둘러싼다". 이것은 이방인들로 이루어지는 공민적 영역이며 끊임없이 약화되고 있다.[23]

헌혈 같은 특히 자발적인 활동을 고려하면 둘 사이의 차이가 부각된다. 모든 서구 사회에서 헌혈은 전쟁이나 국가적 공격의 시기에 극적으로 증가한다. 사람들이 자발적으로 '다리를 놓는' 것이다. 비교적 평온한 상황에서는 미국인들은 그런 모습을 보이지 않는다. 적어도 자발적이고 아무 대가 없는 헌혈에서 미국인의 참여율은 지난 10년 동안 하락한 데 비해 영국에서는 계속 높은 수준을 유지했다.[24] 1987년 이래 10년 동안 미국 성인 1천 명당 헌혈 횟수는 연간 80회에서 62회로 감소했다.[25]

영국의 사회학자 리처드 티트머스는 이와 같은 수치가 시민 사회에 관해 무엇을 밝혀주는지를 알아내려고 했다. 1970년에 초판이 발간된 《선물 관계》에서 티트머스는 "시장이 부담할 비용을 위해 자신의 혈액을 판매하는 헌혈자"인 A 유형에서부터 "사회적 현실에서 볼 때 '무상의 인간 증여'라는 추상적인 개념"에 가장 가까운 이타적인 헌혈자인 H 유형까지 차등 도표를 작성했다.[26] 미국의 헌혈자들은 A 유형에서 H 유형까지의 스펙트럼에 균등하게 걸쳐 있었다. 영국의 헌혈자들은 무상의 증여라는 맨 끝에 더 집중되어 있었다. 70퍼센트 이상은 가족 성원 가운데 한 명도 수혈을 받은 적이 없는 가정에서 나왔다.

진지한 연구자였던 티트머스는 무상 헌혈의 동기를 설명하기 위해 '누가 나에게 이방인인가'라는 추상적인 질문을 제기해야 했다. 티트머스는 H 유형의 동기에 관한 가장 중요한 사실을 나타내고자 했다. 아낌없이 증여 행위를 하는 이 헌혈자들은 자신들의 피가 어디로, 또는 누구에게 가는지 전혀 몰랐다. 그들이 자기 가족이 사용한 피를 돌려주는 게 아니었던 것과 마찬가지로, 수혈자와의 대면적인 상호 작용도 전혀 있을 수 없었다. 티트머스의 견해로는 이러한 상호 작용이 필요 없을 때 공동체가 튼튼하고 반대로 증여 행위가 개인화될 때 공동체가 허약하다고 한다.[27]

티트머스의 작업을 이어받아 질리언 위버와 수전 윌리엄스가 영국의 모유 기증에 관해 연구한 보고서는 기증자들 사이에 이와 유사하게 비개인적인 증여가 이루어지고 있다고 밝힌다. 모유(대부분 조산아에게 제공된다)는 짜내기가 어렵고 또 사용 가능한 양을 모으기 위해서는 반복적인 과정이 필요하기 때문에, 모유 기증은 헌혈보다 훨씬 더 고된 일이다. 이 경우에도 역시 기증률은 미국보다 영국이 높으며, 또 마찬가지로 영국의 모유 기증 규칙은 "기증자들이 연령, 성별, 의학적 상태, 소득, 계급, 종교, 인종 등과 무관하게 익명의 낯선 사람에게 모유를 기증한다는 사실을 인지해야 한다"는 것이다.[28]

이러한 수치를 미국인들이 이기적이라는 증거로 간주해서는 안 된다. 오히려 이러한 수치는 미국의 공동체 모델의 구조적인 문제를 가리킨다. 긍정적인 측면을 보자면 이 모델은 멘토 연결 프로그램 같은 개인적인 성취 활동을 장려한다. 반면 부정적인 측면은 낯선 사람의 곤궁을 지각하고 이를 진지하게 받아들이는 것을 가로막는 장애물이 생겨난다는 점이다. 이러한 딜레마는 미국에 독특한 것으로, 생명력 있고 보다 비개인적인 공적 영역의 부재에 대한 일종의 보상이라고 말할 수도 있다. 그러나 여기에는 더 폭넓은 배경이 있다.

유연한 노동 제도의 확산은 미국적인 현상에 불과한 것이 아니다. 새로운 관료적 노선을 따라 복지를 재구성하려는 노력 역시 마찬가지다. 두 가지 현상 모두 이를 보상하고 상쇄하는 공동체에 대한 욕망을 일깨운다.

자원봉사는 낯선 사람들을 한데 결속하거나 사회의 복잡성에 대처하기에는 허약한 치유책이다. 자원봉사에는 동정심의 건축학이라 부를 수 있는 무언가(즉, 자기가 아는 개인과 동일시하는 것에서부터 전혀 모르는 개인과도 동일시하는 것에까지 이르는 점진적인 운동)가 빠져 있다. 자율성의 필요조건 역시 빠져 있다. 어떤 사회적 관계에서 상대방을 전혀 모르는 관계를 유지할 수 있다는 마음가짐 말이다. 만약 개인적으로 접촉하고 이해를 공유할 가능성이 줄어든다면, 관여하려는 충동은 약화된다. 네덜란드의 사회학자 아브람 데 스완은 복지 국가의 교화 기능에는 사회에서의 "상호 의존의 일반화"가 필요하다고 주장한 바 있다.[29] 그럼에도 자원봉사자가 타인에게 보살핌을 제공하는 이상적인 인물로 간주되면 상호 존중의 영역은 너무 작고 또 너무 친밀하다. 이렇게 말한다고 해서 자원봉사자들을 헐뜯는 것은 아니며, 다만 우정과는 다른 무언가가 요구될 때 이 '친구들'을 이상화하는 것을 비판하는 것이다.

유용성

복지 개혁가들은 지역 사회 자원봉사자들을 찬양한 정도만큼 공공 서비스 노동자들(그리고 공공 봉사라는 정신 자체)을 비난해왔다.

지난 사반세기 동안 공공 서비스의 명예는 대부분 경시되었다. 놀라운 점은 이러한 맹공격을 받은 이들이 자기 존중을 어떻게 방어해왔는가 하는 것이다. 그들은 유연한 노동보다는 유용한 노동의 가치를 주장하면서 이를 방어해왔다.

한 예로 200명의 영국 공공 서비스 노동자들에 관한 최근의 한 보고서(나도 이 보고서 작성에 참여했다)는 그들이 어떻게 자신들이 유용하다는 생각을 유지해왔는지를 보여준다. 런던의 한 거리 미화원은 연구자에게 다음과 같이 말했다.

> 나는 월요일마다 확실히 일에서 충족감을 느낍니다. 쓰레기만 보면 월요일이 최악의 날일 텐데, 주말에는 최소한의 청소부만 근무하기 때문이죠. 막 청소를 끝내고 난 뒤 쓰레기 더미가 전부 사라지고 거리가 깨끗해진 모습을 보면 기분이 좋지요.

세관에서 마약 탐지견을 다루는 한 여성은 이렇게 말한다.

> 나는 고용주와 대중 모두에게서 높이 평가받는다고 생각해요. 사람들은 마약이 우리 나라로 들어오는 것을 막는 게 가치 있는 일이라는 걸 아니까요.

지방 정부에서 운영하는 헬스클럽 강사는 살과의 전쟁을 선포한다. 그는 사람들의 비만을 방지하는 게 정치적 프로젝트라고 믿고 있다. 많은 공공 서비스 노동자들이 자신들이 민간 부문에서 일하는 사람들보다 좋은 일을 한다고 믿고 있다는 점은 특히 놀랍다. 가령 헬스클럽 강사는 자신이 필요한 시간을 쓸 수 있으며, 최대한 신속하게 고객을 상대하는 운동 기구 판매원으로 일할 때보다 비만 문제를 더 깊숙이 파고들 수 있다고 믿고 있다. 우리가 알아낸 바에 따르면, 마찬가지로 공공 의료 서비스에서 일하는 많은 간호사도 자신들이 민간 병원에서 일하는 간호사보다 더 좋은 일을 한다고 믿는다. 사회 계급의 반대쪽 극단을 예로 들자면, 공공 서비스 기금의 한 전무 이사는 민간 부문에서 세 배의 연봉을 제시받고서도 이를 거절했는데, 그가 민간 부문의 일에 의욕을 느끼지 못했기 때문이다.

이 공공 서비스 노동자들의 방어 논리는 조직에 대한 자신의 가치나 일반 대중에 대한 자신의 가치에 초점을 맞추는 것이 아니라 뭔가 유용한 일을 한다는 행위에 초점을 맞춘다. 유용성은 숙련노동이라는 특징을 띠는데, 이 특징에는 일 자체에 대한 자기중심적 몰두가 포함된다. 여기에는 이 일의 가치에 관해 다른 사람들에게 감추는 자제심도 없으며 시기심을 불러일으키는 비교라는 루소적 의미의 자존심도 없다. 그 일이 할 만한 가치가 있다는 믿음만이 있다.

미국의 공공 서비스 노동자들은 이러한 가치를 공유하지만, 가난한 사람들을 보살피는 것을 주된 목적으로 삼는 직업에서 미국의 사회 복지사들은 영국의 사회 복지사들보다 훨씬 짧은 기간 동안 공공 서비스에 머무르는 경향이 있다. 지난 30여 년 동안 미국 사회 복지 일자리의 이직률은 꾸준히 증가해왔다. 점차 평평해지고 짧아지는 의료 관행은 두 나라 모두에서 의사들을 공공 의료 서비스 바깥으로 몰아내고 있다. 미국에서는 교사직이 둘로 분열되고 있다. 종신 재직권이 보장된 교사들은 영국에 비해(또는 놀랍게도 독일에 비해서도) 더 오랫동안 교직에 남아 있는 반면, 세 나라 모두에서 교직을 넘나드는 파트타임 교사들이 둥둥 떠다니는 거대한 사르가소 바다*가 존재한다.

확실히 타인에 대한 봉사가 공공 서비스 노동자들에게 중요하기는 하지만, 유용성이라는 숙련 기술적 측면은 사람들이 종종 명예가 더럽혀지는 상황도 견딜 수 있도록 도와준다. 일 자체가 자신을 가치 있는 존재로 느끼는 객관적인 기준을 제공한다. 거리 미화원은 깨끗한 거리를 좋아하고 마약 탐지견을 다루는 사람은 개 다루는 일을 좋아하는 것이다.

유용한 노동의 숙련 기술에 초점을 맞추는 것은 이러한 종류의 돌봄을 동정심에서 분리한다. 이는 곤궁한 사람들에 대한 연민에 호소하지 않는다. 유용한 노동의 숙련 기술적 차원은 선행에는 반드시 자기희생이 수반된다고 믿는 오류에 대한 일종의 경고로 기능한다. 반대로 유용성은 구체적인 대상에 초점을 맞춘다는 고유한 가치를 갖고 있으며, 이는 그러한 일을 하는 사람에게 만족감을 제공한다.

1708년에 조지프 애디슨이 발간하는 《스펙테이터*Spectator*》는 다음과 같은 민요를 게재했다.

* 바하마 제도의 동쪽 앞바다로 모자반류sargasso 바닷말이 큰 군락을 이루며 떠돌아다닌다고 해서 이런 이름이 붙었다.

하느님, 지주와 그 친척들을 축복하시고

우리가 우리에게 알맞은 자리에 그대로 있게 하소서.[30]

이것은 모든 사람이 자기가 있어야 할 자리를 잘 아는 공동체에 관한 전통적인 사고였다. 애디슨은 '지위의 명예'에 관해 양면적인 가치를 갖고 있었고, 오늘날 그의 글을 읽는 독자들은 훨씬 더 그러하다. 피라미드식 관료제는 모든 사람에게 자리와 적절한 직분을 제공하고 그들을 온전한 인간으로 볼 수 있지만, 이는 사람들의 참여를 가로막는 것을 대가로 해서 이루어진다.

디스크식 관료제로 구현된 우리 시대의 제도적 혁신은 사람들에게 안정된 자리를 주지 않으며 또 사람들을 온전한 존재로 보지 않는다. 이에 대한 보상으로 사람들은 자발적이고 국지적이며 대면적으로 타인과 연계를 추구할 수 있다. 사실 이런 식으로 사회적 공백을 메울 수 있다. 그러나 여기에는 복지의 문제에 대한 해결책은 전혀 없다. 곤궁에 빠져 있지만 존중을 거의 받지 못하는 복지 수혜자는 쇠 우리를 여는 것만으로는 해방될 수 없으며, 이는 쇠 우리의 문고리를 푼다고 해서 현대의 노동자들이 자유로워지지 않는 것과 마찬가지다. 복지 수혜자에게 필요한 것은 형식적인 강제에서의 해방이 아니라 타인들과 좀 더 나은 연계를 맺는 것이다.

복지의 문제점이 우리 대부분을 우울하게 만들기는 하지만, 많은 공공 서비스 노동자에게 이러한 문제점은 만족감을 주는 과제다. 이 노동자들은 자신의 일에 전념하면서 뭔가 유용한 일을 하는 것을 통해 자기 존중을 유지하려고 노력해왔다. 그들이 봉사하는 대상은 낯선 사람들이다. 뭔가 유용한 일을 하려는 이러한 충동에는 사리 추구가 있으며 사회적 거리의 수용 역시 존재한다. 아마도 이러한 요소들이야말로 애디슨이 환기한 안정된 세계와는 전혀 다른 불평등한 사회에서 어떻게 자기 존중과 타인에 대한 인정이 좀 더 폭넓게 작동할 수 있는지에 관해 무언가를 시사해줄 것이다.

4부

인성과 사회 구조

존중은 표현하는 행위다. 다시 말해, 타인에 대한 존중은 세상에서 가장 선한 의도에서일지라도 그냥 일어나지는 않는다. 존중을 전달한다는 것은 그것이 느껴지고 납득이 가도록 만드는 어휘와 몸짓을 찾는 것을 뜻한다. 피셔디스카우가 피아노 연주자 제럴드 무어에게 존중을 표시한 것처럼 말이다. 내 생각에는 청소년 노숙자들을 탈선하게 만들지 않으면서도 그들을 비판하는 방법을 익힌 전문적인 청소년 선도원들 역시 마찬가지다.

지난 세기 내내 인류학자들은 우리 사회와는 상당히 다른 사회들에서 상호 존중을 확인하는 의례를 이해하고자 노력했다. 이와 같은 의례는 신분과 부의 불평등을 정당화하는 데 일조했으며, 바로 이 때문에 이를 연구한 대다수 서구인에게 혼란스럽게 비쳤다. 의례의 집전자들에게는 신분과 위계가 매우 자연스럽게 느껴질 수 있는 것이다. 그리하여 인류학자들은 불평등을 줄이고 부족 성원들을 더욱 가깝게 결속해주는 다른 의례들을 찾으려고 노력했다. '원시' 사회가 서구의 좌파들에게 어떤 실마리를 내포하고 있었던 것처럼.

예술과 인류학은 둘 다 우리 사회의 사람들이 어떻게 불평등의 경계를 넘어서 나아갈 수 있도록 존중을 표현할 수 있는지를 탐구하는 데 유용한 길잡이다. 이런 실마리를 찾는 과정에서 우리는 사회적 가치만은 아닌 무언가를 찾게 될지도 모른다. 이러한 표현 행위는 인성이 어떻게 형태를 갖게 되는지에 관해 무언가를 드러내준다. 타인을 움직일 수 있는 자아의 측면으로서의 인성 말이다.

8장

상호 존중에서 상호적인 것들

Qui touisiours prent et rien ne donne

L'amour de l'amy abandonne.

아무것도 주지 않고 항상 받기만 하는 사람은

친구의 사랑을 저버린다.

—16세기 프랑스 속담[1]

1760년대에 외교관 탈레랑의 숙모는 오랜 관습을 좇아 자신의 영지에 사는 농민과 하인들에게 한 달에 한 번씩 가장 좋은 응접실을 개방했다.[2] 의자에 앉은 그녀 주위로 농민과 하인들은 반원 형태로 서 있었다. 그녀 앞에 있는 탁자에는 작은 병들이 굉장히 많았는데, 병마다 그녀가 직접 쓴 표식이 붙어 있었다. 일꾼이나 하인이 한 명씩 앞으로 나서서 치료가 필요한 질병이나 통증을 그녀에게 설명했다. 그러면 그녀는 영지에서 재배한 약초로 만든 약이 담겨 있는 병을 골라냈다. 그리고 약을 어떻게 먹어야 하는지를 설명해주고 격려의 말을 해주었다. '환자'는 고개를 조아리고 병을 받아들고는 다시 반원의 제자리로 돌아갔고 다음 사람이 앞으로 나왔다. 이것이 공작 부인의 '약국'이었다.

이 약국에서 놀라운 점은 탈레랑의 숙모가 귀가 전혀 들리지 않았다는 사실에 있다. 하인들은 이런 사실을 일부러 언급하지 않으면서 이를 인정했고 낮은 목소리로 자신들의 병세를 설명했다. 그녀 또한 완벽하게 알아듣는 것처럼 행동했고, 어떤 약병이 제일 좋은 약인지를 신중하게 판단했다.

이 약국에 참여한 사람들은 일종의 의례를 행한 셈이었다. 의례를 수행하는 방법은 사람들이 자신이 맡은 역할을 하기 위해 무엇을 해야 하는지에 관한 공유된 기억에 기입되어 있다. 사람들은 어디에서 있어야 하는지, 무엇을 해야 하는지, 무엇을 말해서는 안 되는지를 안다. 이런 의례는 참가자들이 자신의 역할을 제대로 수행할 것을 요구한다. 의례의 리듬은 순서를 어기고 발언하거나 공작 부인에게 없는 약병에 해당하는 병세를 설명하지 말 것을 요구한다. 공작 부인 스스로도 주인공이라는 자신의 역할을 수행하면서 규율을 준수한다. 그녀는 농민에게 '필요한' 약병을 그냥 주지 않으며, 약의 사용법에 관해 뭔가를 말해주어야만 한다는 사실을 알고 있다. 이 때문에 그녀는 약간의 말이라는 의사소통 행위를 한다. 그러나 이러한 의사소통은 구속력을 갖는데, 왜냐하면 그녀는 들을 수가 없는데도 농민과 하인들은 입술 모양을 보여주면서 말하며 따라서 그것은 일종의 연기(허구라고 말해도 무방하다)이기 때문이다.

탈레랑 자신은, 비록 사회학적 관심으로 유명하지는 않지만, 분명 이러한 의례를 불평등과 상호 존중이 공존하는 것으로 보는 태도에서 현학적인 모습을 간파했을 것이다. 그러나 모든 사람이 자신에게 (의식을 통해 느낄 수 있는) 명예로운 직분이 있다고 느낀다면 전통적인 농촌 영지에서 상속되는 신분과 위계제는 정당화될 수 있을 것이다. 탈레랑의 숙모네 응접실과 비슷한 수많은 광경이 전통 사회라는 기계 조직에 기름칠을 했다.

어떤 면에서 보면 이러한 의례는 전혀 낯설지 않다. 친구가 병에 걸리거나 연애에 실패하거나 경제적인 파탄을 맞았을 때 우리가 할 수 있는 일이 거의 없기 때문에, 흔히 우리가 해주는 조언은 약병을 나눠주는 공작 부인과 비슷하다. 건전한 토론이 이루어질 때는 언제나 이와 동일한 차별과 포섭이라는 연극이 벌어진다. 듣는 사람은 언제 말을 가로막지 말아야 하는지를 판단하고 말하는 사람은 언제 질문을 권유할지를 판단한다. 공작 부인 약국의 허구는 공유된 허구와 의도적인 침묵이라는 면에서, 골동품 판매원 일을 필요해서 어쩔 수 없이 하는 것이라기보다는 장난삼아 하는 것처럼 생각한 보스턴 브라민의 친구들 가운데서 현대적인 상응물을 발견했다.

그럼에도 불평등의 인정은 현대인들의 감수성을 손상한다. 이러한 불쾌감의 원천은 결속을 연기하는 데 자리하고 있는 듯 보인다. 공작 부인과 농민들은 서로 잘 처신한다는 이유로 한데 묶인다. 어떤 종류의 사회적 결속 연기가 작용하는지를 이해하기 위해서는 이 '약국'을 보다 정치적 의미가 약한 연기(예를 들면 브람스가 1891년에

완성한 클라리넷 5중주 B단조 Op. 115의 연주)와 비교해보는 게 유용할 것이다.[3]

아마추어 연주 집단은 악보를 헤쳐나갈 수는 있지만 보통 소리가 뒤섞인 일종의 걸쭉한 수프를 만들어낼 것이다. 브람스가 연주자들에게 제기한 과제는 악보의 두툼한 질감을 어떻게 명료하게 만들어낼 수 있는가였다. 브람스의 의미심장한 보표들은 이에 관해 몇 가지 암시를 주기는 하지만 충분하지는 않다. 연주자들은 이 문제를 스스로 해결해야만 한다. 연주자들은 함께 연주하는 의례를 만들어내서 이를 해결한다.

가령 유니슨(각기 다른 악기로 동시에 같은 음을 내는 것)은 리듬상 협력의 기본적인 형태이지만, 이런 식의 협주는 듣는 사람이 상상하는 것보다 더 어렵다. 브람스는 5중주곡의 도입부에서부터 연주자들에게 리듬상의 조화라는 특히 곤란한 문제를 던진다. 처음 24소절 동안 연주자들은 일단의 아름답고 부드러운 단편적인 멜로디를 주고받는다. 25소절에 들어서면서 갑자기 부드러운 움직임이 멈추고 다섯 가지 악기 모두가 세 개의 시끄럽고 힘찬 화음을 합주한다. 가장 짧은 중간 화음이 가장 어렵다. 16분음표가 느닷없이 끼어들기 때문이다.

리허설에서 연주자들은 이 음악이 앞서 진행되던 과정을 갑자기 멈춘다는 사실을 어떻게 강조해야 할지 해결해야만 한다. 하나의 해결책은 중간의 가장 짧은 화음을 완전히 지속시키지 않는 것이다. 이를 위해서는 클라리넷 주자가 육체적으로 가장 힘든 노력을 해야 하지만, 이런 단절을 표현하려면 모든 연주자가 이 짧은 시간을 함께 느껴야만 한다. 서로에게 신호를 보내기 위해 눈을 맞추고 몸짓을 하는 이 과정에서 연주자들 사이의 결속이 시작된다.

또 다른 예로 지배적인 성부聲部와 종속적인 성부의 균형을 맞추는 문제를 살펴보자. 브람스는 하나의 리듬 기호로 5중주곡에 이 문제를 삽입했다. 이것은 한 악기는 16분음표를 소절을 가로지르는 더 긴 음표와 연결하고 반면 다른 악기는 해당 소절에서만 소리를 내도록 하는 절분음syncopation이다. 오프 비트off-beat 절분음은 비올라와 제2 바이올린에 특히 빽빽한 악절인 1악장 58~59소절에서 나타나는데, 한편 다른 악기들은 이 장단에서 큰 혼란에 빠진다.

여기서 협력은 자제를 요구하는데, 이는 내면의 목소리가 또 다른 작은 의미심장한 몸짓을 통해 성취하는 것이다. 연주자들은 자신들의 절분음을 과장하지 않는다. 이론상 스스로를 억제하는 것은 자기 자신을 타인과 거리 두게 만든다. 반면 5중주 연주에서 과장의 위험을 피하는 것은 전체 내에서 구별과 접합을 이루어낸다. 우리는 자제함을 통해 우리의 존재가 인식되게 만든다. 자제가 갖는 가장 미묘하고 보다 긍정적인 측면이다.

표현적인 노동에서 모두 그러하듯이, 여기서도 수프처럼 뒤죽박죽된 음조라는 해결해야 할 객관적인 문제가 존재한다. 연주자들은 소화를 이루는 한 명으로서 연주하는 법뿐만 아니라 자제하거나 지배하는 법을 배워서 이 문제를 함께 풀어야 한다. 연주자들이 만들어내는 소리의 몸짓은 그들이 서로 적응하고 말할 수 있도록 해주는 의례가 된다.

사회생활의 의례 역시 마찬가지로 사람들을 하나로 모아주는 복잡한 행위다. 다만 '사회적 텍스트'는 악보처럼 쓰인 것이 아니라는 커다란 차이점이 있을 뿐이다. 사회생활의 의례는 시행착오를 통해 나타나며 하나의 전통으로서 기억 속에 새겨진다. 전통의 지배력은 자신을 타인들에게 어떻게 표현하는지에 관한 이와 같은 기존의 지식에서 나온다. 실내악 연주자들에게 전통의 연주는 도움이 될 수 있지만, 진정한 사회적 접착력은 연주자들이 스스로 일을 해결해야 할 때 나타난다.

프랑스 혁명의 초기 국면에서 나타난 평등과 우애의 의례는 자신에게 정당한 과제로서 불평등을 단순히 평등으로 대체하려고 했다. 1793년 8월 10일 파리에서 열린 '공화국의 단결과 유일 불가분성을 위한 축제'에서 혁명가들은 거대한 나신의 여신상을 세웠는데, 이 여신상의 두 젖꼭지에서는 우유색 물줄기가 세차게 뿜어져 나와 모든 시민이 자유롭고 공평하게 마실 수 있었다.[4] 그러나 이러한 평등의 의례는 곧 시들해졌다. 이런 의례의 약속이 신념을 일으키지 못한 것이다.

브람스의 5중주곡을 연주하는 것과 약국의 의례에 참여하는 것 사이에는 또 다른 극명한 대조가 존재한다. 다른 연주자 집단이 상이한, 아니 정반대의 해석을 한다고 해서 한 악단의 연주 행위가 효력을 잃지는 않는다. 연주를 잘하기만 하면 약속의 마력은 안전하다. 그러나 이러한 불평등의 의례에 분노하는 하인이나 농민은 귀가 먹었음을 알고 있는 노파를 보여주어 가장 난폭하게 약속의 마력을 깨뜨리려 할 것이다.

의례의 힘과 그 결속의 마력을 파괴한 것이야말로 현대 사회가 사람들의 자의식에 대한 불평등의 지배를 근절하고자 추구한 방법이었다. 불평등을 일종의 연기가 아니라 통명스러운 사실로 다루는 것 말이다. 피터 버거와 같은 사회학자들이 보기에 사회는 그렇게 하려고 노력하면서 일종의 대가를 치른다. 사회적 명예의 의미 자체를 약화하는 것이다. 버거는 이 대가를 다음과 같이 설명한다.

> 명예의 세계에서 개인은 자신의 역할 속에서 진정한 자신의 정체성을 발견하며, 역할을 외면하는 것은 자기 자신을 외면하는 것이다. (…) (오늘날) 개인은 사회적으로 부과된 역할에서 스스로를 해방하는 것을 통해서만 자신의 진정한 정체성을 발견할 수 있다. 사회적으로 부과된 역할은 그를 환상에 빠뜨리는 가면일 뿐이다.[5]

개인은 역할과 연극 연기에서, 집단적 허구에서 자기 자신을 '해방'해야만 한다. 이 해방은 사회적 명예의 구속을 거부하는 데서 절정에 이른다.

나치가 앞장서 정교하게 고안해낸 축제들은 의례의 결속력이 얼마나 파괴적일 수 있는지를 즉각적으로 보여준다. 그러나 많은 인류학자는 이러한 경험에서 의례의 힘을 벗겨낼 수 있는 가능성에 이의를 제기한다. 의례야말로 인간관계에서 너무나도 근본적인 협력 행위라는 것이다. 따라서 인류학의 한 학파는 불평등의 의례에 관해 완전히 반대의 입장에서 불평등 자체를 재정의하고 서구 이외의 지역에 관한 연구에 의존하여 공작 부인의 응접실에서 나타났던 것과는 상이한 연기의 결속을 보여주고자 했다. 1922년에 출간된 브로니슬라브 말리노프스키의 고전적인 저작인 《서태평양의 항해자들》은 이러한 결속을 최초로 엄밀하게 묘사했다.[6]

불평등의 연기: 사회주의적 방식

말리노프스키의 연구 대상은 파푸아뉴기니 연안의 트로브리안드 제도에 살고 있는 사람들이었다. 그들은 선물을 주고받으면서 하나로 결속되었다. 그들은 기술자들이 트로브리안드 제도의 부를 이루는 목걸이와 팔찌를 조각해서 나눠주는 장터 축제를 통해 이러한 결속을 이루었다. 이러한 의식을 하려면 트로브리안드 제도의 여러 섬 사이를 특수하게 제작한 배로 힘들게 돌아다녀야 했다. 말리노프스키는 이에 착안하여 이들 종족을 고대 그리스 신화의 이아손과 그와 함께 아르고호에 탄 뱃사람들에게 비유하는 제목을 붙인 것이다.

자본주의 시장은 무언가를 얻는 것을 강조한다. 반면 트로브리안드 사람들은 무언가를 주는 것을 강조한다. 주는 쪽은 겸손을 가장한 채 자기가 주는 팔찌나 목걸이가 마지막으로 남은 것이라고 거짓 사과를 하면서 받는 사람의 발치에 던진다. 이 소중한 물건을 받는 사람은 자신의 역할을 연기해야 하는데, 마치 그걸 받을 수 없는 척하면서도 팔찌나 목걸이를 와락 움켜쥐어 그 선물의 진정한 힘을 인정하고는 두려운 물건이라도 되는 양 한번 떨어뜨린다.[7]

트로브리안드의 축제는 의존을 나타내는 행동인 일본의 타노무를 연상시킨다. 둘 다 개인의 부족함을 보여주는 것이다. 서구에서 이와 유사하게 자기를 내세우지 않는 행태로는 잘난 척하거나 재산을 뽐내지 않는 이상화된 신사의 처신에서 볼 수 있다. 의례가 거기에 참여하는 사람들에게뿐만 아니라 우리에게도 매력적으로 보이는 이유는 의례에 참여하는 어느 누구도 손해를 보지 않는다는 데 있다.

조개 껍데기 보석을 거저 주는 데 '성공'한 개인이나 집단은 다른 사람들에게 의무를 지운다. 그들은 장래에 의례의 방향을 바꿔 조개 껍데기를 돌려주어야 한다. 그러나 그러는 동안에 양쪽 모두는 상호 부조를 위해 계속해서 상대방에게 결속되어 있다. 이러한 결속은 너그러운 나눔, 즉 받는 사람을 비천하게 만드는 황금 선물의 결속이 아니다. 트로브리안드의 의례가 세대에서 세대로 전수되면서, 여기저기 흩어진 트로브리안드 제도의 다양한 집단들은 주기, 받기, 돕기, 돌려주기 등의 반복적인 리듬을 통해 하나로 결합되었다. 인류학자 애넛 와이너의 표현을 빌리자면 이러한 교환은 "적을 친구로" 만든다.[8]

서구의 많은 독자는 말리노프스키가 태평양에서 발견한 사실을 자신들의 사회, 특히 소유에 중점을 두는 개인주의와 서구 자본주의의 탐욕을 비추는 거울로 받아들였다. 역사학자 조르주 뒤비는 일찍이 중세 도시에서 시장 사회market society가 등장하면서부터 "이윤 동기가 (단순한 관용 정신으로서의) 너그러운 나눔의 정신을 꾸준히 침식했다"고 주장했다. 칼 폴라니는 《거대한 전환》에서 증여와 이윤 추구 사이의 사회적 균형이 18세기 말에 결정적으로 이동했다고 보고 있다. 개러스 스테드먼 존스는 1860년대 런던에서 벌어진 "증여의 추악한 변형"에 주목한다. 역사학자 내털리 제몬 데이비스는 이와 같은 일련의 주장에 대해 "구체적인 시기가 언제이든 간에 변화의 방향은 항상 동일하다"고 말한다.[9] 훨씬 더 소유 중심적이고 증여에 인색한 경제는 상호성의 정신을 감소시킨다.

말리노프스키의 거울은 그의 동료이자 에밀 뒤르켐의 조카인 마르셀 모스에게는 좀 더 긍정적인 가능성을 비춰주었다. 모스는 우선 삼촌에게서 호혜적인 교환이 사람들을 집단으로 묶어준다는 교훈을 배운 바 있었다. 말리노프스키는 조개 껍데기 보석 같은 물건들이 어떻게 의례에서 상호 존중의 상징이 되는지를 지적하여 이러한 교훈을 세련되게 만들었다. 모스는 여기에 해방적인 요소를 덧붙였다.

모스는 트로브리안드 사람들이 구체제를 하나로 묶은 의례와는 근본적으로 다른 불평등 의례의 사례를 보여준다고 믿었다. 트로브리안드 제도에서 사람들이 가진 자원은 불평등했다. 게다가 사람들 사이의 교환은 비대칭적이었다. 증여를 통해 개인과 집단 간의 불균형이 만들어졌다. 모스는 바로 이러한 불균형 때문에 그들 사이에 표현적인 결속이 만들어졌다(그리고 이러한 비대칭성에 사회주의를 위한 하나의 교훈이 존재한다)고 주장했다.

통상적인 자본주의적 교환에서 무슨 일이 벌어지는지를 생각해보는 순간 모스가 추구하는 바가 자명하게 드러난다. 가령 내가 당신에게 캐비아를 팔면 당신은 돈이나 그에 상응하는 가치를 갖는 장갑이나 호저의 가시로 값을 치러야 한다. 양측은 균형을 맞추고 시장은 투명해진다. 그러나 모스의 말에 따르면 이것은 우리를 정서적으로 결속시키는 교환은 아니다. 우리의 관계는 등가물을 계산하는 일을 멈출 때 뿌리를 내린다. 따분하겠지만 또 다른 예를 들어보자. 식당에서 계산서가 나오면 누군가가 각자 음식과 술을 얼마만큼 먹었는지를 계산해서 각자가 얼마를 부담해야 할지를 결정한다. 그 순간 저녁 식사의 즐거움은 눈 녹듯 사라진다. 오히려 그런 계산을 하지 않고 돈을 낼 때, 즉 공연한 법석을 떨지 않고 일행 가운데 가난한 사람을 감춰줄 때 우리는 상대방에게 친구로서 행동하게 된다.

비대칭적인 교환의 원칙을 발전시키기 시작했을 때 모스는 원대한 계획을 품고 있었다. 생의 마지막 몇 년 동안 모스는 '능력에 따라 일하고 필요에 따라 분배한다'라는 마르크스의 구절을 인류학적으로 규명하고자 했다. 트로브리안드 사람들의 빚을 보면서 모스는 이러한 관계가 결코 투명하지 않다는 점을 깨달았다. 등가성이라는 게 전혀 존재하지 않았던 것이다. 인류학자인 모스는 트로브리안드 사람들의 사례와 같은 의례가 사람들이 불평등 때문에 서로 멀어지기보다는 함께 의례를 수행하면서 연결되도록 만드는 불균형을 상징하고 명료하게 표현할 수 있다고 믿었다.

이러한 사실에 관한 그의 저술은 완성된 사상이라기보다는 일종의 시도에 가깝다. 그러나 모스는 자신이 복지 국가의 적절한 운영에 관한 기본적인 원칙을 발견했다는 점을 깨달을 수 있을 만큼 충분히 많은 것을 이루어냈다. 이러한 원대한 목표는 그가 세상을 떠난 해인 1950년에 출간된 《증여론》의 결론 부분에서 처음으로 발표되었다. 모스는 복지 국가가 개인의 공헌에 대한 단순한 현금의 반환 이상의 무언가를 개인에게 빚지고 있다고 말한다. 그 이유는 무엇일까?

> 노동자는 자신의 일생과 노동을 (…) 전 국민과 (…) 고용주들에게 제공했다. (…) 노동자의 노고로 이득을 얻은 사람들은 임금 지급을 통해 그에게 진 빚을 갚지 않았다. 공동체를 대표하는 국가 자체는 고용주들과 마찬가지로 노동자에게 일정한 조력을 받아 실업, 질병, 노년, 죽음 등에 대해 노동자를 평생 일정하게 보호할 의무가 있다.[10]

평생에 걸친 고된 노동에 상응하는, 돈으로 환산할 수 있는 등가물이란 없다. 따라서 복지 체계는 사람들이 그에게 지불한 돈에 근거를 두어서는 안 된다. 노동자들은 자신들의 연금에 돈을 내야 하지만 낸 돈이 다 떨어졌다고 해서 연금 지급을 받지 못해서는 안 된다. 또 노인들의 시장은 투명해서는 안 된다. 이와 같은 노동과 복지의 비대칭성이야말로 모스식 사회주의의 토대다.

모스는 수많은 전통 사회에서 비대칭적인 복지가 실행되고 있다는 점을 관찰했다. 그는 현대 사회가 이러한 복지를 감당할 여력이 없다는 주장을 반박했다.

그렇지만《증여론》은 잘못된 제목이 붙은 책인데, 왜냐하면 모스는 이득을 누린 쪽이 설령 등가물을 돌려주지 않거나 그럴 능력이 없다고 하더라도 뭔가를 돌려주어야 한다고 믿었기 때문이다. 그들은 다른 사람들이나 자기 자신에게 존중을 얻기 위해 그렇게 해야만 하는 것이다. 인류학자 메리 더글러스는 이와 동일한 교훈을 동정심에 적용했다. 더글러스는 이렇게 썼다.

> 자선은 무상의 증여로서 자발적이고 보답을 바라지 않는 자원의 양도여야 한다.

여기서 곤란한 점은 "설령 우리가 자선을 기독교적 덕목으로 찬양하더라도 우리는 자선이 상처를 준다는 사실을 알고 있다"는 사실에 있다.[11] 만약 어떤 대가도 요구하지 않는다면, 우리는 우리 자신과 우리에게 뭔가를 받는 사람 사이의 상호적인 관계를 인정하지 않는 셈이 된다. "공짜 선물이란 없다"고 더글러스는 말한다.[12] 간단히 말해 호혜성이야말로 상호 존중의 토대다.

이러한 교훈은 수혜자가 누구인지 알지 못하는 혈액 및 모유 기증자나 그저 어떤 단체에 수표 한 장을 보내는 독지가를 배제하는 것으로 보일지도 모르겠다. 이런 사람들은 무상의 증여를 하는 것처럼 보이기 때문이다. 그러나 비록 비개인적이거나 기증자의 머릿속에서 정의될지라도 여기에는 모종의 거래가 연루된다. 기증자는 사회에 뭔가를 되돌려준다. 쓸모 있는 일을 하는 공공 서비스 노동자 역시 그와 동일한 거래를 머릿속에서 할 것이다. 혈액 기증자가 사회에 무엇을 '빚지고' 있는지 회계사가 결코 계산할 수는 없지만, 그럼에도 이 기증자는 빚을 만들어내고 증여를 행하는 것이다.

바로 여기에 물질적으로 확증할 수 없는 책임성의 상상력이 존재한다. 모스의 제자 알랭 카이예는 모든 상징은 정서적인 힘을 갖고 있는데, 그 이유는 다름이 아니라 우리가 그것을 등가적인 가치로 환산할 수 없기 때문이라고 말했다. 구체적으로 말하자면, 이런 과정은 판사가 '법의 존엄성'을 환기하고 법정이 조용해지고 중죄인이 머리를 조아릴 때 일어난다. '존엄성'은 강제적인 효과를 갖지만 다른 말로는 설명하기 쉽지 않다. 카이에는 우리가 일상생활에서 끊임없이 그 가치를 측정할 수 없으면서도 의미를 주고받는다고 말하고 있다.[13]

모스는 악의적인 불평등을 보답의 부재로 다시 사고하려고 했다. 교환은 상징적이든 물질적이든 모종의 보답을 통해 사람들을 결속시키지만, 비대칭적인 형태의 교환은 자원을 균등하게 만들 필요가 없다. 실제로 모스는 복지 국가가 사람들에게 보살핌이라는 보답을 하는 데서 계급과 부의 차이를 뛰어넘기를 바랐다. 모스는 사람들에게 그들이 '받을 만한 자격이 있는' 것만을 돌려주는 자본주의적 풍토를 깨뜨리고자 했다.

이와 같이 불평등을 사회주의적으로 재정의하는 데서 의례가 하는 역할은 무엇일까? 모스의 또 다른 후계자인 피에르 부르디외는 알제리의 고지대에서 살고 있는 카빌족을 연구하면서 이에 대한 답을 찾으려고 했다.[14] 가령 부르디외는 경제적으로 몰락한 나머지 도둑이 되어 어느 날 이웃집의 옹벽에서 돌을 훔친 한 부족민에 관해 자세히 설명한다. 피해자는 이렇게 말한다.

"그런 수단으로 적법하고 정당한 집을 지을 수는 없다."

이 말을 들은 사람은 도둑의 동생이다. 마을의 피해자는 이를 참지 않는다.

"내 면전에서 네 형에 대한 책임을 받아들이지 않는 것은 잘못된 일이다."

바로 이 순간 의례의 마법과 결속력이 시작된다. 피해자나 다른 부족민들이나 돌을 돌려받기를 원하지는 않는다. 동생이 이야기하기를 바랄 뿐이다. 동생은 도둑인 형이 타락했다고 솔직하게 말하면서도 아들을 너무 많이 낳은 자기 아버지의 정력을 환기하고 이제 부족은 모두 만족해한다. 동생은 말을 주고받는다.

부르디외가 더욱 폭넓게 관찰한 바에 따르면, 의례가 사람들을 하나로 결속할 때 그 의례는 사람들이 물질적인 사실을 모두가 공유할 수 있는 (그리고 지지할 수 있는) 모종의 표현적인 몸짓으로 '변화시킴'으로써 이루어진다. 경제적 교환은 짧은 거래다. 자본주의의 새로운 제도적 형태들은 특히 단기적이다. 이와 대조적으로 의례적 교환, 특히 이와 같이 비대칭적인 교환은 더욱 지속적인 관계를 창출한다. 호혜적인 발화 행위는 옷으로 짜인 실과 같은 것이 된다. 모스가 프랑스에서 상상한 복지 국가는 부르디외가 북아프리카 고지대에서 연구한 의례들처럼 모호하기 때문에 계속해서 진행되는, 완결될 수 없는 사회적 기획이라는 특징을 갖는다. 이러한 사회적 기획은 대단원이 없는, 결코 끝날 수 없는 이야기와 같다. 반면 거래의 세계에서는, 즉 참으로 유연한 자본주의에서는 뚜렷하고 급작스러운 결말이 지배한다.

의례의 결속력에 관한 피터 버거의 진술은 이렇게 바꿔 말할 수 있다. 왜 현대의 자본주의는 이러한 의례를 발생시키지 않을까? 공작 부인의 약국과 유사한 무언가가 노동이나 복지 국가 속에 존재한다면 그것은 분명 권력자들을 위한 것일 것이다. 이러한 일이 벌어지지 않는 이유는 자본주의가 교환의 대칭성을 고집한다는 점과 공유하는 시간의 틀이 점차 짧아진다는 데 있다.

물론 모든 것을 자본주의 탓으로 돌리면 문제를 이데올로기상의 실천으로 바꿀 위험성이 있다. 카브리니에서는 결속력 있는 의례가 거의 없었는데, 그 이유는 되돌려줄 것이 거의 없었기 때문이다. 돈이 없었다는 말이다. 공영 주택의 운영에 참여할 수 있었다면, 우리는 적어도 참여를 통해 우리의 시간으로 빚을 갚았을 것이다. 이는 모스의 비대칭성 원리와 일치하는 보답이다. 그러나 이러한 보답조차도 무상으로 행하는 행위였을 것이다. 복지 관리자들에게는 우리가 필요하지 않았다. 그들은 우리가 공영 주택의 재정을 부담하거나 그것을 설계하거나 관리하는 것을 바라지 않았다. 이와 동일한 문제가 불평등의 가장 기초적인 형태인 재능의 불평등 속에 존재한다. 로켓을 개발하는 과학자는 일반인이 이해하든 못 하든 상관없이 자신의 계산을 완벽하게 처리할 수 있다. 숙련 장인이나 기술자가 타인에게 무관심한 근원적인 이유는 여기에 있다.

그럼에도 교환에 관한 모스의 견해는 사회에서와 마찬가지로 예술에서도 필연성을 갖는다. 이는 음악 연주자들이 서로에게 갖는 관계를 분명하게 드러내준다. 모스의 이론과 가장 거리가 멀어 보이는 음악의 경험(균형)조차도 사실은 계산하지 않는 합류다. 브람스의 5중주곡에서 클라리넷은 음역 전체에 걸쳐 첼로의 G현을 줄받침에 가깝게 대고 소리를 낼 때만 필적할 수 있는 침투력이 있다. 모든 연주자가 이러한 침투력에 맞게 조정하려면 활과 리드reed의 압력을 바꿔야 한다.

공평하다는 말이 공평하게 분배되는 것을 뜻한다면, 상호적이라 함은 예술에서나 사회적 의례에서나 공평을 의미할 수 없다. 연주의 결속, 즉 상호성의 경험은 그와 같은 계산을 거부한다. 그러나 의례에 관한 모스의 설명에서 빠진 것은 상호 작용하는 사람들의 인성이다. 음악에서 한 연주자의 인성은 (만약 우리가 디트리히 피셔디스카우를 따른다면) 자아라기보다는 소리에 있으며, 음악에서는 이러한 교훈으로 충분할지도 모른다. 그러나 사회에서는 결코 충분하지 않다.

자기 존중과 상호 존중

필라델피아의 흑인 빈민가에 관한 연구를 하던 민족지학자 일라이자 앤더슨은 열일곱 살의 나이에 다른 마약 거래상을 폭행해 체포된 마약 거래상인 로버트라는 젊은이를 알게 되었다.[15] 로버트는 감옥에서 변화하기 시작한다. 돈뿐만 아니라 다른 아이들에게 존경도 얻게 만들어준 거리의 규범이 무의미하게 보인다. 로버트는 독학으로 글을 익힌다. 특히 코란을 비롯한 종교 서적과 미국의 인종사에 관한 책을 읽는다. 로버트는 사회로 나가면 양심에 맞게 착실한 삶을 살기로 결심한다.

앤더슨은 이 젊은이가 필라델피아의 거리로 돌아가는 순간 이것이 얼마나 어려운 일인지를 도표식으로 제시해준다. 이 전과자는 자신과 비슷하게 새로운 삶을 결심한 다른 세 명의 젊은이를 만난다.

네 명은 함께 과일과 핫도그를 판매하는 노점상을 시작하도록 해줄 한 노인을 찾아간다. 처음부터 로버트는 착실한 삶을 살기로 했다는 이유로 예전의 갱 패거리들에게서 받던 존경을 잃고, 또한 동시에 자신의 모험적 사업을 위협하는 외부 세계와도 맞서 싸워야 한다.

면담자로서 앤더슨의 놀라운 능력을 통해 드러나는 로버트의 이야기에서 가장 주목할 만한 부분은 그가 어떻게 동네에서 살아남기 위해 강인함과 남자다움이라는 빈민가의 의례를 바꾸는 법을 배워야 하는가 하는 점이다. 로버트는 자신을 위한 '깨끗한' 세력권을 만들기 위해 거리에서 배운 지식(말투 바꾸기에서부터 위협적인 몸짓에 이르기까지)을 활용한다. 마침내 그는 이제 착실한 삶을 위해 쓰이는 이러한 강인함을 위한 존중받는 자리를 공동체에서 얻는다.

그러나 이제 로버트는 자기 존중을 위해 다른 사람에게 의존하지 않는다. 앤더슨이 '거리의 규범'이라 부르는, 흑인들 간에 형제애를 만들어내는 상호 교환은 로버트가 조작하는 법을 배운, 그리고 또한 그로부터 거리를 두는 법을 배운 의례다. 실제로 로버트는 언제 위협해야 하는지, 언제 갑자기 굴복하는 것처럼 보여야 하는지를 알고 있었으며, 자신이 사용하는 거리의 의례를 조작하는 데서 독창력을 발휘했다. 거리 규범의 꼭두각시가 아니라 꼭두각시를 부리는 사람이 된 것이다.

실로 상호 교환은 막을 내렸고, 이제 양심에 토대를 둔 로버트 자신의 자기 존중이 타인과의 관계를 지휘하게 된다. 이것은 마침내 흑인 빈민가에까지 뿌리를 내린 자유주의적 개인주의의 이야기, 즉 철학자 애덤 셀리그먼이 어떻게 현대 사회에서 '양심이 명예의 자리를 대체하기에 이르렀는지'를 설명하면서 상상한 것과 같은 종류의 이야기처럼 보일 수도 있다. 셀리그먼은 이렇게 말했다.

> 도덕적 행위의 초점이 개인에게로 옮겨지고 역할과 지위라는 외부성에서 분리된다.[16]

그러나 로버트는 타인들에게서 신중하게 존중을 이끌어내지 않고는 살아남을 수 없었다.

로버트의 거리에서의 삶과 자유주의 이론의 차이는 더욱 크다. 그가 감옥에서 코란을 통해 배운 옳고 그름의 가치는 그 자신의 것도, 거리에서 협상할 대상도 아니다. 일단 그가 이러한 엄격한 교훈을 안이하게 다루기 시작하면 그는 물질적으로뿐만 아니라 정서적으로도 추락할 것이다. 인류학자 프랭크 스튜어트는 집단적 명예의 규범이 붕괴할 때 일종의 무정형의 개인적 상대주의가 등장하는 것을 우려했다.

> 명예의 규범은 '너 자신에게 충실하라'라는 격언과 비슷한 것으로 축소된다. (…) 이제 사람들은 자신이 소중하게 여기는 어떤 일군의 가치도 자신의 명예 규범으로서 중요하다고 말할 수 있고, 또 명예를 주장할 수 있는 자격은 명예에 대한 적절한 관념을 갖고 있는지의 여부라고 말할 수 있다.[17]

'어떤 일군의 가치'도 로버트에게 충분한 것은 아니다. 스스로를 지탱하기 위해서는 거리에서 하는 모든 교환이 도덕적으로 대칭을 이루어야 한다. 비록 로버트가 굶주리는 사람들에게 기꺼이 돈을 빌려주기는 하지만 그는 또한 옳고 그름이라는 준엄한 기준에 따라 그 사람들을 판단한다.

결국 로버트는 타인들에 대한 어느 정도 단순하고 자유로운 증여를 만들어냈다. 그는 자신의 공동체를 떠나지 않았다. 힘을 모아 살아가는 사람들은 훨씬 더 자주 자신들의 삶이 흩어지는 현장에서 도망치며(이는 내 다음 세대에 카브리니를 탈출한 많은 아이에게 사실이다) 그렇게 하는 것은 전혀 부끄러운 일이 아니다. '거리의 규범'은 너무나도 쉽게 그들을 타락시킬 수 있었던 것이다. 로버트는 그러한 압력을 두려워하면서도 스스로에게 뭔가를 입증하기 위해 돌아와서 머물렀다.

유난히 강한 이 젊은이의 이야기는 시련을 덜 겪은 사람들의 삶에서 자기 존중과 상호 존중 사이의 긴장이라는 어려운 문제를 제기한다. 교환은 그를 거리의 다른 사람들과 묶어주지만, 이는 모스 같은 인류학자들이 생각하는 방식은 아니다. 교환 과정 외부의 자기 존중이라는 도덕의 명령이 그를 단단히 묶어준다. 로버트가 자기 자신을 공동체에 돌려줄 수 있는 이유는 그가 그와 같은 내적인 규칙의 힘을 그토록 절실하게 느끼기 때문이다.

로버트의 거리에서의 삶은 모스의 설명에서 빠져 있는 요소를 가르쳐준다. 자기 주변의 사람들과 갈등을 겪으면서도 일련의 신념을 확고하게 견지하는 사람은 집단을 결속하는 가치보다 자신의 신념을 더욱 중요하게 생각해야만 한다. 바로 여기에 중요한 가치의 불평등이 존재하며, 인성과 사회 구조에 형상을 부여하는 것은 바로 이러한 불평등이다. 거리에서는 인성의 주장이 자기 보호의 문제로 전환된다. 이러한 문제가 발생하는 이유는 타인들과 조화를 이루는 존중의 의례적 연기, 즉 '거리의 규범'을 구성하는 몸짓, 언어, 행동 등이 갖는 힘 자체 때문이다. 이 배우들은 형제인 동시에 자기 존중을 위협하는 존재다.

로버트의 이야기를 곰곰이 생각하면서 나는 음악 연주의 사회적 결속력을 더욱 높이 평가하게 되었다. 음악 연주에는 분명 상충하는 해석과 갈등하는 자아가 존재한다. 잘못 공유된 몸짓과 실패로 돌아가는 집단적 표현이 존재하는 것이다. 그러나 실내악 연주에서 자기 보호는 대부분 낯설다. 그럼에도 로버트의 이야기는 환기력을 갖는데, 그 이유는 다름이 아니라 타인들과 연관을 가지면서도 스스로를 보호하는 것의 어려움 때문이다.

요약하자면 의례적 교환은 상호 존중을 구축한다. 트로브리안드 제도에서건, 프랑스 농촌의 대저택에서건, 음악가들 사이에서건, 아니면 도시 빈민가의 거리에서건 말이다. 표현적인 교환이 갖는 이러한 힘은 너무나도 심대해서 완전히 반대쪽으로 돌려질 수도 있다. 불평등이 좋게 느껴질 수도 있고 또 가난이 자연스럽게 보일 수도 있는 것이다. 표현적인 존중의 기술은 모든 표현적인 행위가 그러하듯이 정의나 진실, 선을 함축하지는 않는다. 그리고 필라델피아의 거리에서 로버트가 겪은 경험이 분명하게 보여주는 것처럼, 상호 존중의 표현은 개인에게 해를 끼칠 수 있다.

그럼에도 나는 상호 존중이 사회라는 기계 장치에 윤활유를 바르는 단순한 도구라고 생각하지 않는다. 상호 존중의 기술은 그것을 실천하는 사람들에게 어떤 결과를 가져다준다. 교환은 사람들을 외부 지향적으로 만든다. 이것이야말로 인성의 발달에 필요한 자세다.

9장

외부로 돌려진 인성

확고한 연기자

'옹골진 성격solid character'이라는 고풍스러운 영어 표현은 자기 자신을 존중할 수 있는 사람을 연상시킨다. 미국식으로 말하자면 자기 자신을 확신하는 사람이며 프랑스식으로 표현하자면 '스스로에게 편안한' 사람이다. 이 모든 표현은 자신감을 가정한다.

젊은 나이에 손이 망가졌다는 사실을 깨달았을 때 내가 알게 된 것처럼, 자신감은 자기 존중의 모호한 기반일 수 있다. 나와 같은 세련된 삶과는 반대편 극단에 있는 로버트 같은 거리의 아이는 오로지 불확실한 외향성을 통해서만, 즉 새로운 가치를 받아들이고 시험하는 것을 통해서만 자기 존중을 유지할 수 있다는 점을 깨달았다.

인류학자 클로드 레비스트로스는 이 문제를 한 걸음 더 진척시켰다. 레비스트로스는 자신감을 가진 개인들이 스스로에게 더없이 깊은 상처를 입힐 수 있다고 생각했다. 이런 사람들은 자신의 상태를 편안하게 생각하여 마비될 수 있다는 것이었다. 레비스트로스가 제기하는 문제는 외부 지향적인 사람들이 어떻게 여전히 스스로에게 핵심적인 관념을 유지할 수 있는지다.

가장 널리 알려진 저서인 《슬픈 열대》를 쓰기 위해 현장 조사를 하던 1930년대에 레비스트로스는 브라질의 열대 우림에서 자신감 때문에 마비된 듯 보이는 한 부족을 알게 되었다. 인디오의 한 부족인 보로로족을 처음 본 레비스트로스는 그들의 마을 축조 기술과 이에 대한 커다란 자부심에 깊은 인상을 받았다. 그들 말로는 이 마을은 우주의 질서를 직접 반영한 것이었다. 보로로족은 밤하늘을 관찰하면서 우주가 원형이고 네 조각의 파이 모양으로 나뉘어 있다고 추론했다. 고대 로마인들도 같은 방식으로 밤하늘을 보았고, 보로로족은 로마인들처럼 이 하늘의 조화를 지상에 적용했다. 보로로족 마을에는 오두막이 원형으로 늘어서 있었는데, 빙 둘러선 주변에는 여자들이 살았고 원형의 중심에는 남자들의 집이 자리했다. 네 개의 서로 다른 친족 집단이 원형의 네 부분을 차지하고 살았다.

이러한 설계는 부족의 모든 일상 활동의 방향을 지정해주었다. 여자들은 원의 바깥에서 일했고, 남자와 여자들은 가족의 배경에 따라 네 부분 중 특정한 곳에서만 사랑을 나눴으며, 남자들은 중심부 안의 네 부분 중 한 곳에서만 생활했다. '거리의 규범'은 여기서는 주변과 중심, 그리고 원형 전체로 나뉜 분할의 규범이 되었다. 상호 존중은 적절한 곳에서 적절한 일을 하는 것을 의미했다.

이 마을 주변의 지역을 돌아다니던 레비스트로스는 보로로족이 마을 설계의 고정성 때문에 위험에 취약해지게 되었다는 점을 알아냈다. 보로로족을 기독교로 개종시키려고 한 선교 집단 살레시오회는 이미 그들에게 관심을 기울이고 있었다. 이 사제들은 원주민들과 우주론을 두고 논쟁하지 않았는데, 그 이유는 보로로족이 기독교의 창세기 이야기를 약간은 원시적이라고 생각했기 때문이다. 다 자란 아이들에게 스스로 사물을 분간하는 것을 금지하는 너저분한 에덴동산 이야기 말이다. 살레시오회는 그 대신 마을 형태를 단순하게 바꾸어 보로로족 세계관의 지배를 깨뜨리고자 했다. "(원주민들을 개종시키는) 가장 확실한 방법은 보로로족이 그들의 마을 형태를 포기하고 평행으로 열을 이루는 직선 형태를 선호하도록 만드는 것이었다"고 레비스트로스는 말했다.[1]

여러 자연재해의 도움을 받은 사제들은 보로로족의 전통적인 마을 형태를 파괴했고 이는 심대한 결과를 가져왔다. 방향 감각을 잃은 보로로족은 스스로에 대한 확신까지도 잃어버렸다. 레비스트로스는 이렇게 썼다.

> 방향 감각을 잃어버리고 고래로 이어받은 전승에 대한 확인으로 기능한 마을 형태도 사라지자, 인디오들은 곧 전통에 대한 모든 감각을 잃었다.[2]

그러나 보로로족은 외부 세계의 희생자인 것만은 아니었다. 보로로족의 공동 축조물은 너무나도 긴밀하게 구축되어 있었으므로 공동체의 생존 토대 자체가 매우 허약했다. 한 부분에 변화가 생기면 전체 구조가 무너지게 되어 있었다. 그들의 응집력 자체가 희생을 불러온 것이다.

레비스트로스는 같은 시기인 1930년대에 막 브라질의 여러 도시로 이주(레비스트로스에게는 이러한 거대한 이주의 물결이 20세기에 전 세계 마을과 농민들에게 일어날 물결을 상징하는 것처럼 보였다)하기 시작한 열대림 원주민들을 보로로족과 비교했다. 이 인류학자는 브라질 이주민들의 대다수가 보로로족처럼 단순히 마비되지는 않는다는 사실을 목격했다. 그들은 전통에 대한 자부심을 계속 갖고 있었고 이를 새로운 상황에 적응시킬 수 있었다. 고래의 종교들은 자동차와 코카콜라의 세계로 들어서면서도 살아남았다. 그들은 실제로 선교사들에게 어느 정도 복수를 했는데, 미사에서 성모 마리아를 야생 난초의 모양으로 그리거나 아기 예수를 신성한 원숭이로 묘사하는 것을 본 선교사들은 종종 하얗게 질리곤 했다.

이 이주민들이 보로로족과 다른 운명을 걸은 이유는 무엇일까? 레비스트로스는 '근대화'가 인디오들에게 과거를 잊어버리라는 신호를 보내는 표지판과 같이 작용한다는 것을 의심했다. 레비스트로스의 눈에 비친 브라질의 도시 이주민들은 여행 가방에 성상을 숨긴 채 혁명기 러시아를 탈출해 파리로 간 망명자와 유사했다. 브라질의 이주민들은 그들의 마을에서 유추한 세계의 모습이 어떠해야 하는가에 관한 고정된 그림과 이러한 그림을 확증하는 의례 행위를 담은 정신적 가방을 꾸렸다. 보로로족과는 달리 그들은 자신들의 세계관에서 일관성과 통일성을 요구하지 않았다.

이 인류학자는 여행을 위해 한 문화를 여러 조각으로 해체해서 짐으로 꾸리는 과정을 브리콜라주라고 불렀다. 레비스트로스는 브리콜라주를 실천하는 사람들을 외국 태생 주민métics*이라고 불렀는데, 이는 이방인을 가리키는 고대 그리스의 용어법을 자기가 살던 곳에 더는 살 수 없다는 사실을 받아들이면서도 그곳을 기억할 수 있는 사람들에 대한 사고로 전환한 것이었다. 그가 이종 교배métissage라고 지칭한 이러한 종류의 여행은 변화는 있지만 망각은 없는 여행이다. 따라서 여행자는 외부의 새로운 세계의 비일관성에 맞닥뜨려 이를 받아들이면서도 일정한 안정과 자신감을 갖게 된다.

말리노프스키의 《서태평양의 항해자들》과 마찬가지로 《슬픈 열대》는 많은 서구의 독자에게 하나의 우화가 되었다. 변화의 과정에서 어떻게 자아와 집단의 관념을 보존할 수 있는가에 관한 우화 말이다. 여행 가방에 담긴 문화의 조각들이 언젠가는 쓸모가 있을 것이라는 점을 알고 있던 확고한 외국 태생 주민은 자신에게 필요한 것보다 많은 문화적 짐을 꾸렸다. 풍요는 일정한 주고받기를 가능케 하여 안정을 주었다. 반면 보로로족은 경직되어 있었다. 그들의 문제는 자신들의 정체성을 너무 확고하게 유지하면 소멸할 집단인, 보스턴 브라민들 같은 전통적인 집단이 직면하는 마비를 더욱 절실하게 구현하는 듯 보였다.

* 그리스어로는 'metoikoi'이다. 원래의 뜻은 '(시민과) 함께meta 사는oike 자'인데, 노예와는 다른 자유민으로 생명과 재산을 법률로 보호받았으나, 기본적으로는 시민의 테두리 밖의 존재이며 특권이 부여되지 않은 이상 부동산 소유권도 없었다.

레비스트로스의 설명에는 빠진 요소들이 있다. 그는 왜 사람들이 실제로 뭔가 새로운 것을 추구하는지를 설명하지 않는다. 그의 설명에는 또한 사람들이 이질적인 것과 새로운 것을 어떻게 해석하는지가 빠져 있다.

안정성의 재구축

이러한 해석 행위에는 하나의 구조가 존재한다. 이 구조는 음악 연주, 특히 피아노 연주와 그 가운데서도 손목의 사용을 예로 들어 잘 설명할 수 있다.

피아노 음악에서 하나의 음이나 화음 위에 찍힌 부점dot은 강조하는 소리, 즉 발음attack을 가리킨다. 피아노 연주자는 종종 처음에 손가락 모양을 그대로 유지한 채 손목을 구부려서 부점을 연주하는 훈련을 받는다. 이렇게 손목을 이용해 건반을 가볍게 두드리는 것은 하나의 습관으로 자리 잡는다. 어린 피아노 연주자는 점이 찍힌 음표를 볼 때마다 무엇을 해야 할지 생각도 하지 않고 이런 습관에 의존하게 된다. 그러나 손목의 작용은 이런 고정된 관례에 머무를 수 없다.

가령 베토벤의 피아노 소나타를 배울 때 부점은 훨씬 다양한 발음을 상징하는데, 북소리, 트라이앵글 소리, 심벌즈 소리 등 여러 가지 소리로 나타난다.[3] 베토벤의 부점이 갖는 그 모든 다양성은 소나타 30번 E장조 Op. 109의 3악장에서 나타난다. 이 악장의 제2 변주에서는 손목의 가벼운 두드림을 통해 부점이 붙은 음표들을 연주할 수 있지만, 제6 변주에서는 부점을 연주하는 오랜 습관이 도움이 되지 않는다. 제6 변주는 제2 변주의 손목을 가볍게 두드리는 행위가 이제 유동적인 속도를 가로막는다는 의식적인 각성으로 피아노 연주자를 갑작스럽게 이끈다. 따라서 연주자는 잠시 멈춰 실험을 위해 심사숙고해야 한다. 악보는 손을 어떻게 움직여야 할지에 관해 아무런 가르침도 주지 않는다.

일시적인 혼란과 통제의 포기가 이야기의 끝은 아니다. 피아노 연주자들은 손목을 고정하고 손가락 관절로 건반을 두드리는, 내가 찾은 해법을 발견할 수도 있다.[4] 일단 이와 같이 손가락 관절로 건반을 가볍게 두드리는 운동을 의식적으로 하고 나면, 연주는 습관의 영역으로 돌아간다. 연주자는 이제 더는 자의식적으로 동작을 만들지 않는다. 그러나 이러한 새로 습득한 지식이 갖는 가장 중요한 효과는 손목의 다른 물리적인 동작에 가해진다. 손가락 관절과 손목은 새로운 동작을 통해 화해하고 상호 작용하면서 손 전체에서 어느 때보다도 더 조화를 이룬다.

이러한 학습 곡선은 형식적인 이름을 갖고 있다. 이는 암묵적인 지식에서 명시적인 지식으로, 뒤이어 다시 암묵적인 지식으로 돌아가는 이행을 구현한다. 암묵적인 영역은 일단 학습되면 자의식이 사라지는 습관들로 형성된다. 명시적인 영역은 습관이 저항과 도전에 직면하고 따라서 의식적인 숙고가 필요할 때 모습을 드러낸다. 암묵적인 영역으로의 복귀는 출발점의 지식으로 돌아가는 것이 아니다. 이제는 자의식이 사라진 새로운 습관은 과거의 습관을 풍부하게 만들고 수정한다.

몇몇 헤겔 추종자들은 이것이 헤겔이 말한 정반합의 '변증법'이라고 믿는데, 헤겔 자신은 최종 결과가 고양된 자의식이라고 생각했다는 점에서 이런 유사성이 완전히 정확한 것은 아니다. 음악에서 자의식은 예술의 적이다. 확대된 동작의 레퍼토리는 계산 없이 그냥 일어나는 것처럼 보여야 한다. 우리가 어떤 피아노 연주자가 '자연스럽게' 연주한다고 말할 때 의미하는 것은 바로 이것이다.

암묵적인 것에서 명시적인 것으로의 이동은 두 가지 점에서 이종 교배에 관한 레비스트로스의 설명과 다르다. 첫째, 한 사람의 습관과 신념의 내용은 저항이나 익숙하지 않은 요구에 맞닥뜨릴 때 의미상의 변화를 겪는다. 이는 마치 이주자가 낯선 땅에서 짐을 풀 때 자기가 싸 온 소중한 재산이 바뀌었다는 점을 깨닫는 것과 같다.

둘째, 자신감은 그 성격이 바뀌었다. 자신감은 암묵적인 지식이라는 초기 단계에 뿌리를 두고 있었다. 자신감이 도전에 직면하기 전에 작동하도록 만든 것은 그것이 가진 외견상의 자연스러움이었다. 이들은 매 순간 무엇을 해야 할지, 무엇을 생각해야 할지 의심하는 사람들이 아니었다. 표현적인 동작과 사회적 실천의 확대된 레퍼토리는 이와 같은 기능적 확신을 되찾아야 한다. 레비스트로스는 자연스러움을 구축해야 한다는 필요성을 인정하면서도 사람들이 자신의 핵심적 가치와 행동이 바뀌지 않았다고 느낄 때만 이런 일이 있을 수 있다고 생각한다.

암묵적인 영역이 자의식적이라기보다는 자연스러운 행위에 대한 확신을 고무해야 하는 실제적인 이유들이 있다. 무엇보다도 이는 사람들 사이에 효율적인 소통을 허용하기 때문이다. 아주 현대적인 예로 하나의 웹페이지가 어떻게 구성되는지 생각해보라. 아래의 예는 존 실리 브라운과 폴 두기드가 구성한 저술팀을 위한 웹사이트를 만드는 데 쓰인 프로그래밍 언어다.

```
〈HTML〉
〈HEAD〉
〈TITLE〉John Seely Brown〈/TITLE〉
〈META NAME="GENERATOR" CONTENT=
  "MOZILLA/3.01Gold
(X11; 1; SunOS 4.1.4m)[Netscape]"〉
〈/HEAD〉
〈BODY TEXT="#000000" BGCOLOR="#FFFFFF"
LINK=#0000FF" VLINK="#52188C"
ALINK="#FF0000"〉
〈CENTER〉〈TABLE CELLSPACING= 2
  CELLPADDING=10
WIDTH="550" HEIGHT="60"〉
〈CENTER〉〈P〉!--〈td width=550 align=center
valign=middle〉〈img src="images/wip2-banner.gif"〉 〈/td〉--〉
```

이 뒤에 또 다른 10여 줄이 이어진다.[5]

컴퓨터 화면에서 이 모든 내용을 명시적으로 본다면 이 프로그래밍 언어와 쌍을 이루는 다른 내용과 소통하는 것이 무척 어려울 것이다. 이 웹페이지의 주제들이 준수하는 "효율적인 소통은 얼마나 많은 것이 이야기될 수 있는가가 아니라 그 배경에서 얼마나 많은 것이 이야기되지 않을 수 있는가(그리고 심지어 읽히지 않을 수 있는가)에 달려 있다".[6] 이 배경은 암묵적인 맥락이다. 반면 실제 전경은 어떤 이름의 인식이다.

철학자 마이클 폴라니는 "우리가 말할 수 있는 것 이상으로 알고 있는" 일반적인 의미의 암묵적 영역에 관해 말하고 있다.[7] 이와 유사하게 문예 이론가 M. M. 바흐친은 "본문text에 대한 문맥context의 우월성"을 주장하는데, 이 때문에 우리는 한 문장을 읽을 때마다 그 문장의 가치를 우리가 직접 알 필요가 없는 수많은 다른 문장으로 포개 넣을 수 있다는 것이다.[8]

암묵적인 영역은 또한 그것이 효율적일 때 철학자 모리스 메를로 퐁티가 '존재론적 안정'이라고 부르는 형태로 정서적인 지원을 제공한다.[9] 사랑을 나누면서 '우리의 관계의 의미'에 관해 끊임없이 걱정한다면 사랑은 죽어버릴 것이다. 이와 마찬가지로, 신뢰를 하려면 암묵적인 이해가 필요하다. 끊임없이 질문을 던지는 의식은 유해한 불안을 수반한다. '존재론적 안정'은 심리적인 경험 이상이다. 노동과 복지의 관료적 피라미드 역시 이를 제공하고자 했다.

무엇보다도 암묵적인 이해와 지지하는 가정, 존재론적 안정의 영역은 한 개인이 어떤 특정한 일을 잘하는 데 초점을 맞추도록 해주는 배경을 제공한다. 레비스트로스가 말한 것처럼 보로로족은 마을 축조자로서 자신들의 집단적인 기술에 자부심을 가졌다. 그리고 이는 당연한 일이었다. 내가 발견한 그들의 마을 설계는 그들이 하늘에서 본 평평한 우주론적 이미지를 언덕으로 이루어진 땅에 투사하는 과정에서 생겨난 엄청난 복잡성을 보여준다. 반면 로마인들은 땅을 평평하게 만들어 이와 같은 작업을 단순하게 만드는 경향이 있었다.[10] 보로로족은 우리가 웹페이지를 만드는 방식과 다소 유사하게 마을을 만들었다. 당연한 것으로 간주된 하늘로부터의 배경의 지시는 그들이 지면의 모양을 형성하는 실제적인 '전경의' 어려움에 초점을 맞추도록 해주었다. 만약 보로로족이 왜 하늘이 그런 모양인지를 의심해야 했다면, 도끼와 톱으로 수행하는 노동에서 확신을 가질 수 없었을 것이다.

그렇지만 바로 그와 같은 '존재론적 안정'에 그들의 궁극적인 숙명이 자리 잡고 있었다. 무미건조한 또 다른 음악의 사례가 왜 이런 일이 벌어졌는지에 관한 단서를 줄지도 모른다. 이른바 스즈키 교습법이라는 현악기 교수법에서는 어린이가 사용하는 바이올린이나 첼로의 현에 작은 테이프를 붙인다. 이 테이프는 아이가 곡조에 맞게 연주하려면 손가락을 어디에 놓아야 할지를 정확하게 가르쳐준다. 안정성이 제공되지만 초심자에게 권한을 부여하는 것은 아니다. 일단 작은 테이프를 떼고 나면, 아이는 종종 어쩔 줄을 모른다. 아이는 그전에 현의 정확한 소리를 듣지 않았고, 따라서 갑자기 음소에 어긋나게 연주를 한다.

존재론적 안정을 위한 현실의 축소는 프로이트가 유명한 구절에서 인간 정신과 로마라는 도시를 비교한 하나의 이유다.

> 이제 (…) 로마가 인간의 거주지가 아니라 비슷하게 오래되고 풍부한 과거를 지닌 정신적인 실재라고 가정해보자. 이를테면 과거에 존재한 어떤 것도 소멸하지 않고 모든 앞선 발전의 단계들이 최신의 것과 나란히 존재하는 실재 말이다.[11]

처음에는 이러한 비교가 단지 암묵적인 지식이 어떻게 정신 속에 기입되어 있는지를 전달하기 위한 것처럼 보인다. 그러나 프로이트가 말하고자 하는 요지는 정신의 고고학자, 즉 땅속을 파고 들어가는 사람에게 권한을 주는 것이다. 당연한 것으로 간주될 수 있는 것이 거의 없는 적대적인 세계에서 살아남기 위해서는 의식의 발굴이 필요하다. 스즈키 교습법에서의 어린 바이올린 연주자처럼 마을의 기술자들도 안정에 의해 권한을 부여받지 않는다. 프로이트는 암묵적인 지식이 허구적인 안정감을 불러온다고 믿은 점에서 바흐친이나 메를로퐁티와 다르다. 안정감이 자아를 형성하는 데 실제로 필요하다고 하더라도, 시간의 경과 속에서 자아를 지탱해주지는 않는다.

암묵적인 지식은 우리가 당연하게 생각하는 세계의 상을 제공하며, 그 과정에서 우리는 효율적으로 소통하고, 특정한 일을 수행하는 데 집중하고, 타인을 신뢰하고, 스스로에 대한 확신을 느낄 수 있다. 에드먼드 버크가 프랑스 혁명을 비판하면서 전통의 미덕을 환기했을 때 그가 옹호한 전통은 암묵적인 종류의 것으로서 사람들이 당연하게 여기는 결속이었으며, 이러한 결속은 단지 이야기되지 않았기 때문에, 단지 그토록 오랫동안 실천되어온 습관이기 때문에 '공동체'에 관한 어떤 사상보다도 강력한 것이었다. 그러나 암묵적인 이해가 오랫동안 지속될 것이라는 믿음은 허구적인 안정감에 굴복하는 것이다.

외부로의 전환

끊임없이 변하는 짧은 거래를 특징으로 하는 현대의 제도적인 영역은 사람들을 그와 같은 허구적인 안정감에서 구출하기를 원한다. 이 새로운 제도적 체제는 뿌리 깊은 무의식적인 습관의 결속력이 과거에는 아무리 완벽하게 기능했다 하더라도 그와 같은 결속력을 깨뜨리는 데 특히 주안점을 둔다. 이 제도는 전통적인 관료적 피라미드의 층위를 통과하면서 정보를 변화시키는 암묵적인 상호 이해를 제거하기 위해 정보 기술을 활용한다. 새로운 질서는 그 대신 명시적이고 자기 성찰적인 지식을 요구하는 듯 보인다.

이러한 신조는 어떤 면에서 보면 프랑스 혁명을 옹호한 영국인들이 1792년에 버크에게 제시한 제안의 현대적인 반영에 불과하다. 있는 그대로의 상태에 대한 확신은 항상 무너진다는 것 말이다. 이 자명한 진리는 확실히 참인 듯 보이지만 간단하지는 않다. 사람들은 어떤 붕괴나 파멸에서 아무것도 배우지 않는다. 반면 나른 붕괴에서는 외부로 눈을 돌린다.

1930년대에 철학자 존 듀이는 화가들이 스스로를 몰아세우면서 무엇을 배우는지를 이해하려고 애썼다. 미술품 수집가 앨프리드 반스 덕분에 듀이는 (당시 미국에서는 거의 알려지지 않았던) 마티스와 피카소, 조르주 브라크 등의 그림을 볼 수 있었다. 반스의 소장품 가운데에는 마티스의 사진도 한 장 있었는데, 사진 속의 마티스는 초기의 걸작 한 점을 혐오감이 가득한 표정으로 응시하고 있다. 우리는 이 화가가 얼굴을 찌푸리는 이유를 정확히 알지는 못하지만, 이 시기에 마티스가 같은 스타일을 반복하면서 진부해지는 것을 두려워했다는 점은 알고 있다. 이와 같은 자기비판의 행위야말로 반스의 소장품을 본 결과 듀이가《경험으로서의 예술》에서 주제로 삼은 것이다.

이 책의 상당 부분은 암묵적 지식이 명시적인 것으로 바뀌도록 자극받는 순간에 관한 연구다. 메를로퐁티와 마찬가지로 듀이 역시 방향을 제시하는 시초의 암묵적인 지식의 필요성을 믿었다. 듀이는 이렇게 썼다.

> 유기체는 자신을 둘러싼 환경과 정돈된 관계를 공유할 때만 삶에 필수적인 안정을 확보한다.[12]

그러나 듀이는 예술가가 이러한 표현적인 안정성에 자발적으로 통제권을 내주는 이유를 알고자 했다. 그가 찾아낸 대답은 단순하면서도 복잡했다. 세계에 관해 뭔가 새로운 것을 배우고 싶다는 욕망이라는 점에서는 단순하지만, 듀이의 말을 빌리자면 개인이 자신의 암묵적인 이해를 파괴하는 책임을 떠맡아야 한다는 점에서는 단순하지 않다는 것이다. 듀이는 마티스의 찡그린 얼굴에서 구체적으로 표현되는 이와 같은 책임의 수락을 '굴복'이라고 불렀다.

이 단어의 유래를 추적해보면 조금 더 이해하게 된다. 《인간지성론》에서 로크는 이렇게 썼다.

> 자아는 (…) 쾌락과 고통을 감지하거나 의식하는, 행복이나 불행을 견딜 수 있는 (…) 그러한 의식적으로 사고하는 실체다.[13]

한편 《인간이란 무엇인가》에서 흄은 이렇게 주장했다.

> 내가 자아라고 부르는 곳으로 가장 깊숙이 들어갈 때마다 나는 항상 열기나 냉기, 빛이나 그림자, 사랑이나 증오, 고통이나 쾌락 등 어떤 특정한 지각이나 타자에 부딪혀 비틀거린다.[14]

로크에게 자아는 감각을 규율하는 '그러한 의식적으로 사고하는 실체'다. 이성이야말로 집의 주인인 것이다. 흄에게 핵심적인 단어는 '비틀거린다'이다. 우연히, 환경의 힘에 의해 명령받지 않은 감각이 우리에게 밀려드는 것이다. 그리하여 자아는 자기 통제에 대한 위협이라기보다는 하나의 기회로서 그러한 비틀거림을 다루면서 생기를 얻는다. 듀이는 로크보다는 흄의 편을 들지만 흄에서 한 걸음 더 나아간다. '나는 나 자신을 걸려 넘어지게 해야 한다.'

듀이는 일상생활에서 사람들이 단순히 통제력을 잃는 게 아니라 굴복할 때 무슨 일이 벌어지는지를 이해하려고 한 심리학의 한 학파에 대부와도 같은 존재였다. 안나 프로이트를 필두로 한 이 심리학자들은 일시적인 굴복 행위를 '소유의 포기'로 간주한다. 사람은 가지고 있던 것을 갑자기 내려놓으면서 다시 자극을 얻는다. 진부해지는 것을 두려워한 거장 마티스에게서 우리가 상상할 수 있는 것처럼 말이다.[15] 이러한 활동을 표현하는 상식적인 방식은 자기 시험이다. 이 경우에도 역시 표현은 단순한 동시에 복잡하다. 저항에 맞선다는 점에서는 단순하지만 시험을 계획한다는 점에서는 단순하지 않다. '소유의 포기'라는 표현은 어떤 습관을 버리는 것, 그러면서도 외부 세계에 의해 패배한 인간이 아니라 능동적인 인간으로서 새롭고 어려운 무언가를 의식적으로 탐험하는 것을 전달하고자 한다. 컴퓨터 공학자인 헨리 페트로스키는 "형식은 실패를 겪은 뒤에 이루어진다"고 선언하면서 이와 비슷한 주장을 전달하려고 했다. 훌륭한 프로그래머는 프로그램에 오류가 나기를 수동적으로 기다리는 게 아니라 일부러 고장을 내려고 한다는 것이다.[16] 의식적인 학습은 어려움을 추구하고 계획하는 데 적극적으로 열중할 때만 이루어진다.

자의식적이고 명시적인 이해의 모습은 레비스트로스가 브리콜라주라고 부른 문화적 변화와 다르다. 레비스트로스는 의식이란 새로운 환경에서 관습과 습관을 어떤 위치에 놓아야 하는지에 관한 인식이라고 생각했다. 이러한 일에 성공하는 외국 태생 주민은 여행이 시작되기 전에 믿었던 것을 계속해서 신념으로 받아들인다.

그러나 1511~1515년 사이에 처음으로 고립된 게토로 내몰린 르네상스 시기 베네치아 유대인들의 경험은 이와 달랐다. 당시 베네치아 유대인들의 대부분은 이방인이었는데, 많은 수가 1492년 이후 스페인에서 벌어진 종교 재판의 박해를 피해 도망쳐온 사람들이었고, 나머지는 16세기의 첫 10년 동안 이 도시에 머무른 레반트 지방 출신 상인이었다. 이 외국인들을 게토로 격리한 조치는 그들이 차단된 밤 시간에 성서와 탈무드를 집단 낭독하게 만들었다. 유대인들은 밤에 깨어 있기 위해 열심히 커피를 마셨다.

한 세대가 지나는 동안 어느 누구도 커피를 마시는 습관에 관해 생각하지 않았다. 평범한 유대인들에게 허용된 가장 심오한 경험인 탈무드 읽기는 그대로 남아 있었다. 이처럼 하느님의 말씀이 밤으로 옮겨간 것은 레비스트로스가 생각한 것과 같은 상징적인 이종 교배였다. 그러나 다음 세대에 이르러 사람들은 이러한 변화를 세심하게 관찰하게 되었다. 사람들은 이처럼 인위적인 종교적 자극이 과연 좋은 일일까 하고 의문을 던졌다. 탈무드에는 커피에 관한 언급은 전혀 없었지만, 베네치아의 유대인들은 성서의 교부들이 커피 맛을 알았다면 탈무드에서 말했을 법한 내용을 논쟁했다. 나이 든 세대의 말에 따르면, 두 번째 세대는 누구도 그럴 필요가 없는데도 불평을 늘어놓았다. 폐쇄된 게토에서 살아남는 일만으로도 충분히 어려웠던 것이다. 그러나 젊은이들에게 탈무드의 역사적인 메시지는 이미 새로운 삶을 얻었으니, 강제적인 야간 격리라는 새로운 상황을 그 의미 속에 통합한 '디아스포라의 말씀Word in Diaspora'이었다.[17]

이와 같은 이야기의 리듬은 유대인뿐만 아니라 무슬림과 기독교도의 문화적 이동까지도 표현했다. 레비스트로스는 이러한 여행에서 성스러운 문서들 자체는 다시 쓰이지 않고, 실제로 수정될 수도 없다고 지적한 바 있다. 전체의 단편을 다루는 주석만이 덧붙여질 수 있다는 것이다. 그러나 이러한 답변은 유대교적인 형태이건 이슬람교적 형태이건 신자들의 삶 속에서 살아 있는 존재로서, 성스러운 문서 속에서 존재감을 느낀다는 바로 그 이유로 그들의 삶 속에 현존하는 존재로서 말씀의 힘을 설명하지 못한다.

나는 이해의 조건뿐만 아니라 인성의 조건까지도, 즉 종교에 담긴 것과 같은 공유된 상징에 대한 새로운 관계만이 아니라 타인에 대한 새로운 관계까지도 구체적으로 표현하기 위해 외부로 전환하는 행위를 선택했다. 이러한 전환이 이루어지려면 개인의 내면 깊숙한 곳에서 뭔가가 일어나야 한다. '외부로의 전환'은 죄수가 교정되는 것이 아니라 스스로 교정하는 것을 의미한다. 죄수에게 단순하게 다른 더 나은 일련의 사회적 실천을 처방할 수는 없는 것이다.

그러나 사회가 이러한 변화를 장려한다고 믿는다면 이는 순진한, 아니 어리석은 믿음일 것이다. 현대 조직들에서 '내부로부터의 변화'가 이루어질 것이라는 믿음의 선언을 받아들이는 것은 특히 어리석은 일이다. 앞선 장에 논의한 '디스크' 형태의 관료제에서 변화의 실체는 그것이 위에서 부과된다는 것이다. 디스크식 기업체에서 피고용인들은 인수 합병에 표결권을 갖지 않는다. 또 디스크식 복지에서도 실업자들은 실업 급여의 연한에 표결권을 갖지 않는다. 디스크식 조직의 특징은 이와 같은 통제가 변화를 향한 주체 자신의 욕망을 표상하는 것이라고 제시하려는 이데올로기적 노력이다. 현실은 권력의 불평등이다. 이데올로기는 혁신, 창의력, 성장을 향한 공유된 욕망이다. 디스크식 조직들은 존 듀이의 언어로 말하지만 '소유의 포기'는 거의 실천하지 않는다.

언어와 실천 사이의 이러한 갭이야말로 새로운 제도들에 관한 현장 조사와 민족지학에서 나타나고 있는 하나의 패턴을 설명해준다. 변화에 종속된 사람들은 자신들이 변화하고 있다고 느끼지 못한다. 사람들은 자신을 타인에게 드러내는 방식으로 자의식을 확대하지 않는다. 심리학자 대니얼 카너먼은 현대 노동자 대중에게 위험을 감수하는 모험은 희망이 아니라 의기소침과 불길할 예감을 불어넣는다고 생각한다. 사람들은 얻을 것보다는 잃을 것에 더욱 초점을 맞추며, 스스로 도박을 하기보다는 도박의 대상이 된다.[18] 여기서 앨버트 허시먼이 '발언'이 아니라 '떠남'의 성향이라고 말한 결과가 생겨난다.

디스크식 조직이 분명히 보여주는 것은 예술에서는 다를지 몰라도 사회에서 외부로 전환하기 위해서는 재정적 자원이나 직업상의 접촉을 위한 두툼한 네트워크나 타인에 대한 지배가 필요하다는 점이다. 그리하여 상층부에서는 개인이 혼란을 겪지 않고서도 변화와 위험을 관리할 수 있다. 그러나 현대 조직의 하층부로 내려갈수록 이러한 힘이 결여되어 있기 때문에 위험을 무릅쓰는 모험은 억압적인 것일 수 있다.

외부로의 전환이 인성의 힘이라고 말하는 것은 한 개인이 사회에서도 힘을 갖는다(사실 다른 사람들보다 강하다)고 가정하는 것이다. 여기서 불평등이 다시 모습을 드러낸다. 그러나 모험이 외부로의 전환을 측정하는 유일한 척도는 아니다. 위험을 무릅쓰는 모험은 결국 이기적이다. 개인은 무언가 얻기를 바라며 그가 발견하는 새로운 것은 그러한 목적을 위한 수단에 불과하다. 외부로의 전환은 또한 더 단순하고 덜 이기적일 수 있다. 호기심의 문제일 수 있는 것이다.

19세기의 수필가 윌리엄 해즐릿은 "인간의 정신은 (…) 당연히 타인의 안녕에 관심을 갖게 마련이다"라고 썼다.[19] 해즐릿은 신중하게 어휘를 골랐다. 그는 사람들이 관대함을 타고난 것이 아니라 단지 이웃에 관해 알고 싶어 하는 경향이 있다고 주장했다. 우리를 그렇게 만드는 것은 무엇일까? 세계가 어떻게 움직이는지를 확실히 알고 있다면 우리는 사회 문제에 많은 관심을 갖지 않을 것이라고 해즐릿은 주장했다. 오직 '정상적인 삶'이 정상적으로 보이지 않을 때만 관심을 갖는다는 것이다. 그러나 우리를 그렇게 만드는 필연성은 전혀 없다. 우리는 늘 그렇듯 타인에게 무관심하게 살아갈 수 있다. 이 '당연한 관심'은 외부 환경만으로는 생겨날 수 없고 단지 내부에서만, 우리 자신의 호기심에서만 생겨날 수 있다.

레비스트로스는 보로로족 파멸의 역사 속에서 호기심의 결여가 갖는 위험성을 보았지만, 이종 교배는 이러한 결여에 대한 해답이 아니다. 이종 교배는 현재에 어떻게 관여하고 탐험하는지가 아니라 과거를 어떻게 보존할 수 있는지를 강조한다. 예술적 실천은 음악에서 이상한 부점에 의해 제기된 과제에 반응할 때처럼 외부로의 전환을 위한 현실적인 모델을 제공한다. 그러나 이러한 반응에서는 불평등과 타인에 대한 권력이 문제가 되지 않는다. 오늘날 디스크식 제도가 찬양하는 것과 같은 종류의 사회적 실천은 이러한 인성의 힘을 위한 제한적인 모델을 제공한다. 사심 없는 호기심이 아니라 모험이 찬양되는 것이다.

어떤 개인이 새로운 사람들이나 사건에 영향을 받아 자신이 갖고 있던 생각과 정서를 변화시키면서 외부로 전환할 때 인성의 형성을 가장 복잡하게 만드는 것은 자신이 두고 떠나온 세계로의 귀환이다.

귀환의 어려움

행동이나 태도의 변화는 보통 사람들이 자신이 변화했다는 사실을 알기 훨씬 전에 일어난다. 베네치아의 유대인들에게 밤의 종교가 일반적으로 받아들여지고 익숙해진 실천이 되는 데는 세 세대에 걸친 시간이 필요했다. 로버트가 자신이 무엇을 하고 있는지를 의식하면서 거리의 규범을 새로운 열쇠로 조작할 수 있기까지는 몇 년이 걸렸다. 여행을 하지 않은 사람들이 여행을 한 사람들을 이해하는 데는 훨씬 더 많은 시간이 걸린다.

이러한 어려움은 분명해 보이지만 집단 정체성이라는 폭넓고 복잡한 주제와 관련이 있다. 시험을 거치지 않은 암묵적인 사회적 지식은 현실이 어떠해야 하는가에 관한 공유된 이미지인 단체 사진과도 같다. 시험을 거친 사회적 지식은 공유된 변화의 이야기인 서사의 형태를 띤다. 살레시오회가 도착하기 전에 보로로족은 세계 속에서 자신들의 위치에 관한 이미지를 공유했다. 베네치아 유대인의 세 번째 세대는 하나의 역사를 공유했다. 공통의 이미지 공유는 평등한 동시에 즉각적이다. 역사의 공유는 좀 더 어렵다. 개인적인 삶의 역사는 시간이 지나면서 복잡한 방식으로 얽히며, 역사가 한 개인에게 허락한 통찰력은 다른 사람에게는 허락되지 않을 수도 있다.

이미지는 누가 단체 사진에 들어 있고 누구는 빠져 있는지를 분류한다. 흑인의 피가 한 방울이라도 섞이면 흑인으로 간주한 과거 미국의 법률은 그러한 분류의 극단적인 형태로, 조금이라도 검은 피부색은 전체적인 정체성을 부과했다. 공유된 역사는 또한 우연히 몇백

년 동안 세르비아에서 살아온 가족을 가진 한 사람에게서 '진짜' 세르비아인을 분리하는 민족적 서사의 공유에서처럼 엄격하게 분류할 수 있다. 그러나 자신의 역사를 다른 개인에게 이야기하는 개인적인 행위는 또한 그와 같은 엄격성을 깨뜨릴 수 있다. 이야기를 하는 사람은 요점에서 벗어나고 듣는 사람은 관련성이 애매모호한 무언가를 불쑥 끼워 넣는다. 요점에서 벗어나는 것은 종종 두 사람 모두에게 갑작스럽고 의식적인 이해를 자극한다. 이와 같은 이야기의 불확실성 속에 상호 존중의 핵심적인 원칙 하나가 존재한다.

단체 사진은 내용의 확실성을 제공한다. 우리는 서로 즉시 알아볼 수 있는 무슬림이나 유대인, 흑인이다. 우리는 우리가 누구인지를 알기 때문에 서로를 존중한다. 반면 상호 존중이 이야기를 듣는 사람들에게 요구하는 것이라고는 듣는 것뿐이다. 밤에 참호 속에서 서로 가족사를 이야기하는 병사들처럼. 이러한 상호 결속에 필요한 것이라고는 각자 상대방이 어둠 속에서 귀를 기울이고 있다는 것을 감지하는 것뿐이다. 이야기의 내용은 중요하지 않다. 귀환의 어려움은 바로 여기에 있다. 로버트의 오랜 친구들처럼, 듣는 사람은 변화를 가져오는 여행의 이야기에 관심을 기울이면서도 여전히 자기 자신의 고정된 세계상에 집착할 수 있다.

독일어 단어인 Weltanschauung은 한 집단이 공유하는 '세계에 대한 견해'로 거칠게 번역된다. 이는 또한 분명하게 보이는 무언가를 함축한다. 인류학자 아널드 겔렌은 사람들은 인간 삶의 미완성적인 성격에 대한 두려움을 갖고 있다고 말했다. 집단적인 세계관은 개인이 결국 일부로 통합되는 단순화된 이미지를 제공하여 이와 같은 불충분성에 대한 두려움을 덜어준다. 이것이야말로 앨버트 스피어가 기획한 나치 시대 베를린의 엄격하고 명확한 도시 계획에서 겔렌이 감지한 지도적 원칙이었다. 더 인간적인 버전은 막스 베버의 것인데, 그에게 Weltanschauung은 '고통이 존재하는 이유는 무엇인가'라는 질문에 대답하기 위해 존재한다. 사회는 이에 대한 대답을 제시해야 하며 그 대답을 고수해야만 한다. 두 사람 모두에 따르면, '우리'라는 그림은 차이와 불연속성이 드러나는 어떤 이야기도 무색하게 만들면서 지배력을 발휘한다.

불온한 소식을 가지고 다른 사람들에게 돌아오는 사람은 어느 정도는 자신의 이야기가 그들의 삶과 관계가 있다는 인상을 주어야만 한다. 그러나 겔렌과 베버가 제시한 이유들 때문에 그가 이런 식으로 자기를 표현하기는 어려울 것이다. 가령 레비스트로스와 동시대 인물인 에리히 아우어바흐는 나치를 피하기 위해 튀르키예로 망명했다. 책도 모두 잃어버리고 튀르키예어를 할 줄도 몰랐던 아우어바흐는 망명의 문제에 관해 숙고했다. 독일에서 보낸 과거에는 많은 것이 있었고 그는 너무 많은 것을 당연하게 받아들였다고 생각했다. 무슨 일이 닥칠지를 미리 보아야 했던 것이다. 망명 중에 아우어바흐는 지기 삶의 흩어진 단편들을 곰곰이 생각하면서 자신이 희생자로 사라지게 될 것이라는 점을 알았다. 《미메시스》에서 그는 현대 사회에서 "변화의 속도는 내적인 적응과 이에 수반되는 위기에 대처할 수 있는 영속적이고 극도로 어려운 기질을 요구한다"고 선언했다.[20] 안정성에 대한 열망이 재난에 대한 처방이기 때문에, 한 개인은 "자신이 살고 있는 사회적 토대가 (…) 극히 다양한 격동을 통해 끊임없

이 변화하고 있다는 것을 의식"함으로써만 살아남을 것이다.[21]

그러나 전쟁이 끝나고 서유럽으로 돌아오면서 아우어바흐는 떠날 때보다도 자신이 훨씬 더 이방인인 것처럼 느꼈다. 망명 중에 그가 경험한 시련은 그의 이야기를 듣는 사람들에게서 공감을 이끌어냈지만, 그들 자신의 상황에 대한 성찰을 자극하지는 못했다. 독일인들은 스스로에 대한 희생자 이미지에 집착했고, 미국인들은 다른 사람들을 위해 선을 행한다는 그들의 명백한 운명manifest destiny*에 집착했다. 아우어바흐 자신의 외부로의 전환, 즉 유럽인이라는 게 무엇을 뜻하는지에 관한 튀르키예에서의 심오한 재검토는 사적인 역사라는 문서고로 들어간 듯 보였다. 아우어바흐는 아마 겔렌이 옳았을 것이라고 결론지었다. 정체성의 그림은, 설령 그것, 즉 암묵적인 이해가 그것을 믿는 사람들을 배신할 운명이라 하더라도, 집단의 환상을 지탱하는 데 필요하다는 것이다.

이상적인 세계에서라면 집단들은 예기치 않은 쾌락인 호기심이나 생각지 않은 고통의 교훈을 예시하는 개인 인성의 변화에 의존하여 변화할 것이다. 이러한 이상은 멀기는 하지만 그럼에도 이야기를 하는 사람은 그 과정에서 존중을 불러일으킬 수 있다. 이러한 표현적인 실행이야말로 집단적인 이미지의 힘을, 사회와 우리 자신에 대한

* '명백한 운명'이란 표현은 1845년 미국의 텍사스 병합 당시 《민주주의평론 *Democratic Review*》 주필이던 존 오설리번이 게재한 논설 중 "아메리카 대륙에 뻗어나가야 할 우리의 명백한 운명은 해마다 증가하는 몇백만 인구의 자유로운 발전을 위하여 하느님이 베풀어주신 것이다"라고 말한 데서 비롯했다. 그 후 이 말은 미국의 영토 팽창과 해외 진출을 정당화하는 표어가 되었다.

지각을 마비시키는 암묵적인 지식의 힘을 깨뜨릴 수 있는 유일한 희망이다.

어떻게 보면 내 이야기는 여기서 끝났다. 나는 사람들이 서로를 상호 존중하도록 이끌 수 있는 사회와 인성 사이의 부득이하게 복잡한 관계를 제시했다. 이런 일을 현실화하려면 사람들은 특수한 종류의 교류를 실천해야만 한다. 사람들 스스로 갖고 있는 암묵적인 가정과 공유된 세계의 그림을 깨뜨려야만 하는 것이다. 그렇지만 내 이야기는 아직 끝난 것이 아닌데, 인성과 사회 구조의 이러한 요소들이 내 젊은 시절의 정치학에서, 아니 내 가족의 정치학에서 생생하고도 격렬한 생명력을 얻었기 때문이다. 결국 나는 내가 시작한 곳에서, 나 자신의 전기의 단편들을 가지고 결론을 내야 한다.

10장

존중의 정치학

과거의 정치학

1970년대에 소련의 시인 조지프 브로드스키는 소련에서 추방된 뒤 뉴욕에 도착했다. 브로드스키는 고국에서 서정시 창작을 비롯한 범죄를 저지른 바 있었다. 브로드스키는 뉴욕에 빠르게 정착했다. 그의 책과 신문으로 어지러운 그리니치 빌리지 지하 아파트에서는 끊임없이 전화가 울렸지만 이 보금자리에서 음식을 만드는 일은 거의 없었다. 그래서 나는 종종 그를 우리 집으로 초대해서 저녁을 내접했다. 소련에서 고기를 제대로 먹지 못한 브로드스키는 커다란 미국식 스테이크를 고집했고 식사를 하면서 친구들과 일상생활에 관해 이야기를 나누었다. 그렇지만 우리 가족 이야기가 결국 이런 아늑한 저녁 시간에 그림자를 드리웠다.

1980년대 중반 브로드스키는 내 책장에서 윌리엄 세넷이 쓴《공산당 간부와 기업 중역*Communist Functionary and Corporate Executive*》이라는 커다란 파란색 장정의 새 책을 발견했다. 이 책은 캘리포니아대학교 연구자들이 수집한 구술사를 토대로 내 큰아버지가 쓴 자서전이었다.[1] 거의 내가 태어나자마자 부모님이 헤어졌기 때문에, 큰아버지에 대해 아는 것이라곤 대부분 전해 들은 이야기였다. 큰아버지는 외가 쪽 가족에게는 매혹적인 수수께끼로 가득한 사람이었다. 아마도 풍문이 퍼지면서 그의 혁명적 공적이 부풀려졌겠지만, 진짜 수수께끼는 그가 공산당에서 탈당하자마자 곧바로 부유한 자본가로 돌아선 이유에 있었다.

그 파란 책은 적어도 그러한 공적을 확인해주었다. 큰아버지는 행동하기 위해 살았다. 자서전에서 큰아버지는 어떻게 1931년에 공산당에 입당했는지, 그리고 내 아버지와 함께 스페인 내전에 참전하게 되었는지에 관해 자세히 이야기한다. 윌리엄 세넷의 젊은 시절은은 파업과 폭력 시위, 경찰과의 싸움으로 가득 차 있었다. 큰아버지는 2차 세계대전이 끝난 뒤부터 1956년까지 노동 조직가, 비밀 요원, 출판 편집인 등으로 공산당에서 일했다. 그해 흐루쇼프는 헝가리에서 일어난 봉기를 무자비하게 진압하고 곧이어 스탈린 전체주의 체제의 범죄를 고발했다. 1958년에 이르러 큰아버지는 마침내 공산당에 신물을 느낀 나머지 탈당했다. 몇 년 지나지 않아 큰아버지는 운송 회사를 경영하게 되었고 10년 만에 유력한 사장이 되었다.

자서전에는 어떻게 왜 이런 일이 일어났는지가 설명되어 있지 않다. 부자가 된 과정에 관한 큰아버지의 설명은 간결하고 무덤덤하다.

마치 자신과 동명이인인 사람이 사반세기 동안 자본주의의 사다리를 기어오르는 것을 지켜보는 것처럼. 그렇다고 과거에 완전히 등을 돌리는 것도 아니다. 큰아버지는 "나는 사회주의자다"라고 단언하면서 이는 "개인적인 부의 획득과는 아무 관계도 없다"고 썼다. 큰아버지가 마침내 다다른 결론은 20세기 공산주의의 해악은 민주주의의 결핍에 있지만, 전체주의의 독소를 씻는다면 뭔가가 여전히 남는다는 것이었다. 이제는 노인이 된 큰아버지는 여전히 이렇게 공언할 수 있었다.

> 나는 이제 더는 공산당원이 아니다. 그렇지만 여전히 본질적으로 공산주의자이며 공산주의 사상과 이데올로기를 신봉한다.[2]

나는 이 파란 책을 브로드스키에게 빌려주면서 그가 이런 주장 가운데 하나라도 받아들일지 의문스러웠다. 처음에는 그랬다. 조지프가 보기에 윌리엄 세넷의 솔직한 이야기는 미국인의 순진함이 뒤섞인, 젊은 시절의 신념이 마침내는 성년기의 환멸에 굴복하고 마는 순례기와도 같았다. 양심적인 서구 급진주의자들이 대부분 걸었던 순례 이야기 말이다. 그러나 위에서 내가 인용한 결론 부분을 큰소리로 읽으면서 조지프의 목 근육은 뻣뻣해졌다. 파란 책을 소리내서 덮으면서 조지프는 이렇게 말했다.

"윌리엄 세넷 동지는 아무것도 배우지 못했군요."

1959년에서 1964년까지 브로드스키를 집요하게 괴롭힌 체포와 박해(이러한 처벌에는 모스크바의 카슈첸코 정신 병원에 강제 수용된 일과 북극의 작은 마을인 노린스카야에서 중노동 유배형을 받은 일이 포함된다)의 와중에 당국은 그를 거듭해서 '기생충'이나 '부적응자(러시아어로 izgoy인 이 단어는 처신하는 법을 알지 못하는 사람을 가리킨다)'라고 비난했다.[3] 이런 형식적인 기소는 지하 라디오 방송을 운영하는 것 같은 정치적 범죄보다는 사회적 범죄에 대한 것이었다.

브로드스키가 보기에 전체주의적 사회주의의 해악은 그 체제의 융통성 없는 사회적 결속에 있었다. 브로드스키의 친구인 체슬라브 밀로즈는 내면의 삶을 잡아 가둘 수 없는 국가의 한계를 지적한 바 있다. 그렇지만 설령 사적으로는 양심을 보존하더라도(브로드스키를 담당한 한 검사가 법정에서 그를 파멸시키기 전에 따로 불러내 "미안합니다"라고 말한 경우가 이에 해당된다) 공적으로는 순응하게 만드는 강력한 압력이 있었다. 사람들이 사회에 노예처럼 굴종하는 것이 문제였다. 조지프가 보기에는 이것이야말로 내 큰아버지가 배우지 못한 것이었다.

이런 비난은 내 가슴 깊숙한 곳을 찔렀다. 아버지와 외가 쪽의 여러 가족을 생각하기만 하면 됐다. 그들 역시 1930년대에 공산당을 탈당했는데, 그 이유는 그들이 급진주의의 정신을 버렸기 때문이라기보다는 공산당의 폐쇄 공포증적 구조에 대한 두려움 때문이었다. 그러나 나 역시 파란 책을 보고 놀랐다. 공산당의 횡포에 대한 이기적인 변명서가 아닌 큰아버지의 자서전을 보면 그가 애초부터 훌륭한 공산당원은 아니었다는 사실이 은연중에 드러났다.

가령 1934년에 공산당은 흑인 노동자들을 조직하라고 큰아버지를 시카고의 사우스사이드로 파견했다. 이곳에서 큰아버지는 공산당 내부에서 흑인들이 백인들의 생색내는 듯한 태도와 적개심에 무방비로 노출되어 있는 것을 발견했다. 큰아버지는 이에 항의했고 결국 당 지부에서 성공의 길이 막혔다.[4] 미국 공산당은 인종 차별의 고통, 특히 남부의 흑인 소작농들이 겪는 고통을 강조했다. 공산당은 이들을 '타고난' 공산주의자라고 생각했다. 훌륭한 몇 가지 예외가 있긴 하지만, 공산당은 심지어 흑인들을 현실적인 인간으로서보다는 억압의 상징으로 간주했다. 이러한 태도는 랠프 엘리슨의 고전적인 작품인《보이지 않는 인간》의 후반부에 극적으로 표현되어 있다.

스페인 내전에서 윌리엄 세넛은 자기 병사들에 의해 대대의 인민 위원으로 강등되었는데, 그는 회고록에서 그 이유를 다음과 같이 설명했다.

> 확실히 나는 공산당 지도부의 부정적인 측면이라고 할 수 있는 관료적 방식을 취했다. 나는 (…) 매우 관료적이고 교조적이며 젠체하는 정치 지도자처럼 행동했다.[5]

가장 두드러지는 측면은 그에게 적절한 계급 의식이 결여되어 있었다는 점이다. 책에서 그는 젊은 공산당 조직가 시절 갖고 있던 계급 투쟁에 관한 견해를 다음과 같이 회상했다.

> 나는 노동 계급과 부유한 사장들, 즉 상류 계급을 구별했지만, 중간 계급과 소규모 기업인 및 전문직 종사자들은 상류 계급보다는 노동 계급과 더 공통의 이해관계를 갖고 있다고 생각했다.[6]

이런 선언을 이해하려면, 1920년대와 30년대에 미국 공산당이 소련을 제외하고는 이데올로기적으로 가장 경직되어 있었다는 점을 상기해야만 한다. 이러한 경직된 견해는 상당 부분 자신의 출신 성분을 혐오한 부르주아 출신 공산당원들에게서 기인한 것이었다. 그들은 육체노동과 영웅적인 노동자를 이상화하는 경향이 있었다. 지긋지긋한 가난 속에서 성장기를 보낸 큰아버지는 좀 더 유연한 계급의식을 갖고 있었다. 그렇지만 너무나도 유연해서 모든 계급을 포괄할 정도였다.

큰아버지의 발언을 이해하기 위해 독자들은 1950년대에 매카시즘이 급진주의 집단을 마치 도끼로 내리치듯이 분열시킨 사실을 상기해야만 한다. 공산주의 운동이 소련의 첩보 활동과 국가 전복을 도모하는 최전선이라고 정말로 믿은 언론인인 휘태커 체임버스 같은 고통받은 영혼들이 있었다. '반反반공주의자'인 역사학자 아서 슐레진저처럼 관대한, 과거에 공산주의자 경력이 있던 사람들부터 급진적인 신념은 비난하거나 거부하지만 매카시 상원 의원이 주도하는 급진주의 혐의자에 대한 청교도적인 숙청은 반대하는 자유주의자에 이르기까지 수많은 다양한 집단이 있었다. 그리고 (스페인 현대 시를 번역하는 문제에 골몰하던 몽상적이고 무책임한 인물인) 큰아버지처럼 자신이 저지를 힘도 없었던 범죄 때문에 고발당하는 사람들이 있었다.

슐레진저는 젊은 시절에 관한 회고록에서 "오직 악당이나 바보들만이 스탈린주의를 옹호할 수 있었다"고 밝힌 바 있다.[7] 확실히 우리 가족 소설의 주연 배우는 정치적 미덕의 모범은 아니었다. 큰아버지는 스탈린이 1939년에 히틀러와 맺은 조약을 묵인했다. 그러나 큰아버지는 악당이나 바보는 아니었다. 그의 삶은 보다 동정적인 특징을 띠고 있다. 그는 자신의 부에 유혹된 적이 없다. 또 그는 인종 평등을 몸소 실천했고 자신의 공산주의 경력을 손상하는 관료적이지 않은 행동과 계급적 유연함의 충동을 품었다.

훗날 큰아버지를 알게 되었을 때, 그는 내가 펴낸 책들의 화려한 제목을 비판적으로 언급하면서 《민중과 함께하는 삶*Life Is with People*》이라는 유대인 게토에 관한 그의 책을 모델로 제시했다. 독자들이 그 뜻을 결코 알 수는 없겠지만 이것은 그의 자서전 제목이 될 수도 있었다. 그는 '사회주의'라는 단어 속의 '사회'에 본능적인 감정을 갖고 있었다. 그러나 본능적인 감정일 뿐 더 나아가지는 못했다.

비록 큰아버지가 그런 표현을 구사하지는 않았지만 나는 그가 존중의 정치학을 두고 분투했다고 생각한다. 정치적 경력의 출발점에서부터 큰아버지는 개인의 물질적 지위와 위신만을 강조하는 자본주의는 불평등의 분할을 넘어서 제공할 것이 거의 없다고 믿었다. 큰아버지는 쓰라린 경험을 통해 자기 시대의 조직된 좌파가 동지들 사이의 상호 존중을 가로막고 있다는 점을 알아냈다. 큰아버지가 급진적인 동시에 인도적인 보통 사람이 될 수 있었던 것은 바로 이러한 본능적인 감정 덕분이었다.

내가 이런 동정적인 사례를 브로드스키에게 역설했더라도, 확실히 그에게는 이러한 경험이 전혀 없었을 것이다. 이루 헤아릴 수 없는 많은 사람의 삶과 마찬가지로, 소련에서 그의 삶은 기껏해야 오도된 이상주의자라고 말할 수밖에 없는 사람들에게 파괴되었다.

브로드스키는 예술을 향한 자유로운 추구 때문에 그를 박해하는 사람들에게서 어떠한 존중도 받지 못했다. 그러나 그들이 경멸을 표현한 방식은 순전히 사회적인 것이었다. 브로드스키는 '부적응자'가 되어 있었다. 부르디외가 카빌족을 관찰하면서 지적한 것처럼, 전체주의적인 방식의 집단적인 존중은 실제로 자아의 이미지가 "타인들에게 제시되는 것과 (…) 구별될 수 없는" 이데올로기에 의존했다.

큰아버지처럼 공산주의자 경력을 지닌 사람들은 이러한 억압적이고 순응적인 정치학이 소련 사회의 특수성에 기인하는 '역사적인 오류'라고 주장한다. 반면 마르크스주의 일반에 반감을 갖는 다른 사람들은 그들이 전에 가진 이상에 책임을 돌린다. 이러한 논쟁은 배신감과 반감 등 격렬한 개인적인 감정 때문에 모호해진다. 그러나 어떤 면에서 보면 이는 소련이 존재하기 전부터 시작된 논쟁이다.

군대식 명령 체계에 기초한 관료적 피라미드는 존 D. 록펠러 같은 자본가들뿐만 아니라 19세기 말 일부 사회주의자들에게도 호소력을 발휘했다. 레닌은 이러한 형태의 관료제에서 마침내 경쟁을 짓밟고 아래에 있는 사람들에게 엄격한 규율을 부과하는, 록펠러와 똑같이 기능하는 전위 지도자들로 이루어진 위계적인 전위당의 원칙을 이끌어냈다. 이러한 사회주의적 피라미드는 19세기 말 서유럽에서 에두아르트 베른슈타인과 카를 카우츠키 사이에 커다란 논쟁을 불러일으켰다. 베른슈타인은 군사 조직을 노동조합의 모델로 삼기를 거부한 반면, 카우츠키는 그런 조직 없이는 어떤 것도 이루지 못한다고 생각했다. 카우츠키는 끝없는 토론과 논쟁으로 점철된 '민주사회주의'가 혁명의 성공을 위한 처방이 될 수 없다고 믿었다.[8]

승리를 거둔 쪽은 카우츠키였다. 마르크스주의적 사회주의가 영향력을 미치는 세계 곳곳에서 공산당 기구는 상향식이 아니라 하향식인 군사 조직처럼 운영되기에 이르렀다. 혁명 이후에 러시아로 수입된 것은 바로 이러한 서구식의 군사적인 공산당 모델이었고, 이는 다른 토착적인 급진적 실천을 질식시켰다. 소련 국내에서도 피라미드식 조직은 1923~1924년 사이에 레닌의 신경제 정책의 토대가 되었다. 1920년대 후반 이래 진행된 스탈린의 사회 정책은 그러한 과정을 정점에 올려놓았다. 독재자 스탈린은 헨리 포드가 자기 회사의 대규모 자동차 공장에 만들어놓은 내부 체계를 특히 존경했고 그것을 꼼꼼하게 모방했다.

어떤 특정한 측면에서 보면, 큰아버지가 겪은 혼란과 브로드스키가 당한 고통 모두 마르크스주의의 직접적인 탓으로 돌릴 수 있다. 이는 마르크스주의의 계급 의식에 관한 구상과 관련이 있다. 인류학자 프랭크 헨더슨 스튜어트는 "서구에서 명예는 보통 계급 체계와 밀접하게 연결되어 있다"고 썼다. 계급은 의식을 '수평적'이 아니라 '수직적'으로, 즉 자신보다 위나 아래에 있는 사람들을 향하게 만든다는 것이다.[9] 마르크스주의의 공식화에서도 위나 아래에 있는 사람들에 대한 지각이 자신과 비슷한 사람에 대한 의식보다 먼저 온다. 즉, 불평등이 우애보다 앞선다. 혁명의 과제는 우애를 중요하게 만드는 것이다.

계급적 명예에 대한 주장은 억압받는 집단들이 그렇게 하기 위한, 자신들의 집단적인 자아 관념에 대한 통제권을 되찾기 위한 하나의 방편이다. 이러한 이유로 계급 의식은 마르크스주의에서 고유하게 호전적인 성격을 띤다. 다른 사람들이 자신의 위치에 부과한 의미와 싸우지 않고서는 세계 속에서 자신이 서 있는 자리를 실제로 알 수 없기 때문이다. 계급 투쟁 없이는 계급 의식이란 있을 수 없다. 계급의 적과 친구들은 파업이나 거리에서의 폭력적인 전투 와중에 진정한 색깔을 드러낸다. 세계 속에서 어느 개인의 실제 위치는 전투를 통해서 더 분명하게 규정될 것이다. 그런고로 카우츠키가 옳다.

이와 같은 흔적은 심지어 에릭 올린 라이트 같은 민주적이고 인간적인 현대 마르크스주의자들에게서도 지우기가 어렵다.

> 하나의 개념으로서 계급이 여하한 설명력을 가지려면 계급 투쟁을, 즉 사람들이 조직된 세력으로서 계급으로 형성되는 과정을 설명할 수 있는 토대를 제공해야만 한다.
> 계급은 계급 투쟁 내부에서 그러한 지위들의 잠재적인 단결을 가리킨다.[10]

여기서 문제는 계급의 적과의 어떤 긍정적인 교류도 계급의 연대를 감소시킬 위험성이 있다는 데 있다. 계급 의식에 관한 적대적인 모델은 보로로족이 직면한 것과 똑같은 문제, 즉 자아와 세계 사이의 관계가 마비되는 문제에 맞닥뜨린다. 암묵적인 가정과 행동을 더 탐험적인 타인과의 관계로 양도하는 것은 어려워진다. 혁명적인 의지를 꺾을 위험이 있는 것이다. 이 정치학에는 욕구의 모호함, 자아의 혼란, 자신과는 다른 타인들에게 의지하는 것과 같은 인성의 속성들이 자리 잡을 여지가 없다. 이런 속성들 또한 저항의 의지를 약화하기 때문이다.

따라서 공산주의 운동의 역사에서 일종의 정신 분열증이 요구된바, 타인들에게 공격적이고 호전적인 동시에 동지들에게는 관대하고 서로를 의식하는 행동(이는 좀처럼 보기 드문 마법적인 전환이다)이 그것이다. 스페인에서 큰아버지는 개인이 정치적인 정신 분열증을 계속 유지할 수 없다는 점을 깨닫기 시작했다. 이는 조지 오웰이《카탈로니아 찬가》에서 말한 이야기에서 한 사람의 입장이다. '유대'를 위해서는 어쨌든 무정부주의자들과 평범한 농민들이, 심지어 견해가 다른 사제와 적군의 보병들까지도 인간적으로 연결되어야 했다.

큰아버지가 캘리포니아대학교의 면담자들과 이야기를 나눌 무렵에 처한 딜레마는 바로 이것이었다. 그는 젊은 시절 자신을 움직이게 한 불의와 불평등한 권력에 대한 증오는 고수하고 있었지만, 그럼에도 정통적인 계급 의식의 굴레를 깨뜨리기를, 더 포괄적인 사회적 결속을 벼려내기를 원했다.

새로운 정치학

나와 동시대의 급진주의자들 역시 큰아버지만큼이나 포괄성과 상호 존중의 문제를 두고 분투했다. 그들은 여전히 제도적인 자본주의의 적이었지만 적의 명단에 제도적인 사회주의도 첨가했다. 그러나 관료제를 적으로 삼는다고 해도 급진주의자가 아닌 사람들과 어떻게 친구가 될 수 있는지는 여전히 밝혀지지 않았다.

1960년대의 반문화는 때로 끝없는 파티(이따금 오락과도 같은 항의 시위를 벌이느라 중단되는 나체 수영과 LSD를 이용한 여러 실험)의 연속이라는 인상을 주었다. 이러한 만화 같은 광경은 내 젊은 시절의 한층 심각한 갈등을 가렸다. 기성 제도에서 떨어져 나온 많은 이가 아무런 목표도 없는 존재가 되어 무단 점거와 공동생활체를 떠돌아다녔다. 그렇지만 다른 많은 이는 자신들이 떨어져 나온 제도를 변화시키고자 노력했다. 그들은 무엇을 할 것인지를 두고 좀 더 적극적이고 진지한 방식으로 논쟁을 벌였다. 이러한 적극적인 참여는 일찍이 1962년에 미국 한 소도시의 이름을 딴 포트휴런 선언을 낳았으니, 소도시의 이름이 갖는 친밀성이 이 성명서의 내용을 암시하고 있다. 포트휴런 선언은 조직이라기보다는 하나의 공동체를 추구하는 민주 사회를 위한 학생 연합을 결성한 젊은이들이 작성한 것이었다.[11]

그들의 선언에는 필자들의 미국인다운 특징을 보여주는 도덕적 열정과 또한 젊은이다운 특징을 보여주는 임박한 세계 종말에 대한 인식이 담겨 있었다. "우리는 생명체 실험의 마지막 세대일지도 모른다"라는 선언은 신좌파가 자본주의의 엄격한 포섭에서 사회적인 삶을 해방하고자 분투하고 있다는 뜻이었다.[12] 이 젊은 필자들은 자신들이 마비된 사회의 벼랑 끝에 서 있다고 생각했다.

> 삶의 공허함에 가해지는 복잡성의 압력을 느끼는 사람들은 (…) 언제든지 갑자기 통제 불가능한 상황이 도래할지도 모른다고 두려워하고 있다. (…) 지배적인 제도들은 사람들의 잠재적인 비판적 사고를 무디게 하기에 충분할 만큼 복잡하다.[13]

그들이 가장 관심을 둔 사회적 두려움은 "오늘날 사람과 사람 사이에 놓인 광대한 거리를 보여주는 고독, 소외, 고립"이었다.[14] 이런 감정들은 미국뿐만 아니라 유럽과 라틴 아메리카의 젊은 좌파들도 대변했다. 또한 특히 타인에게 느끼는 소외감이라는 점에서 이런 감정들은 내 큰아버지의 세대에게 이질적인 것이 아니었다.

그러나 미국에서 급진주의자가 된다는 것은 사회의 주변부에 사는 것을 뜻했다. 1930년대에 그러했듯이, 1960년대에 좌파가 사회의 병폐를 비판했을 때 그들은 종종 수많은 대중 가운데서 공감을 얻었다. 그러나 여기서 나아가 체제의 근본적인 변화를 주장하기 시작하자 대중은 갑자기 그들을 극단주의적인 분파로 보았다.[15]

신좌파는 미국뿐만 아니라 다른 나라의 젊은이들에게도 호소력을 가졌는데, 그 이유는 신좌파가 국내와 해외의 구좌파가 혐오하는 개인화된 방식의 공동체를 제안했기 때문이었다. 활동가인 리처드 플랙스에게 포트휴런 선언은 "사회주의의 의미를 흥미롭게 변화시키는 것"을 의미했다. "이 선언은 민주적인 내용이라는 측면에서 사회주의의 전통을 재정의하는 것을 뜻했으며" 직접적이고 대면적인 참여를 강조했다.[16] 이 견해 속에는 당의 규율과 관료적 통제가 자리 잡을 여지가 없었다. 이와 같은 제도에 대한 거부는 국경을 넘어서 뻗어나갔다. 1968년 5월 파리에서 거리로 나선 많은 학생도 이러한 특징을 보여주었다. 일상적인 사회생활의 '반反정치'를 주창한 헝가리의 죄르지 콘라드의 저작과 활동에서 볼 수 있듯이, 동유럽의 반체제 인사들 사이에서도 제도에 대한 거부는 '시민 사회'에 대한 요구를 통해 강력한 역할을 했다.

신좌파의 반제도적 측면은 이미 오래전부터 '협동'이라는 단어의 의미를 잃어버린 구좌파들을 혼란으로 몰아넣었다. 소규모 공동생활체와 '개인적인 것이 정치적인 것이다'라는 깃발 아래 이루어진 자기 성찰은 딱딱하게 굳어진 이 베테랑들의 눈에 유아적인 방종으로 비쳤다. 1962년에 발표된 포트휴런 선언은 곧바로 산업 민주주의 동맹(이데올로기적으로는 반공주의였지만 기질상 경직되어 있었다)과 민주 사회를 위한 학생 연합의 느슨한 젊은이들 사이에 싸움을 불러일으켰다.

이 논쟁의 양편 모두를 체화한 사람이 있다면, 그는 민주 사회를 위한 학생 연합의 지도자인 톰 헤이든이었다. 한편으로 헤이든은 제도적인 인물로서 신중한 관료제 운영자 역할을 맡아 반전反戰의 대의를 위해 일했다. 그는 베트남 주재 미국 대사 에이브릴 해리먼과 비밀 채널을 유지하는 동시에 미국에 맞서 싸우는 북베트남 사람들과 공개적으로 접촉하면서, 모든 관료적 '선수'들이 그러하듯이 자신이 양측 모두에게 없어서는 안 될 존재가 되기를 바랐다. 다른 한편으로 헤이든은 몇 달씩이나 자기가 몸담은 조직에서 떨어져 나와 더러운 빈민가 아파트 바닥에서 잠을 자면서 일상적인 공동체 생활의 흐름에 몸을 맡기려고 애를 쓰는 매력적인 소년이었다.

시간의 흐름은 두 가지 방식으로 제도에 대한 신좌파의 정치적 비판을 확인해주었다. 첫 번째는 국가 사회주의의 사회적 쇠퇴에 관한 우리의 예측이었다. 1990년에 부다페스트를 방문, 40년 동안 마르크스주의 체제에서 살아온 사람들을 면담한 티모시 가튼 애시는 사람들에게 카를 마르크스가 누구냐고 물었다. 부다페스트의 마르크스 광장에서 사람들은 다음과 같이 대답했다.

> 그는 소련의 철학자였습니다. 엥겔스가 친구였고요. 글쎄, 달리 뭐 할 말이 없네요. 그는 늙어서 죽었습니다. (다른 사람의 목소리) 물론 정치가지요. 그는, 왜 아시잖아요, 이름이 뭐더라 레닌의, 레닌, 레닌의 저작을 헝가리어로 번역했지요.[17]

단절과 초연함은 소비에트 제국, 특히 그 제국의 변경 식민지들의 보통 시민들의 일상생활을 특징지었다. 방관자적 태도가 생존의 방편이 되었다. 레셰크 코와코프스키는 정치에 관해 다음과 같이 말했다.

> 절대 다수가 아주 심각한 결과는 아니더라도 유쾌하지는 않은 결과를 피하기 위해 가짜 선거에 표를 던졌다. 그들은 의무적인 행진에 참여했다. (…) 경찰 정보원들은 쉽게 채용할 수 있었으니, 보잘것없는 특권을 주고 끌어들일 수 있었다.[18]

부패와 무관심이 이 체제를 특징지었다. 제국의 심장부에서 고르바초프는 '정체'의 시대를 공격했다. 신좌파는 바로 이러한 질병을 예견한 신랄한 비판자들이었다.

두 번째로 우리 세대의 역사적인 아이러니는 자본주의가 신좌파들이 바란 것을 반쯤은 실현했다는 점에 있다. 디스크식 조직을 선호하는 관료적 피라미드에 대한 공격은 종종 사적 제도뿐만 아니라 공적 제도에서도 구질서의 제도적 경직성을 파괴하는 데 성공했다. 관료적 자본주의에서 유연한 자본주의로의 전환은 자발적인 사회적 행동과 시민 사회에서의 대면적인 관계에 대한 강조를 북돋아주었다. 유연성 이데올로기는 위험을 감수하는 모험과 자발성을 강조했고 삶의 이야기는 결정된 경로에서 자유로워졌다.

자본주의가 신좌파가 원한 일을 수행했다고 해서 신좌파의 급진적인 추진력이 무효가 되는 것은 아니다. 40년 전, 조직 인간의 시대에는 탈조직화가 불러일으킬 사회적 결과를 알기 힘들었을 것이다. 우리는 경직된 관료제의 해체가 사람들 간에 더 강력한 사회적 연결을 증진하기를 기대했다. 우리의 믿음은 즉흥 연주에, 즉 클래식 음악보다는 재즈를 닮은 사회적 관계에 놓여 있었다. 허나 결국 드러난 것처럼, 사교 재즈가 더 많은 사교성을 가져다 주지는 않았다.

우리 시대에 우리는 이를 어렴풋이 알고 있었다. 제도를 깨뜨리려는 투쟁은 신좌파를 우리 자신과는 다른 사람들에게 가깝게 연결하는 데 실패했다. 신좌파는 1970년경 미국에서 이른바 '침묵하는 다수'라고 불린 사람들, 즉 백인 노동 계급이나 하층 중간 계급의 보통 사람들과 적대적인 관계에 있었다. 뉴욕의 건설 노동자들이 평화 시위대를 자유주의 엘리트라고 공격하던 시기에 내가 보스턴에서 알게 된 것처럼, 침묵하는 다수는 침묵하기보다는 분노했다.

노동자들은 부분적으로 옳았다. 특권적인 급진주의자들 가운데는 종종 경솔한 속물근성이 팽배해 있었다. 그렇지만 프롤레타리아는 여전히 급진적인 열망의 대상으로 남아 있었다. 프롤레타리아에게 그들의 진정한 계급적 지위를 설명해주는 과거의 마르크스주의의 노래들은 여전히 애창되었다. 그리고 신좌파의 기본적인 비판적 추진력이 실제 사회의 해악을 제기했다는 바로 그 이유로, 이러한 결박에 묶인 고상한 젊은이들은 스스로를 이해시킬 수 없다고 느꼈다. 포트휴런 선언은 제도가 보통 사람의 수중에서 벗어났다고 말할 수 있었지만, 우리 역시 마찬가지였다.

우리 세대는 사회적 관계에서 나이 든 사람들이 처한 것과 똑같은 딜레마에 직면했다. 즉흥 연주(사교 재즈)와 결합된 선의에는 결속력이 없었다.

결론을 대신하여

이 책에서 나는 구체적인 경험과 사회 이론의 극단 사이를 왔다 갔다 하면서 정책과 계획은 간극으로 남겨두었다. 어떤 면에서 내가 제시한 설명은 그러한 간극을 메우는 것에 대한 일종의 경고다. 사람들을 존중하는 일은 단순히 그렇게 해야 한다고 명령을 내리는 것을 통해 일어나지 않는다. 상호 인정은 협상해야만 하는 것이다. 이 협상에는 사회 구조뿐만 아니라 개인 인성의 복잡성도 포함된다.

현대의 세 가지 존중 규범(성공하라, 스스로를 돌보라, 타인을 도우라)을 퇴색시키는 불평등을 고려하는 데서 사회적인 해결책은 더욱 분명해 보인다. 잠재적인 재능에 특권을 주기보다는 서로 다른 실제 업적을 존경함으로써, 성인의 의존에 대한 주장을 받아들임으로써, 사람들이 그들 자신의 보살핌의 조건에 좀 더 적극적으로 참여하도록 허용함으로써 이러한 퇴색을 어느 정도 제거할 수 있다.

내가 보여주려고 노력한 것처럼, 이 각각의 원칙은 복지 체계에 구체적으로 적용된다. 세 가지 모두는 의사와 환자, 공공 임대 주택의 관리자와 입주자, 사회 복지사와 사회 복지 수혜자 사이의 상호 존중을 줄이기보다는 늘려줄 것이다.

실제 정책은 현대 사회에서 불평등이 일으키는 근본적인 불쾌감을 결코 줄일 수 없다. 영국의 사회학자 T. H. 마셜은 이러한 엄연한 사실을 평이하게 말해 교조적인 마르크스주의자들의 분노를 샀다. 2차 세계대전 이후에 구축된 영국의 복지 국가가 "계급, 직능, 가족 등과 결부된 차별적인 지위를 (…) 시민이라는 단 하나의 획일적인 지위로" 대체하는 것을 목표로 삼았다고 선언한 점에서 마셜은 정치적으로 옳았다. 그러나 마셜은 이러한 사회적 권리가 "그 위에 불평등의 구조가 구축될 수 있는 평등의 토대를 제공했다"는 주장으로 자신의 사고를 완성했다.[19] 그는 피할 수 없는 불평등이 존재한다고 믿었다.

때로 단순한 평등주의자로 간주되었지만 결코 그런 인물은 아니었던 R. H. 토니조차도 이러한 견해를 갖고 있었다. 《평등*Equality*》에서 토니는 다음과 같이 솔직하게 언급했다.

> 이따금 지적되는 것과는 달리, 불평등을 비난하고 평등을 바란다고 해서 인간이 인성과 지능에서 동등하다는 낭만적인 환상을 품는 것은 아니다. 오히려 사람들이 타고난 자질은 매우 다르지만, 개인적인 차이가 아니라 (사회) 조직에서 자원으로 갖는 것과 같은

불평등의 제거를 목표로 하는 것이야말로 문명화된 사회의 특징이 라고 주장하는 것이다.[20]

어떻게 보더라도 토니나 마셜의 글을 불평등을 옹호하는 주장으로 읽을 수는 없다. 그들의 목표는 불평등의 필연성을 시험하는 것이다. 언제 그리고 어디에서 불평등을 피할 수 있고, 또 언제 어디에서 불평등을 받아들여야만 하는가 하는 문제 말이다.

이런 시험은 바라지 않은 결과를 낳을 수도 있다. 우리 가족은 더 큰 사회적 존중을 탐색하는 실험을 했다. 나 자신의 삶은 부분적으로는 자기 존중의 토대에 관한 탐색이었다. 우리 가족과 나의 탐색 모두에서 강자와 약자 사이의 분할로 경험되는 불평등은 혼란을 일으키는 역할을 했다.

내가 이 책에서 확인한 것과 같은 평등은 자율의 심리학에 토대를 두고 있다. 자율은 이해의 평등이라기보다는 누군가가 타인에 관해 이해하지 못하는 것을 받아들이는 것을 의미한다. 이렇게 하면 타인의 자율성이라는 사실은 자기 자신의 자율성과 동등한 것으로 간주된다. 자율성의 부여는 약자나 외부자를 존엄한 존재로 만든다. 타인에게 자율성을 부여하는 것을 통해 이번에는 자기 자신의 인성도 강화된다.

나는 이것이 우리 가족과 내 동년배들의 경험을 성찰하면서 발견할 수 있는 가장 큰 교훈이라고 생각한다. 아마도 그들의 혼란이 더욱 중요했을 것이다. 부당한 불평등을 고민하고 타인을 존중하기로 결심하기는 했지만 어떤 세대의 급진주의자도 치유책을 발견하지는 못했다. 개인적인 선의나 제도적인 평등화나 타인을 존중하는 문제에 대한 해답을 제공하지 못했다. 나 자신의 경험 역시 다른 경로를 거치기는 했지만 똑같은 어려움에 직면했다. 나는 큰아버지나 내 동년배들보다 정치에 적극적으로 참여하지 않았고, 내 삶의 불평등은 카브리니와의 관계 속에서 형성되었지만, 내 삶의 조건은 카브리니에 그대로 남은 사람들과는 상상조차 할 수 없을 정도로 달라졌다.

그들과 나에게는 미완의 작업이 남아 있지만 이 작업은 기억 속에서만 이루어질 수 있을 뿐이다. 나는 카브리니를 떠났지만 이 책을 통해 다시 돌아가려고 노력했다.

만약 나 자신의 경험에서 이끌어낼 수 있는 결론이 있다면, 그것은 기능에 토대를 둔 자기 존중만으로는 상호 존중을 낳을 수 없다는 점이다. 사회라는 차원에서 보자면, 불평등의 해악을 공격하는 것만으로는 상호 존중을 낳을 수 없다. 사회에서 그리고 특히 복지국가에서 우리가 직면하는 문제의 핵심은 어떻게 강자들이 약자로 남을 수밖에 없는 이들에게 존중을 실천할 수 있는지다. 음악과 같은 공연 예술은 상호 존중의 표현적 실천에서 협력적인 요소들을 드러내준다. 분할이라는 완고한 사실은 여전히 사회의 문제로 남는다.

미주

1장 카브리니의 기억들

1 Alex Kotlowitz, *There Are No Children Here*(New York: Anchor, 1991), p. 24.

2 Gloria Hayes Morgan, "Another Time, Another Place," *Chicago Tribune Magazine*, December 13, 1992, p. 14.

3 David Whitaker, *Cabrini Green in Words and Pictures*(Chicago: W3 Publishers in affiliation with LPC Group, 2000), p. 5.

4 Dorothy Sennett, "The Project"(미간행, 1959), 2쪽. Larry Bennett, "Communitarian Thinking and the Redevelopment of Chicago's Cabrini-Green Public Housing Complex," *Journal of Urban Affairs* 20(2): 99~116쪽에서 이 지역에 대한 훌륭한 포괄적인 관찰을 볼 수 있다.

5 A. Donajgrodzki, ed., *Social Control in 19th Century Britain*(Totowa, N.J.: Rowman & Littlefield, 1977), 9쪽 이하 참조.

6 Sennett, "The Project," p. 1.

7 같은 글, 2쪽.

8 같은 글, 1쪽.

9 1929년에 처음 출간되고 1983년에 재출간된 Harvey Zorbaugh, *The Gold Coast and the Slum*(Chicago: University of Chicago Press, 1983)은 카브리니가 건설되기 전 시카고의 두 지역 사이의 대조를 탐구한다.

10 Morgan, p. 15.

11 Whitaker, p. 13.

12 Sennett, "The Project," pp. 3~4.

13 Dalton Conley, *Honky*(Berkeley: University of California Press, 2000), p. 37.

14 Dorothy Sennett, "A Perpetual Holiday"(미간행, 1959), p. 2.

15 같은 글.

16 Marshall Berman, *All That Is Solid Melts into Air*(New York: Penguin USA, 1988), p. 121.(《현대성의 경험》, 윤호병·이만식 옮김, 현대미학사, 1998)

17 James Miller, *Democracy Is in the Streets: From Port Huron to the Siege of Chicago*(Cambridge, Mass.: Harvard University Press, 1994), p. 147.(《민주주의는 거리에 있다》, 김만권 옮김, 개마고원, 2010)

18 Richard Sennett, *Families Against the City: Middle-Class Homes of Industrial Chicago*(Cambridge, Mass.: Harvard University Press, 1970).

19 성공한 선배와 연결해주는 일을 하는 주요한 단체로는 프렙PREP이라는 약칭으로 더 유명한 교육 더하기 프로젝트Project Education Plus, 성인들을 활용한 카브리니 커넥션Cabrini Connection, 휘튼대학교 학생들을 활용한 개인 교사 및 선배 연결 프로그램인 사이클CYCLE 등이 있었다.

20 클래런스 토머스의 연방 대법관 인준 청문회가 열리던 당시 이 모임에 관한 간략한 설명이 〈뉴욕 타임스〉에 실렸다. 토머스 판사의 지지자들은 그가 가난한 사람들의 역할 모델이라고 치켜세웠다. 〈뉴욕 타임스〉 1991년 8월 12일 A15면에 실린 내 칼럼을 보라.

21 내가 알기로 이러한 딜레마를 가장 전반적으로 설명한 책은 William Julius Wilson, *When Work Disappears: The World of the New Urban Poor*(New York: Vintage, 1997)이다.

22 사생활 보호를 위해 그 남자의 직업은 바꾸었다.

23 Philip Augar, *The Death of Gentlemanly Capitalism*(London: Penguin, 2000)을 보라.

24 Richard Sennett and Jonathan Cobb, *The Hidden Injuries of Class*(New York: Knopf, 1972).(《계급의 숨은 상처》, 김병순 옮김, 문예출판사, 2025)

2장 존중이란 무엇인가

1 *Erlkönig: The Art of the Lied*, Polygram #445188이라는 음반으로 들을 수 있다.

2 Dietrich Fischer-Dieskau, *The Fischer-Dieskau Song-book*(London: Faber & Faber, 1993).

3 Michael Ignatieff, *The Needs of Strangers*(New York: Viking, 1985).

4 Hans Gerth and C. Wright Mills, *Character and Social Structure: The Psychology of Institutions*(New York: Harcourt Brace, 1953).

5 Pierre Bourdieu, "The Sentiment of Honour in Kabyle Society," trans. Philip Sherrard, in J. G. Péristiany, ed., *Honour and Shame: The Values of Mediterranean Society*(Chicago: University of Chicago Press, 1966), p. 211.

6 같은 글. 카빌어로는 다음과 같다. *Argaz sirgazen, Rabbi imanis.*

7 Judith Shklar, *American Citizenship: The Quest for Inclusion*(Cambridge, Mass.: Harvard University Press, 1995). 특히 1부를 보라.

8 Nancy Fraser and Linda Gordon, "A Genealogy of Dependency," *Signs*, Winter 1994, p. 324.

3장 불평등한 재능

1 Emmanuel Le Roy Ladurie, *St.-Simon and the Court of Louis XIV*, trans. Arthur Goldhammer(Chicago: University of Chicago Press, 2001), p. 46.

2 Samuel Pepys, *Diaries*, ed. Robert Latham(London: Penguin, 1993), p. 375.

3 Sir John Fortesque, *De Laudibus Legem Angliae*, ed. S. B. Chrimes(Cambridge, U. K.: Cambridge University Press, 1942), pp. 31~32.

4 Le Roy Ladurie, pp. 59~60.

5 Nicholas Lemann, *The Big Test: The Secret History of American Meritocracy*(New York: Farrar, Straus & Giroux, 1999), 43쪽에서 인용.

6 Mary Poovey, *A History of the Modern Fact*(Chicago: University of Chicago Press, 1998).

7 Fintan O'Toole, *A Traitor's Kiss*(London: Granta, 1998), 172~175쪽에 이 재판에 관한 생생한 설명이 실려 있다.

8 William G. Bowen and Derek Bok, *The Shape of the River: Long-Term Consequences of Considering Race in College and University Admissions*(Princeton, N. J.: Princeton University Press, 1998)를 보라.

9 David McClelland, *The Achieving Society*(Princeton, N. J.: Van Nostrand, 1961), pp. 205~258.

10 Philip Brown and Hugh Lauder, *Capitalism and Social Progress*(Basingstoke: Palgrave, 2001), p. 215.

11 Robert Reich, *The Work of Nations: Preparing Ourselves for 21st Century Capitalism*(New York: Knopf, 1991)(《국가의 일》, 남경우 외 옮김, 까치글방, 1994)

12 Saskia Sassen, *Globalization and Its Discontents*(New York: The New Press, 1998), 1장을 보라.

13 Christopher Jencks, *Who Gets Ahead*(New York: Basic Books, 1979), 4장과 5장을 보라.

14 W. H. Auden, *Collected Poems*, ed. Edward Mendelson(New York: Random House, 1976), pp. 629~633.

15 Thorstein Veblen, *The Theory of the Leisure Class*(New Brunswick, N. J.: Transaction, 1992)를 보라.(《유한계급론》, 박홍규 옮김, 문예출판사, 2024)

16 Jean-Jacques Rousseau, *Discourse on the Origin of Inequality*, in The Collected Writings of Rousseau, ed. Roger D. Masters and Christopher Kelly(Hanover, N. H.: University Press of New England, 1991), 3:91, note 12.(《인간 불평등 기원론》, 이재형 옮김, 문예출판사, 2020)

17 Maurice Cranston, *The Noble Savage*, vol.2 of *The Life of Jean-Jacques Rousseau*(Chicago: University of Chicago Press, 1991), p. 304.

18 Jean-Jacques Rousseau, *Discourse on the Origin of Inequality*, ed. Maurice Cranston(New York: Penguin Books, 1984), p. 114.

19 Friedrich Nietzsche, *Beyond Good and Evil*, trans. Walter Kaufmann (New York: Vintage, 1966), #221.(《선악의 저편·도덕의 계보》, 김정현 옮김, 책세상, 2002)

20 Adam Smith, *The Wealth of Nations*(1776; London: Methuen, 1961), p. 107, 109.(《국부론 상·하》, 김수행 옮김, 비봉출판사, 2007)

21 Adam Ferguson, *An Essay on the History of Civil Society*(New York: Cambridge University Press, 1996), p. 364.

22 이와 같은 나의 루소 독해는 특히 Marshall Berman, *The Politics of Authenticity*(New York: Atheneum, 1970)에 힘입었다.

23 Ronald Dworkin, *Sovereign Virtue: The Theory and Practice of Equality*(Cambridge, Mass.: Harvard University Press, 2000), pp. 326~327.

24 Howard Gardner, *Frame of Mind: The Theory of Multiple Intelligences* (New York: Basic Books, 1983)(《하워드 가드너 심리학 총서 1: 지능이란 무엇인가》, 김동일 옮김, 사회평론, 2019)

25 Amartya Sen, "Economic Development and Social Change: India and China in Comparative Perspectives," London School of Economics STICERD Discussion Paper Series, December 1995.

26 Lemann, p. 347.

27 Michael Young, *The Rise of the Meritocracy, 1870-2033*(Piscataway, N. J.: Transaction, 1999), p. 179.(《능력주의》, 유강은 옮김, 이매진, 2020)

28 Paul Willis, *Learning to Labor: How Working Class Kids Get Working*

Class Jobs(New York: Columbia University Press, 1981).(《학교와 계급재생산》, 김찬호·김영훈 옮김, 이매진, 2004)

4장 의존하는 것의 수치

1 Tony Blair, "Address to the Labour Party Annual Conference, 1997," text courtesy Prime Minister's Press Office, p. 12.

2 Daniel Matrick Moynihan, *The Politics of a Guaranteed Income*(New York: Random House, 1973), p. 17.

3 Immanuel Kant, "An Answer to the Question: 'What Is Enlightenment,'" in *Kant's Political Writings*, trans. H. B. Nisbet(Cambridge, U. K.: Cambridge University Press, 1970), p. 54.(〈계몽이란 무엇인가에 대한 답변〉,《칸트의 역사철학》, 이한구 옮김, 서광사, 2009)

4 로크의 적수들에 관한 유용한 설명으로는 Gordon Schochet, *Patriarchalism in Political Thought*(New York: Basic Books, 1975)를 보라.

5 John Locke, *The Second Treatise of Government*, ed. Thomas Peardon(New York: Macmillan, 1986), p. 37.(《통치론》, 강정인·문지영 옮김, 까치, 2022)

6 '개인주의'라는 말은 Alexis de Tocqueville, *Democracy in America, ed. J. P. Mayer, trans. George Lawrence(New York: Harper & Row, 1988)*의 2권(《미국의 민주주의 2》, 박지동·임효선 옮김, 한길사, 1997)에 등장한다. *Margaret Thatcher, interview with Douglas Keay, Women's Own magazine*, October 31, 1987, p. 8.

7 Locke, 41쪽 이하.

8 Etienne de La Boétie, "On Voluntary Servitude," trans. David Lewis Schaefer, in *Freedom over Servitude: Montaigne, La Boétie, and "On Voluntary Servitude"*, ed. David Lewis Schaefer(Westport, Conn.: Greenwood Press, 1998), pp. 191~194.

9 Dostoevsky, *The Brothers Karamazov*, "The Grand Inquisitor," no. 11,

288쪽 이하.(London: Penquin, 1958)(《카라마조프가의 형제들》, 김연경 옮김, 민음사, 2007)

10 Judith N. Shklar, *American Citizenship*(Cambridge, Mass.: Harvard University Press, 1991)을 보라.

11 Johann Huizinga, *Homo Ludens*(Boston: Beacon Press, 1955)(《호모 루덴스》, 이종인 옮김, 연암서가, 2018)의 결론을 보라.

12 Nancy Fraser and Linda Gordon, "A Genealogy of Dependency," *Signs*, Winter 1994, p. 317.

13 Philippe Ariès, *Centuries of Childhood*(New York: Vintage, 1964).(《아동의 탄생》, 문지영 옮김, 새물결, 2003)

14 David Whitaker, *Cabrini Green in Words and Pictures*(Chicago: W3 Publishers in affiliation with LPC Group, 2000), p. 210.

15 Sigmund Freud, "Fragment of an Analysis of Hysteria," *Case Histories*, vol. I(Harmondsworth: Penguin, 1977)(〈도라의 히스테리 분석〉, 《꼬마 한스와 도라》, 김재혁·권세훈 옮김, 열린책들, 2020)를 보라.

16 Ronald Dore, *City Life in Japan*(London: Routledge & Kegan Paul, 1958)을 보라.

17 Takeo Doi, *The Anatomy of Dependence*, trans. John Bester(New York: Kodansha Publishers, 1977), p. 20.(《아마에의 구조》, 이윤정 옮김, 한일문화교류센터, 2001)

18 원래 G. F. 헤겔의 《청년신학논고*Theologische Jugendschriften*》에서 따온 것으로 생각되는 이 구절은 Ludwig Bingswanger, *Grundformen und Erkenntnis menschlichen Dascins*(Zurich: Max Nihaus, 1942), 508쪽에서 인용했다. 번역은 내가 한 것이다.

19 Gerhart Piers and Milton Singer, *Shame and Guilt*(New York: W. W. Norton, 1971), 48~52쪽을 보라.

20 Richard Sennett, *Authority*(New York: Knopf, 1980), 1장과 3장을 보라.

21 다른 많은 경우처럼 나는 이 부분과 관련하여 게르하르트 피어스에게 많은 도움을 받았다. 어원에 관한 전반적인 설명으로는 Piers and Singer,

18쪽을 보라.

22 Erik Erikson, *Identity and the Life Cycle*(New York: W. W. Norton, 1980), p. 71.

23 Sylvan Tomkins, *Shame and Its Sisters*(Durham, N. C.: Duke University Press, 1995), p. 137.

24 Niklas Luhmann, "Familiarity, Confidence, Trust" in Diego Gambetta, ed., *Trust*(Oxford: Blackwell, 1988), p. 102.

25 개인적 대화. 인도에 관한 뒤몽의 연구는 Louis Dumont, *Homo Hierarchicus* (Chicago: University of Chicago, 1966)에 잘 나와 있다.

26 Erikson, p. 70.

27 같은 글.

28 D. W. Winnicott, *Collected Papers*, vol. 1; "Transitional Objects," (Lon-don: Tavistock, 1958), 229~242쪽을 보라. John Bowlby, *Separation* (London: Hogarth Press, 1973).

29 Adam Smith, *The Theory of Moral Sentiments*(Indianapolis: Liberty Fund Press, 1982), p. 21.(《도덕감정론》, 박세일 옮김, 비봉출판사, 2009)

30 Locke, p. 95.

31 Annette Weiner, *Inalienable Possessions: The Paradox of Keeping-While-Giving*(Berkeley: University of California Press, 1992), p. 31. Emile Durkheim, *The Division of Labor in Society*, trans. W. D. Halls(New York: Free Press, 1984)(《사회분업론》, 민문홍 옮김, 아카넷, 2012), 21~22쪽에서 뒤르켐의 이야기를 직접 보라.

5장 상처를 주는 동정

1 Gertrude Himmelfarb, *Poverty and Compassion: The Moral Imagination of the Late Victorians*(New York: Knopf, 1991)를 보라.

2 Mary Louis Sullivan, *Mother Cabrini*(New York: Center for Migration Studies, 1992), 49쪽에서 인용.

3 Jane Addams, "A Modern Lear," *Survey Magazine*, Nov. 2, 1912에서 인용. 이 말의 원래 출처를 확인할 수는 없었지만, 아래에서도 볼 수 있듯이 애덤스 자신의 견해를 보여주는 것으로 이 말을 사용할 것이다.

4 Michael Katz, *In the Shadow of the Poorhouse*(New York: Basic Books, 1986), 76쪽에서 인용.

5 애덤스의 작업에 관한 가장 뛰어난 묘사는 Allen Davis, *American Heroine: The Life and Legend of Jane Addams*(New York: Oxford University Press, 1975)에서 볼 수 있다.

6 Addams, "A Modern Lear."

7 Daniel Rodgers, *Atlantic Crossings: Social Politics in a Progressive Age*(Cambridge, Mass.: Belknap Press, 1998), p. 11.

8 Sullivan, p. 143.

9 Sullivan, p. 45.

10 Sullivan, Appendix C, p. 261.

11 Natan Sznaider, *The Compassionate Temperament*(Oxford: Rowman & Littlefield, 2001), p. 96.

12 Jean Starobinski, *Largesse*, trans. Jane Marie Todd(Chicago: University of Chicago Press, 1997), p. 15.

13 Georges Bataille, *La part maudite: précédé de la notion de dépense*(Paris: Editions de Minuit, 1967), pp. 27~28.(《저주받은 몫》, 최정우 옮김, 문학동네, 2022)

14 William Wordsworth, "The Old Cumberland Beggar," in *Poems*, ed. John Hayden(London: Penguin, 1977), 6연.

15 Suetonius, "Nero," in *The Twelve Caesars*(London: Penguin, 1991), p. 247. 이 구절과 다음 주에서 인용한 구절은 장 스타로뱅스키 덕분에 알게 된 것이다.

16 Antonin Artaud, "Heliogabale ou l'anarchiste couronneé," in *Oeuvres complètes*(Paris: Gallimard, 1970), 7, pp. 102~103.

17 Etienne de La Boétie, *The Politics of Obedience: The Discourse of*

Voluntary Servitude, trans. Harry Kurz(Montreal: Black Rose, 1975), p. 70.(《자발적 복종》, 손주경 옮김, 도서출판b, 2020)

18 Hannah Arendt, *Love and Saint Augustine*, ed. and trans. Joanna Vecchiarelli Scott and Judith Chelius Stark(Chicago: University of Chicago Press, 1996), pp. 95.

19 같은 책, 97쪽.

20 〈마태복음〉 6장 1절과 3~4절.

21 St. Augustine, *The Confessions*, trans. Henry Chadwick(New York: Oxford University Press, 1998), X, 33, 50.(《고백록》, 박문재 옮김, CH북스, 2016)

22 Philippe Van Parijs, *Real Freedom for All*(Oxford: Oxford University Press, 1998)을 보라.(《모두에게 실질적 자유를》, 조현진 옮김, 후마니타스, 2016)

23 Richard Sennett, *Flesh and Stone*, 158쪽에서 인용.(《살과 돌》, 임동근 옮김, 문학동네, 2021)

24 Nancy Chodorow, *The Reproduction of Mothering*(Berkeley: University of California Press, 1978), p. 167.(《모성의 재생산》, 김민예숙·강문순 옮김, 한국심리치료연구소, 2008)

25 Carol Gilligan, *In a Different Voice*(Cambridge, Mass.: Harvard University Press, 1993), p. 17.(《침묵에서 말하기로》, 이경미 옮김, 심심, 2020)

26 Scott and Stark, "Rediscovering Hannah Arendt," in Arendt, *Love and Saint Augustine*, p. 137.

27 Elizabeth Young-Bruehl, *Hannah Arendt: For Love of the World*(New Haven, Conn.: Yale University Press, 1982), 455쪽에서 인용.(《한나 아렌트 철학 전기》, 홍원표 옮김, 신서원, 2022)

28 Stanley Cohen, *States of Denial*(Cambridge, U. K.: Polity, 2001)을 보라. 52~58쪽에서 방어 기제를 규명하고 있다.

29 W. H. Auden, "Musée de Beaux Arts," in *Collected Poems*, ed. Edward Mendelson(New York: Random House, 1976), pp. 146~147.

30 Wolfgang Stechow, *Brueghel*(New York: Abrams, 1990), 51쪽에서 인용.

31 Hannah Arendt, *On Revolution*(New York: Viking, 1963), pp. 74~75. (《혁명론》, 홍원표 옮김, 한길사, 2004)

6장 관료적 존중

1 이 통계에 관한 유용한 요약은 Jan van der Ploeg and Evert Scholte, *Homeless Youth*(London: Sage, 1997), 16~18쪽에 실려 있다.

2 Erving Goffman, *Asylums*(New York: Anchor, 1961)(《수용소》, 심보선 옮김, 문학과지성사, 2018); Peter Townsend, *The Last Refuge*(London: Routledge & Kegan Paul, 1962).

3 Michel Foucault, *Discipline and Punish*, trans. Alan Sheridan(New York: Vintage, 1995).(《감시와 처벌》, 오생근 옮김, 나남, 2020)

4 R. A. Parker, "Residential Care for Children," in Ian Sinclair, ed., *Residential Care*(London: HMSO, 1988), pp. 70~71.

5 Katherine Jones, *Asylums and After*(London: Athlone, 1993), pp. 220~222.

6 J. L. Powers et al., "Maltreatment Among Runaway and Homeless Youth," *Child Abuse and Neglect* 14(1990), 87~98쪽을 보라.

7 John Pitts, *Working with Young Offenders*, 2nd ed.(London: Macmillan, 1999), p. 12.

8 Peter Mandelson and Roger Liddle, *The Blair Revolution*(London: Faber, 1996)(《블레어 혁명》, 신정현 옮김, 우석출판사, 1998) 참조.

9 Henry James, *The American Scene*, in Writing New York, ed. Philip Lopate(New York: Library of America, 1998), p. 372.

10 Harold Macmillan, *The Middle Way*(1938; reprinted London: Macmillan, 1966), p. 108.

11 Robert Wiebe, *The Search for Order: 1877-1920*(New York: Hill & Wang, 1967); Olivier Zunz, *Making America Corporate: 1870-1920*

(Chicago, University of Chicago Press, 1990)를 보라.

12 이 수치에서 내가 제외한 농업 활동은 또 다른 방식으로 동일한 경향을 보여준다. *Historical Statistics of the U. S. from Colonial Times to 1970*(U. S. Bureau of the Census, 1975).

13 Max Weber, "Parliament and Government in Germany Under a New Political Order"(1918), trans. and ed. P. Lassman and R. Speirs, in Weber, *Political Writings*(Cambridge, U. K.: Cambridge University Press, 1994), p. 145.

14 Olivier Zunz, 앞의 책. 특히 68쪽 이하에서 지은이가 듀퐁과 포드의 형성을 비교 분석하는 부분을 보라.

15 Max Weber, *The Protestant Ethic and the Spirit of Capitalism*, trans. Talcott Parsons(New York: HarperCollins Academic, 1991), p. 181.(《프로테스탄트 윤리와 자본주의 정신》, 박성수 옮김, 문예출판사, 2024)

16 Irving Bernstein, *The Lean Years*(New York: Penguin, 1966), 23쪽 이하를 보라.

17 Theda Skocpol, *Protecting Soldiers and Mothers: The Political Origins of Social Policy in the U.S.*(Cambridge, Mass.: Belknap Press, 1992).

18 Gösta Esping-Anderson, *The Three Worlds of Welfare Capitalism*(Princeton, N. J.: Princeton University Press, 1990).(《복지 자본주의의 세 가지 세계》, 박시종 옮김, 성균관대학교출판부, 2009)

19 Emma Rothschild, "Who's Going to Pay for All This?"(review of Nancy Folbre, The Invisible Heart), *New York Times Book Review*, July 1, 2001을 보라.

20 Nick Clegg, "Lessons from Europe," *Guardian*, July 23, 2001, 18쪽에 요약된 OECD의 사회 서비스 지출에 관한 보고서를 보라.

21 Gloria Hayes Morgan, "Another Time, Another Place," *Chicago Tribune Magazine*, December 13, 1992, p. 14.

22 Albert Hirschmann, *Exit, Voice and Loyalty: Responses to Declines in Firms, Organizations, and States*(Cambridge, Mass.: Harvard University

Press, 1970)를 보라.(《떠날 것인가, 남을 것인가》, 강명구 옮김, 나무연필, 2016)

23 David Whitaker, *Cabrini Green in Words and Pictures*(Chicago: W3 Publishers in affiliation with LPC Group, 2000), p. 99.

24 Gordon Burke, *Housing and Social Justice*(New York: Longman, 1981), p. 4.

25 I. Shaw, S. Lambert, and D. Clapham, *Social Care and Housing*(London: Kingsley, 1998), 91쪽에서 인용.

26 Richard Cloward and Frances Fox Piven, *Regulating the Poor: Functions of Public Welfare*(New York: Pantheon, 1971), 특히 248~284쪽을 보라.

27 D. E. Moggridge, *Keynes*(London: Macmillan, 1980), 80쪽에서 인용한 존 메이너드 케인스의 말.

28 Vic George and Paul Wilding, *Welfare and Ideology*(New York: Harvester, 1994), 46~73쪽에서 '중도'에 대한 훌륭한 설명을 볼 수 있다.

29 Burke, p. 6.

7장 자유로워진 복지

1 Robert Skidelsky, *John Maynard Keynes*, vol. 1(London: Macmillan, 1983; "Papermac" reprint, 1992), pp. 185~186.(《존 메이너드 케인스》, 고세훈 옮김, 후마니타스, 2009)

2 Amit Chaudhuri, "Freedom Song," in Chaudhuri, *Three Novels*(London: Picador, 2001), p. 296.

3 Saskia Sassen, *The Global City*(Princeton, N. J.: Princeton University Press, 1991)를 보라.

4 Laurie Graham, *On the Line at Subaru-Isuzu: The Japanese Model and the American Worker*(Ithaca, N. Y.: ILR Press, 1995).

5 John Kotter, *The New Rules: How To Succeed in Today's Post-Corporate*

World(New York: Free Press, 1995), p.159.

6 Robert Frank, *The Winner-Take-All Society*(New York: Free Press, 1995)를 보라.(《승자독식사회》, 조용빈 옮김, 서삼독, 2024)

7 Patrick Dunleavy, "The Political Implications of Sectoral Cleavages and the Growth of State Employment," *Political Studies* 28(1980): pp. 364~384, pp. 527~549.

8 Bob Jessop, *Conservative Regimes and the Transition to Post-Fordism*(Colchester, U.K.: University of Essex Papers, 1988), p. 29. Christopher Pierson, *Beyond the Welfare State?*, 2nd ed.(London: Polity Press, 1999), 61~62쪽도 보라.

9 Andrew Grove, *Only the Paranoid Survive*(New York: Doubleday, 1996), p. 6.(《편집광만이 살아남는다》, 유정식 옮김, 부키, 2021)

10 Richard Sennett, *The Corrosion of Character*(New York: W. W. Norton, 1998), p. 25.(《신자유주의와 인간성 파괴》, 조용 옮김, 문예출판사, 2025)

11 Robert Putnam, *Bowling Alone*(New York: Simon & Schuster, 2000), p. 87, 91.(《나 홀로 볼링》, 정승현 옮김, 페이퍼로드, 2016)

12 Charles Hecksher, *White-Collar Blues: Management Loyalties in an Age of Corporate Restructuring*(New York: Basic Books, 1995)을 보라.

13 Fraser and Gordon, 같은 글.

14 Jeremy Rifkin, *The End of Work*(New York: Putnam, 1995)(《노동의 종말》, 이영호 옮김, 민음사, 2005); Robert Howard, *Brave New Workplace*(New York: Viking Penquin, 1985).

15 이러한 프로그램에 관한 훌륭한 설명으로는 John Pitts, *Working with Young Offenders*, 2nd ed.(London: Macmillan, 1999), 110~113쪽을 보라.

16 John Calvin, *Institutes of the Christian Religion*, ed. John T. McNeill, trans. Ford Lewis Battles(Philadelphia: Westminster Press, 1960)(《기독교 강요》, 김대웅 옮김, 복있는사람, 2022)

17 William Wordsworth, "The Old Cumberland Beggar," in *Poems*, ed. John Hayden(London: Penguin, 1977), 1: pp. 262~268.

18 Patrick Collinson, "Holy-Rowly-Powliness," *London Review of Books*, Jan. 4, 2001, p.33. Adam Fox, *Oral and Literate Culture in England, 1500-1700*(Oxford: Oxford University Press, 2000)도 보라.

19 Putnam, 130~131쪽을 보라. 퍼트넘의 결론은 다음과 같다. "젊은이를 상대로 한 멘토 연결 프로그램 같이 노인들이 할 수 있는 자원봉사는 늘어나고 있다. 반면 헌혈 (…) 같이 젊은이들의 참여가 필요한 자원봉사는 줄어들고 있다."

20 Putnam, 같은 책, 50~58쪽을 보라.

21 Robert Wuthnow, *Acts of Compassion*(Princeton, N. J.: Princeton University Press, 1991)을 보라.

22 Sherryl Kleinman and Gary Alan Fine, "Rhetorics and Action in Moral Organization," *Urban Life* 8(3)(1979), pp. 279~294.

23 Putnam, p. 22.

24 Vanessa Martlew, "Transfusion Medicine," in Richard Titmuss, *The Gift Relationship: From Human Blood to Social Policy*, 다른 필자들의 새로운 장을 추가한 증보판(New York: Free Press, 1997), 50쪽을 보라.

25 *Comprehensive Report on Blood Collection and Transfusion in the United States*(Bethesda, Md.: National Blood Data Resource Center, 1999), 29쪽 이하를 보라.

26 Richard Titmuss, *The Gift Relationship*(New York: Vintage, 1972), p. 129, 141.(《선물 관계》, 김윤태 · 윤태호 · 정백근 옮김, 이학사, 2019)

27 Michael Ignatieff, *The Needs of Strangers*(New York: Viking, 1985)도 보라.

28 Gillian Weaver and A. Susan Williams, "A Mother's Gift," Titmuss의 증보판에 재수록된 논문, 13쪽.

29 Abram de Swann, *In Care of the State*(New York: Oxford, 1988), pp. 253~255. Theda Skocpol and Morris Fiorina, "Making Sense of the Civic Engagement Debate," in Skocpol and Fiorina, *Civic Engagement in American Society*(New York: Russell Sage Foundation,

1999), 1~23쪽도 보라.

30 Iain Boyd White, "Design and Class," *Harvard Design Magazine* 11(Summer 2000), 22쪽에서 인용.

8장 상호 존중에서 상호적인 것들

1 Natalie Davis, *The Gift in Sixteenth Century France*(Oxford: Oxford University Press, 2000), 20쪽에서 인용.

2 이 이야기를 뒷받침하는 자료는 안타깝게도 없다. 여기서 묘사하는 광경은 볼테르의 전기를 쓴 고故 시어도어 베스터먼이 내게 이야기해준 것이지만 이에 관한 문서로 된 자료는 찾을 수 없었으며, 따라서 여기서는 오직 전해 들은 이야기로 제시한다.

3 Joan Chissell, "Introduction" to Johannes Brahms, Quintet for Clarinet and Strings in B Minor, Op. 115(London: Eulenburg, 1982), 쪽수 없음. 악보에 관한 모든 언급은 원본인 오일렌부르크판에 근거한 것이다.

4 Richard Sennett, *Flesh and Stone*(New York: W. W. Norton, 1994), p. 310.

5 Peter Berger, "On the Obsolescence of the Concept of Honor," in *Revision: Changing Perspectives in Moral Philosophy*, eds. Stanley Hauerwas and Alasdair MacIntyre(Notre Dame: University of Notre Dame Press, 1983), p. 177.

6 Bronislaw Malinowski, *Argonauts of the Western Pacific*(London: Routledge & Kegan Paul, 1922).(《서태평양의 항해자들》, 최협 옮김, 민속원, 2024)

7 같은 책, 473쪽 이하.

8 Annette Weiner, *Inalienable Possessions*(Berkeley: University of California Press, 1992), p. 43.

9 이 부분에서 인용한 모든 내용은 데이비스의 책에서 빌린 것이다.

Natalie Zemon Davis, *The Gift in Sixteenth Century France*(Oxford: Oxford University Press, 2000), 10~11쪽을 보라.

10 Marcel Mauss, *The Gift*, trans. W. D. Halls(London: Routledge, 1990), p. 67.(《증여론》, 이상률 옮김, 한길사, 2002)

11 Mary Douglas, "No Free Gifts," foreword to Mauss, p. vii.

12 같은 책, p. xvi.

13 Alain Caillé, *Anthropologie du Don*(Paris: Desclée de Brouwer, 2000), pp. 205~210.

14 Pierre Bourdieu, "The Sentiment of Honour in Kabyle Society," trans. Philip Sherrard, in J. G. Péristiany, ed., *Honour and Shame: The Values of Mediterranean Society*(Chicago: University of Chicago Press, 1966), 193~194쪽을 보라.

15 Elijah Anderson, *Code of the Street*(New York: W. W. Norton, 1999), pp. 290~325.

16 Adam Seligman, *The Problem of Trust*(Princeton, N.J.: Princeton University Press, 1997), p. 54.

17 Frank Henderson Stewart, *Honor*(Chicago: University of Chicago Press, 1994), p. 51.

9장 외부로 돌려진 인성

1 Claude Levi-Strauss, *Tristes Tropiques*, trans. John and Doreen Weightman(New York: Modern Library, 1997), p. 249.(《슬픈 열대》, 박옥줄 옮김, 한길사, 1998)

2 같은 책.

3 여기서 내가 제시하는 사례는 1997년 뉴욕의 카네기홀에서 행한 일련의 비범한 강좌에서 이를 발표한 피아노 연주자 알프레트 브렌델 덕분에 알게 된 것이다.

4 Beethoven, 32 *Piano Sonatas*, ed. Artur Schnabel(New York: Simon &

Schuster, 1935), vol. 2를 보라. 여기서 인용하는 악절은 제2 변주의 첫 번째 8소절(780쪽)과 제6 변주의 첫 번째 2소절(789쪽)이다.

5 John Seely Brown and Paul Duguid, *The Social Life of Information* (Cambridge, Mass.: Harvard Business School Press, 2000), p. 203.(《비트에서 인간으로》, 이진우 옮김, 거름, 2001)

6 같은 책, 205쪽.

7 Michael Polanyi, *Knowing and Being*(London: Routledge & Kegan Paul, 1969), p. 5.

8 M. M. Bakhtin, *The Dialogic Imagination: Four Essays*, ed. Michael Holquist, trans. Caryl Emerson and Michael Holquist(Austin: University of Texas Press, 1981), p. 428.

9 Maurice Merleau-Ponty, in Maurice A. Natanson, ed., *Phenomenology and The Social Sciences*(Evanston, Ill.: Northwestern University Press, 1973).

10 투사의 문제는 Joseph Rykwert, *The Idea of a Town*(Cambridge, Mass.: MIT Press, 1980)에 잘 설명되어 있다.

11 Sigmund Freud, *Civilization and Its Discontents*, trans. James Strachey(New York: W. W. Norton, 1961), p. 18.(《문명 속의 불만》, 김석희 옮김, 열린책들, 2020)

12 John Dewey, *Art as Experience*(1934; New York: Capricorn, 1959), p. 15.(《경험으로서의 예술》, 박철홍 옮김, 나남출판, 2016)

13 John Locke, *Essay Concerning Human Understanding*, ed. A. C. Fraser(New York: Dover, 1959), vol. 1, pp. 458~459.(《인간지성론 1, 2》, 추영현 옮김, 동서문화동판, 2017)

14 David Hume, "The Treatise of Human Nature," in *The Philosophy of David Hume*, ed. V. C. Chappell(New York: Modern Library, 1963), p. 176.(《인간이란 무엇인가》, 김성숙 옮김, 동서문화동판, 2016)

15 Anna Freud, *The Ego and the Mechanisms of Defense*(New York: International Publishers, 1967)(《자아와 방어 기제》, 김건종 옮김, 열린책들,

2015)를 보라.

16 Henry Petroski, *The Evolution of Useful Things*(New York: Knopf, 1992), pp. 22~33.

17 Richard Sennett, *Flesh and Stone*(New York: W. W. Norton, 1994), 212~251쪽을 보라.

18 Daniel Kahneman and Amos Tversky, "Prospect Theory: An Analysis of Decision Under Risk," *Econometrica* 47(2)(1979): pp. 263~291.

19 William Hazlitt, *Essay on the Principles of Human Action*. A. C. Gray-ling, *The Quarrel of the Age*(London: Weidenfeld & Nicolson, 2000)에서 인용.

20 Erich Auerbach, *Mimesis*(Princeton, N.J.: Princeton University Press, 1953), p. 459.(《미메시스》, 김우창 · 유종호 옮김, 민음사, 2012)

21 같은 책.

10장 존중의 정치학

1 William Sennett, *Communist Functionary and Corporate Executive*, 1981년에서 1982년 사이에 마셜 윈드밀러가 수행한 구술사(Berkeley: Regional Oral History Office, Bancroft Library, University of California, 1984).

2 같은 책, 372쪽.

3 David Bethea, *Joseph Brodsky and the Creation of Exile*(Princeton, N.J.: Princeton University Press, 1994), 37, 87쪽을 보라.

4 William Sennett, 37~42쪽을 보라.

5 같은 책, 95쪽.

6 같은 책, 27쪽.

7 Arthur Schlesinger, Jr., *A Life in the 20th Century*(Boston: Houghton Mifflin, 2000), p. 401.

8 Norman Birnbaum, *After Progress*(New York: Oxford University Press,

2001), 30~32쪽을 보라. 이 책은 현대 사회주의 정치학에 관한 가장 뛰어난 저서다.

9 Frank Henderson Stewart, *Honor*(Chicago: University of Chicago Press, 1994), p. 130.

10 Erik Olin Wright, "Varieties of Marxist Conceptions of Class Structure," *Politics and Society* 9(1980): p. 339.

11 아래에서 인용하는 텍스트는 James Miller, *Democracy Is in the Streets*, rev. ed.(Cambridge, Mass.: Harvard University Press, 1994)에 부록으로 실린 〈포트휴런 선언〉이다. 이 선언은 1962년 6월 11~15일에 미시간 포트휴런에서 초안이 작성되었다.

12 같은 책, 330쪽.

13 같은 책.

14 같은 책, 332쪽.

15 Seymour Martin Lipset and Gary Marks, *It Didn't Happen Here*(New York: W. W. Norton, 2000)을 보라. 이 책의 지은이들이 사회적인 열망보다 정치적인 요인을 강조하고 있다는 점을 언급하고 넘어가야겠다.

16 Miller, 145쪽에서 인용.

17 Timothy Garton Ash, *The Uses of Adversity*(New York: Vintage, 1990), p. 261.

18 Leszek Kolakowsi, "Amidst Moving Ruins," *Daedalus* 121(2)(1992): pp. 55~56.

19 T. H. Marshall and Thomas Bottomore, *Citizenship and Social Class*(London: Pluto, 1992), 21쪽. 이 책은 마셜의 *Citizenship and Social Class*(Cambridge, U.K.: Cambridge University Press, 1950)를 토대로 확장한 것이다.

20 R. H. Tawney, *Equality*(London: Allen & Unwin, 1931), p. 101.

옮긴이 **유강은**

인문, 사회, 역사 분야의 책을 두루 옮겼다. 옮긴 책으로 세넷의 《무질서의 효용》 외에 《냉전》, 《특권계급론》, 《내전은 어떻게 일어나는가》, 《팔레스타인 종족 청소》, 《비너스의 사라진 팔》, 《위어드》, 《에도로 가는 길》, 《능력주의》, 《타인의 해석》 등이 있다. 《미국의 반지성주의》로 제58회 한국출판문화상(번역 부문)을 수상했다.

불평등 사회의 인간 존중

1판 1쇄 발행 2004년 5월 25일
2판 1쇄 발행 2025년 4월 10일

지은이 리처드 세넷
옮긴이 유강은
펴낸곳 (주)문예출판사
펴낸이 전준배

기획·편집 박해민 백수미 이효미
디자인 서혜진
영업·마케팅 하지승
경영관리 강단아 김영순

출판등록 2004. 02. 11. 제 2013-000357호
(1966. 12. 2. 제 1-134호)
주소 04001 서울특별시 마포구 월드컵북로 21
전화 02-393-5681
팩스 02-393-5685
홈페이지 www.moonye.com
블로그 blog.naver.com/imoonye
페이스북 www.facebook.com/moonyepublishing
이메일 info@moonye.com
ISBN 978-89-310-2475-3 03300

잘못 만든 책은 구입하신 서점에서 바꿔드립니다.

문예출판사® 상표등록 제 40-0833187호, 제 41-0200044호